当代刑事证据
理论与制度的个别化研究

A INDIVIDUALIZED RESEARCH ON MODERN
CRIMINAL EVIDENCE THEORY AND SYSTEM

牟 军 著

人民出版社

目　　录

第一章　自白的界定与口供中心之辨析

在英美等国,自白制度是一项历史久远的制度,有关自白的理论体系已达到相对成熟的程度。"自白"在我国法律界还是一个相对陌生的术语,但如果将其转换为中国的话语表达,实际上相当于我们所熟知的"供认"或"坦白"。然而,从证据角度,对"供认"或"坦白"的制度建设和理论研究仍是较为滞后的,这一现状对我国司法实践合理和有效运用自白证据产生了直接影响。有鉴于此,从比较视野系统、全面认识自白的概念和构成,真正厘清其内涵和外延,并在此基础上重新认识其重要价值,对长期困扰我国的口供中心问题作一客观评判,对推动具有中国特色的自白制度构建将有所裨益。

第一节　自白的概念

有关自白的概念,我国《现代汉语词典》解释为:自己说明自己的意思;自我表白。① 详言之,一个人对自己的行为或思想作出的自我表达就是自白。一个人的行为或思想为外人知晓前属于个人"隐私",将这一隐私由自己向他人透露,实际上是对隐私的公开。但隐私的实质内涵是什么,又如何表达隐私,则是不确定的。将这一不确定性的自白运用于刑事司法领域,就可能导致自白在界定上的语焉不详。不可否认,对于刑事司法领域的自白一直存在较大分歧,难以对其作出一个统一的表述。

---

① 中国社会科学院语言研究所词典编辑室编:《现代汉语词典》,商务印书馆2002年版,第1666页。

一、域外自白定义

（一）有关自白定义的两种解释

在西方世界，对于自白的概念主要存在两种不同的解释：一种是狭义解释说，以美国为代表。威格摩尔（Wigmore）曾在其论著中指出："自白就是刑事案件的被指控人以明确的语言对其被指控的真实犯罪事实或对犯罪事实中最基本部分的承认。"①这里，威格摩尔将自白限定为对被指控犯罪的明确承认，即对犯罪或基本犯罪事实的直接承认。这属于一种对自白的狭义解说，排除了对非犯罪事实的承认成为自白的情形。当然，作为嫌疑人所承认的犯罪，也许与作为被告人在法庭上被指控的犯罪有着本质区别，但这种区别并不影响自白的成立。对自白的这种传统表述，为美国其他学者所推崇，尽管表述方式各异。如华尔兹（Waltz）认为："一项自白是一个人对其犯罪全面的承认。"②*McCormick on Evidence* 一书将自白定义为："一种对争议中的犯罪认定所必须的全部事实的承认或自认的陈述"③。在美国司法判例中，这一自白定义也得以体现。例如在 State v. Schomaker 一案中，伊阿华州法院将自白定义为，刑事案件的当事人对其被指控犯罪以明确的术语表示的承认。④总之，在美国联邦和州系统，这一自白定义均被认同。其共同主张在于，在本案审判法庭外（警察局）的陈述内容，则为自己全部犯罪事实，不须再运用推理（推论）来认定犯罪事实，始足称为自白。如果被告在法庭外的陈述，尚须经过推理，才可认定有犯罪行为，则非自白。⑤

《日本刑事诉讼法》第 322 条规定：以承认对被告人不利的事实为内容的书面材料，即使该承认并非自白，也适用第 319 条的规定，在怀疑并非出于自

---

① Lawrence S. Wrightsman, Saul M. Kassin, *Confession in the Courtroom*, Sage Publication, Inc., 1993, p.3.

② Jon R. Waltz, *Criminal Evidence*, Nelson-Hall Company/Chicago,1975, p.219.

③ John W. Strongetc, *McCormick on Evidence*, 3rd ed., Horn Book Series West Group, 1984, p. 362.

④ State v. Schomaker, 303 N. W. 2d 129, 130 (Iowa 1981).

⑤ 周叔厚：《证据法论》，国际文化事业有限公司 1978 年版，第 817 页。

由意志的行为时,不得作为证据。① 虽然该条是关于承认或供述证据能力的规定,但仍可看出,在日本,对被告人不利事实的承认,并不等于自白,在法律上自白的概念采美国狭义解说。日本学术界的通说也认为,自白是指肯定自己犯罪事实的全部或主要部分的陈述。尽管关于主张违法阻却事由(正当防卫、紧急避险)或责任阻却事由(心智丧失等)是否也属自白存在争议。②

须指出的是,日本等国家与美国均强调自白是被指控人对犯罪事实的明确或直接承认,而将对被指控人不利的非犯罪事实排除在自白之外,它们关于自白的定性在总体上是趋同的。但也有细微差别:日本学界之一说也认为,对刑事责任承认之事实即自认,并未与自白相区别,自白之外延仍略大于美国。

另一种是广义解释说,以英国为代表。在英国的一般观念和语言中,自白实际上也是指对犯罪的直接承认。在实践中,嫌疑人作出的多数自白是对所实施犯罪的一种完全承认。③ 然而,在英国普通法上,自白被定义为在刑事案件中被指控人对与犯罪有关问题所作的相反的承认。④ 这里,与犯罪有关的问题,既可以是犯罪事实即主要事实的问题,也可以是非犯罪事实的问题,但又与犯罪事实有关联,这些事实属于次要事实。可见,自白的这一概念扩展了自白的外延,突破了美国有关自白的狭义解说。按照英国普通法的观点,只要是对被指控人不利事实的陈述,无论是直接的犯罪事实陈述,还是其他与犯罪事实有间接联系且对被指控人不利的事实陈述,均属于自白。

不仅如此,当今英国制定法对自白的概念又有进一步的延伸。1994 年《警察与刑事证据法》第 82 条第 1 项规定:"'自白'包括全部或部分不利于制作者的任何陈述,无论这种陈述是否对负有司法职能的人作出,也不论这种陈述是文字的形式,还是其他方式。"⑤该项自白的定义具有两个特点:一是自白的内容,或是全部不利于作出者的陈述,或是部分不利于作出者的陈述。

---

① 宋英辉译:《日本刑事诉讼法》,中国政法大学出版社 2000 年版,第 74 页。
② 孙长永:《日本刑事诉讼法导论》,重庆大学出版社 1993 年版,第 102 页。
③ I. H. Dennis, *The Law of Evidence*, Sweet & Maxwell,1999, p.158.
④ Peter Murphy, *Murphy on Evidence*, 6ᵗʰ ed., Blackstone Press limited, 1997, p.237.
⑤ Peter Murphy, *Murphy on Evidence*, 6ᵗʰ ed., Blackstone Press limited, 1997, p.237.

而部分不利于作出者的陈述,其中另一部分可能有利于或无损于作出者,只是陈述中存在不利于作出者的部分,故在总体上该陈述仍视为自白。但是,在英国传统上,一项陈述具有自白的资格,须以作出时不利于作出者为限。如果一项陈述在作出时完全是开脱罪责的陈述,也即没有不利于作出者的部分,则不属于自白。当然,如果一项陈述虽对作出者不利,但后来被证实为谎言,或与作出者在法庭上的证词不一致,属于自白证明力的争议,不影响自白的成立。二是自白的方式不再受限。既可是文字形式,也可是其他形式。文字包括语言的形式所作自白,属于一种明确或明示的自白。其他方式所作自白,法律未予界定,实际上只要据此反映对作出者不利的承认的方式均可,其中包括默示或消极的方式。斯蒂芬法官对此曾指出:自白就是由被指控犯罪的人对其犯罪所作的陈述或暗示的推论的承认。① 他的观点也表明,英国的自白方式并非限于语言或文字的明示方式,也可以是以其行为或举动乃至消极的不作为反映对事实的承认。证据法学家摩菲更道出自白的实质:自白与其他任何承认并无差别,可以是口头的,可以是书面的,也可以是行为或对作出者可进行适当相反推论的任何方式。② 由于自白作出的方式不受限制,诸如对不利提问的点头、被指控人的沉默、暗示被指控事实的承认而实施的行为或演示等均被作为自白对待。③ 有关被指控人演示其实施犯罪行为的问题,在 Li Shu-ling v. R.一案中,英国枢密院认为,对如此演示的犯罪行为而制作的录像记录,可以作为自白。但能否作为自白证据为法庭所采纳,又须具备自白的可采性条件。如果原先所作口头自白是侦讯人员以非法或不正当方法获得的,该自白对后来被指控人犯罪演示的行为已产生污染,故演示的录像记录作为自白则不可采。④ 总之,在英国,无论在形式还是内容上,自白实际上是一种比较宽泛的概念,其外延明显大于美国传统上的自白定义。

英国有关自白范围的界定,对澳大利亚和加拿大等其他英联邦国家也有

---

① M. N. Howard, Q. C. and Specialist Editors, *Phipson on Evidence*, 15th ed., Sweet & Marwell, 2000, p.747.

② Peter Murphy, *Murphy on Evidence*, 6th ed., Blackstone Press limited, 1997, p.237.

③ I. H. Dnnis, *The Law of Evidence*, Sweet & Maxwell, 1999, p.159.

④ I. H. Dnnis, *The Law of Evidence*, Sweet & Maxwell, 1999, p.159.

相当的影响。澳大利亚判例明确指出,刑事自白既包括一项对犯罪的完全承认,也包括任何可能自陷其罪的其他不利陈述。① 加拿大最高法院进而还认为被指控人对自己所为行为的辩解陈述(exculpatory statement),作为对其庭上证词的弹劾或显示讯问中陈述的不真实而被暗示有罪的依据,同样可视为对犯罪的承认即自白。② 尽管澳大利亚和加拿大等国对自白内容的表述类似于英国,但在自白形式上却未予以明确界定,因而在自白的范围上仍具有一定的不确定性,异于英国自白定义的典型性,也不具有英国对自白范围最大限度扩展的特征。

上述有关自白定义的美国和英国的两种不同解说,实际上就自白性质看并无明显差别。无论哪种解说,自白实质上都是作出者对其不利事实的一种承认,无论是对全部事实还是对部分事实的承认,也无论是对犯罪本身的承认,还是对犯罪的间接承认,抑或这种承认的方式及手段有何不同。两种解说主要体现在自白范围上的差别,英国采自白范围最大化原则,实际上几近穷尽了自白可能涵摄的范围;而美国则采自白范围限缩的原则,属于一种对自白传统或常规化的解释。

(二) 两种不同自白定义产生的缘由

从法律和理论的角度看,自白定义及范围的差异,不仅决定了自白制度框架设计和理论研究路径选择上的差异,而且这种差异的实际意义在于对刑事司法产生的影响是不同的。应该承认,在英美等国,尽管自白并非是法庭认定被告人有罪的唯一证据(仍需其他证据补强),但自白始终是认定犯罪的一项重要证据。如果被告人在控方指控中或在庭上自愿认罪(也称庭上自白),法庭可能省去听证审理环节,直接启动量刑程序。因而被指控人所作的自白范围界定宽泛,可以最大限度获得对被告人的定罪,对于控方提高追诉犯罪的效能、提高诉讼效率、节约司法成本有利,最终也有利于刑事司法控制犯罪功能的实现。相反,自白严格限定在一定范围内,使控方的指控及法庭

---

① David Byrne,J. D. Heydon, *Cross on Evidonce*, Butterworths, 1986, p.857.

② David Byrne,J. D. Heydon, *Cross on Evidonce*, Butterworths, 1986, p.857.

运用自白对被告人的定罪受到一定限制,对控方和刑事司法机能的改善不利,但对被告人则是有利的,其中包括有利于对无辜者的保护,但也可能导致对有罪者的放纵。所以,自白广狭两义的界定,对于刑事司法及被指控人的实际影响是不同的。

对自白界定的不同,实际上引伸出刑事诉讼价值理念上的差异。美国是英美法系的主要国家,英国普通法的传统对其存在影响是不争的事实,但在其法治发展道路上也有自身的特点。美国以标榜人权、民主原则自居,这一政治思想对司法领域有着决定性影响。注重对被指控人的权利保障、抑制警察的权力、促进控辩平等是其司法的重要特征。美国宪法第四、五、六、十四修正案,均有对被告人诸如人身权、财产权、沉默权及辩护权等正当诉讼权利保护和规范警察行为的明确规定。尤其自 20 世纪后半叶以来,美国刑事司法推行的正当程序革命,尽管并未从根本上改变其普通法制度的基本特征,但将嫌疑人、被告人的权利保护却推向了一个新的高度。由于美国刑事司法持有重视保障被告人基本权利和抑制侦控权力的理念,刑事司法对于犯罪控制和预防的功能虽然并未受到削弱,但又不可干扰或影响诉讼中正当程序即对被告人权益保障的实现,而且在一定条件下,出于维护正当程序的需要,刑事司法控制犯罪的功能还需让位于保障人权的需要。因而,美国在自白定义上倾向于有利于被告人的狭义解说,实际上与其刑事司法中保护被告人的正当程序理念是相适应的。

在英国,自白广义之说源于英国普通法(尽管后来制定法对此有一定的扩展)。这似乎说明,英国自白广义说的生成在于英国法律传统使然。但法律传统只是英国法律发展过程的一种记录,其本身承载着一种法律文化。英国有学者认为,一种法律传统,作为这个术语所暗示的不是一套有关合同、公司和犯罪的规则,尽管如此,规则在某种程度上几乎已是传统的反映。它是一套深藏的、历史的和有条件的对待法律性质,法律在社会中的作用,一种法律制度的构建和操作以及法律制定、运用、研究、完善和教育的方法的态度。法律传统使法律制度与作为部分表达法律制度的法律文化相联系。① 因此,

---

① David Nelken, *Contrasting Criminal Justice*, Ashgate Publishing Company, 2000, p.83.

英国的法律传统,也是其固有法律文化即法律观念使然。英国自白广义之说作为一种法律传统或规范无不与法律文化存在密切关系。

在传统上,英国的功利主义和实用主义思想较为盛行,而形式主义和理想主义的观念则相对淡漠。基于这种观念的影响,在刑事司法领域,其始终坚持控制犯罪与正当程序并举的刑事司法原则。英国普通法以及相关制定法一方面赋予被指控人诸如沉默权、律师辩护权、隐私权、公正审判权以及人身权等正当程序的权利,另一方面又对这些权利的行使加以必要的限制。1984 年的《警察与刑事证据法》,在英国学术界,普遍被认为是两种价值目标折中的典型代表。① 然而法律价值理念的双重标准,实际上为英国刑事司法实践中因形势和政策的需要而偏重于犯罪控制目标提供了依据。1992 年英国内政部《关于刑事司法的目标估价报告》中明确指称刑事司法目标为:(1)防止和减少犯罪,尤其是暴力犯罪,帮助被害人;(2)确保犯罪嫌疑人、被控告人、被告人得以公正、恰当和迅速的处理;(3)促使对有罪者的定罪和无罪者的宣判无罪;(4)用适当的方式惩罚犯罪者,尽可能遏制其继续犯罪;(5)尽可能经济、有效、有力地达到上述目标。② 该《报告》除第四项外,均明显反映出英国刑事司法尤其与警察刑事调查相关的司法活动中惩治和打击犯罪的倾向。1994 年《刑事审判与公共秩序法》第 34—37 条对被告人沉默权行使的限制,成为英国立法中对犯罪控制倾向的一种集中反映。为此,有学者在总结英国刑事司法的特征中指出,在刑事法律制度上倾向于奉行正当程序原则,而在刑事司法实践中却体现出重视犯罪控制的特征。③ 无论这一论断是否恰当,不可否认,在英国法律和实务界确实存在一种关注控制犯罪、发挥司法保障社会安全功能的固有理念,而这种理念(或传统文化)又必然渗透于其证据制度包括自白制度之中。所以,英国法律传统中所持不利于被告人的自白广义解说,实际上与英国传统刑事司法控制犯罪的固有理念是相适应的。

---

① Andrew Sanders, Richard Young, *Criminal Justice*, Butterworths, 1994, p.21.
② Andrew Sanders, Richard Young, *Criminal Justice*, Butterworths, 1994, p.2.
③ Andrew Sanders, Richard Young, *Criminal Justice*, Butterworths, 1994, p.19.

(三) 域外自白内涵的变化

就总体而言,尽管自白定义的两种解说在内涵与外延上存在明显分殊,但两种解说也非一成不变,相互之间又存在一种微妙的互动关系,体现出自白本身的复杂性对自白定义所产生的困扰。美国在传统上持自白狭义之说,但在实践中的做法又与之相左。1966 年 Miranda v. Arizona 一案中,联邦最高法院指出:自陷其罪的陈述与仅为辩解的陈述之间并无差别。如果一项陈述事实上属于辩解,当然决不会被控方所用。事实上,被告人只打算用以辩解的那些陈述,通常在法庭上被用作弹劾他的陈述或者显示在侦讯中所作陈述的不真实从而暗示地证明其有罪。就这些陈述字面上的任何意义上讲,都属于自陷其罪的陈述。① 可见,根据最高法院的观点,自白除直接承认犯罪的陈述外,也包括供认前提下的辩解陈述。因而这项判词实际上突破了传统自白的狭义之说,"很明显抛弃传统上对于'承认'、'辩解陈述'与'自白'的区别,只要是被告在审判外自承其罪的陈述,就可不必区别其为'承认'或'辩解陈述'或'自白'。所以,现在美国已减少所谓非自白的争执,推展'自白'的范围"②。美国判例的变化,对学术界也有直接影响,其主要思想也在于扩展自白的范围。③

与此同时,英国对其所持广义的自白之说也非铁板一块,在司法界对自白广义说也有松动的迹象。在 1988 年 R. v. Sat Bhambra 一案中,上诉法院在判决的"附属"意见中指出:一项当时作出的全部自我服务和辩解的陈述,如果它显示出与其在法庭提出的辩护实际上是冲突的,能否在随后被作为一项自白,并因此阻止其辩解的性质是不无疑问的。④ 另外,在 1989 R. v. Jelen 一案中,上诉法院判决的附属意见对于由被指控人提供的潜在的自陷其罪评论

① 384 US 436 (1966) at 471, See David Bgyrne, J.D. Heydon, *Cross on Evidence*, Butterworths, 1994, p.857.

② 周叔厚:《证据法论》,国际文化事业有限公司 1978 年版,第 819 页。

③ Lawrence S. Wrightsman, Saul M. Kassin, *Confession in the Courtroom*, Sage Publication, Inc.,1993, p.4.

④ Peter Murphy, *Murphy on Evidence*, 6th ed., Blackstone Press Limited, 1997, p.238.

（即不利陈述）是否可作为自白，也表达了相同的疑问。① 由此可见，尽管在普通法及 1984 年《警察与刑事诉讼法》等相关制定法中明确将自白界定为广义范畴，但在司法实践中对该定义仍持保守的一面，只是这一思想并不占主流，也没有相应判例的支持。从英美两国有关自白定义的规制及变化的情况看，自白的定义实际上是复杂和可变的，由此也很难用一个标准对其作出评价，也难以对英美两国自白定义的解说作出一种优劣之分的判断。

二、我国自白定义

我国的立法和司法中并不存在"自白"用语，在传统上，英美的自白在中国的话语表达中称为"供述"或"坦白"。我国《刑事诉讼法》第 50 条有关证据种类中将犯罪嫌疑人、被告人供述和辩解归为一类证据。虽然对于"供述"和"辩解"的含义未作进一步阐释，但该法第 120 条规定，侦查人员在讯问犯罪嫌疑人的时候，应当首先讯问犯罪嫌疑人是否有犯罪行为，让他陈述有罪的情节或者无罪的辩解，然后向他提出问题。可见，供述或自白在法律上限于对犯罪事实的陈述，而辩解则是对无罪或对其有利事实的辩驳或陈述。这一规定不仅明确了供述（自白）的狭义定义，与美国为代表的狭义说一致，而且将供述与辩解作了明确划分。在学界，对供述（自白）的这一理解也基本取得共识。如陈光中主编《刑事诉讼法学》教程中，有关犯罪嫌疑人、被告人供述和辩解的定义称：供述和辩解，是指犯罪嫌疑人、被告人就有关案件的情况向侦查、检察和审判人员所作的陈述。通常也称为"口供"。它的内容主要包括犯罪嫌疑人、被告人承认自己有罪的供述和说明自己无罪、罪轻的辩解。② 樊崇义主编《刑事诉讼法学》教程也称：犯罪嫌疑人、被告人供述，即犯罪嫌疑人、被告人向公安司法机关承认自己犯有罪行和关于犯罪具体过程、情节的叙述。③

我国有关自白的定义，虽然与美国为代表的自白狭义解说相近，但其价

---

① Peter Murphy, *Murphy on Evidence*, 6th ed., Blackstone Press Limited, 1997, p.238.

② 陈光中主编：《刑事诉讼法学》，中国政法大学出版社 1996 年版，第 175 页。

③ 樊崇义主编：《刑事诉讼法学》，中国政法大学出版社 2002 年版，第 160 页。

值取向难以用美国的观念解释。因为在我国,自白无论采广义还是狭义之说,对于刑事司法机能的改善(控制犯罪、诉讼效率和成本等)和犯罪嫌疑人、被告人的利益并不存在明显的影响。我国传统司法追求客观真实的价值目标,重视对全案证据的总体把握,强调定案的准确性。在对待口供的问题上,《刑事诉讼法》第55条规定:对一切案件的判处都要重证据,重调查研究,不轻信口供。只有被告人供述,没有其他证据的,不能认定被告人有罪和处以刑罚。从司法理念和法律的角度看,实际上自白在有罪认定上并不起突出作用(尽管司法实践中对待自白的做法并非如此),与英美等国的自白作用有着质的差别。所以,对于我国自白的狭义解说,很难套用类似于美国正当程序的理念加以解读。相反,这一自白狭义说更多是我国历史传统使然,与苏联证据法理论的影响也不无关系。还需指出,我国现行所持自白的定义,也是出于厘清证据划分的思路、界定证据的性质以及构建证据体系的理论框架的一个现实性考虑。

第二节　自白的基本构成

自白的构成是指作为自白所应具备的条件。自白定义实际存在广义与狭义两种解说,因而难以用一种统一、准确的具体标准为自白的成立设定相应的条件,自白构成要件在某种程度上具有不确定性。尽管如此,自白作为一种刑事诉讼中所特有的现象,仍存在作为其标志的最本质的共同特征,这正是自白成立所必备的基本条件。

一、自白主体——犯罪嫌疑人、被告人

自白是一种不利于作出者的陈述或承认,并以此作为认定作出者有罪或不利于作出者的证据,因而无论以英国为代表的自白广义解说,还是美国所持传统自白狭义解说,都将被告人(the accused or defendant)或犯罪嫌疑人(suspect)视为自白的当然主体。

（一）犯罪嫌疑人、被告人所作陈述才可视为自白

犯罪嫌疑人、被告人,是一种具有法律意义的术语,只有在刑事诉讼中才具有其确定性的意义,故而实施犯罪行为的人并非就是犯罪嫌疑人或被告人。在英美等国,未确立明确的刑事诉讼开始的标志性阶段即立案阶段,刑事调查(刑事侦查)相对具有一定的随意性,侦查的标准和条件并不严格,犯罪嫌疑人认定的条件也较为宽松。按照法律规定,刑事侦查从搜查、扣押或逮捕开始,这些措施适用的对象无疑针对犯罪嫌疑人,而采取这些措施的条件在于对其犯罪"有合理的怀疑"[1]。因而在侦查过程中犯罪嫌疑人身份确定的条件在于"有合理的怀疑"。"合理怀疑"这一术语在英美等国的判例和立法中均未有明确的界定,对"合理怀疑"的掌握属于警察根据案情自由裁量的问题。但"合理怀疑"的标准显然与控方指控所需的"证据表面确凿"(Prima facie proof)的标准是有区别的。戴维利勋爵曾指出:"怀疑发生在侦查开始或接近开始时,而侦查的最终结果是获得'证据的表面确凿'。'证据的表面确凿'由可承认的证据构成,而怀疑所考虑的问题本质上不是证据证明的问题。"[2]这表明,在确定犯罪嫌疑人或对其进行扣押、搜集、逮捕等的问题上,并不需要确凿的证据证明其有犯罪行为,因而适用的条件明显低于侦查终结和起诉的条件。当然,警察对犯罪嫌疑人的认定并非主观臆断,仍需具备一定的客观依据。英国1984年《警察与刑事证据法实施法典A》第1条第6项规定:怀疑的合理理由是否存在将依据每个案件的环境,但这种理由必须具有一定的客观基础。一个警察在考虑怀疑的物品的性质时,需与其他因素如时间、地点、涉案人的行为或与该人相关的其他人等一并考虑。[3] 据此,在英美等国,只有具有一定客观的合理理由而被怀疑犯罪的人,才可能成为犯罪嫌疑人,也才可能成为被侦讯的对象,其所作出的陈述才可能成为自白。否则即便其实施了犯罪,但未被警察作为合理怀疑的对象,也就不称其为犯罪嫌

---

[1]　Andrew Sanders, Richard Young, *Criminal Justice*, Butterworths, 1994, p.38.

[2]　Andrew Sanders, Richard Young, *Criminal Justice*, Butterworths, 1994, p.39.

[3]　Andrew Sanders, Richard Young, *Criminal Justice*, Butterworths, 1994, p.41.

疑人，即使其私下所作陈述也不可成为自白。

我国对于犯罪嫌疑人的认定，相对而言较为严格。根据 1996 年全国人民代表大会《关于修改〈中华人民共和国刑事诉讼法〉的决定》第 34 条的规定，公诉案件，受刑事追诉者在检察机关向人民法院提起公诉以前，称为"犯罪嫌疑人"。根据《刑事诉讼法》第 109—114 条的规定，刑事诉讼活动（公诉案件）始于立案阶段，也就是说从立案开始后，被追诉者在法律上就成为犯罪嫌疑人。根据《刑事诉讼法》第 112 条的规定，立案的条件在于有犯罪事实存在，需要追究刑事责任。对"犯罪事实存在"的证明尽管并不要求证据充分，但仍需有相应可靠的证据加以证明。从中可见，在立案阶段中对可能涉及犯罪嫌疑人的确定，实际上在标准的掌握上，要求有确实的证据证明其犯罪的存在，而不限于英美等国所采用的"合理怀疑"，故对自白成立的条件要求也更高。

自白主体除犯罪嫌疑人外，也包括被告人。嫌疑人与被告人实际上同为一人，只是在不同的诉讼阶段，其称谓有别。在英美等国，被刑事追诉者在侦查阶段称为犯罪嫌疑人（suspect），在正式被指控即检察官提出指控后，就成为被告人。根据 1996 年全国人民代表大会《关于修改〈中华人民共和国刑事诉讼法〉的决定》第 34 条的规定，在检察机关正式向法院提起公诉以后，犯罪嫌疑人称为"被告人"。无论在英美等国还是在我国，犯罪嫌疑人身份一旦确定之后，随着诉讼向审判阶段的推进，其身份自然转变为被告人，其对犯罪事实的陈述当然可作为自白。但需指出的是，被告人的自白主要是在审判阶段作出的，而犯罪嫌疑人的自白则主要是审前程序作出的，因此，在英美学理上，自白又有审判上自白与审判外自白之分。① 在我国，自白的这种分类，既不改变自白的性质，也不影响自白的成立和证据效力，两者同处于自白体系之中，相互补充和印证。但在英美等国以及部分大陆法国家，由于庭审普遍适用认罪程序，审判上的自白已转变为有罪答辩的形式，启动简易审判程序，其性质和功能不再是证据上的，而主要是程序意义上的。有关这一问题将在以下的研究中加以详述。

① 周叔厚：《证据法论》，国际文化事业有限公司 1978 年版，第 820 页。

（二）　自白只能由犯罪嫌疑人、被告人本人作出

就字意而言，自白属于一种自我表白的形式，因而，就要求表达人"亲力亲为"，而不可由他人替代。持狭义解说的美国将自白定义为刑事案件的被指控人就被控犯罪以明确的术语表示的承认。这一定义强调自白须由被指控人（犯罪嫌疑人或被告人）本人对自身犯罪事实作出陈述或承认，也即"自我控告"，不可由他人作出。在英国，广义说的自白也限定为被指控人对其有关犯罪事实及其他不利事实的陈述或承认。也就是说，无论自白的具体内容如何，犯罪事实本身抑或与犯罪事实有联系的其他事实，都须由被指控人（犯罪嫌疑人、被告人）本人作出。

也正因如此，在共同犯罪案件中，犯罪嫌疑人对共犯在共同犯罪中所犯罪行的陈述，也就不可视为自白。例如，在英国的自白理论中，犯罪嫌疑人对另一同案犯所作的不利陈述，因属于传闻证据，作为该项陈述的真实性是不可承认的。[1] 由于适用传闻证据排除规则，这项陈述作为对他人不利的陈述不具有证据能力，实际上排除了其作为自白的资格。但这里存在一种复杂情况：如果共犯的陈述不仅指控他人的犯罪，也承认自己的犯罪，即承认共犯与其一同实施了该项犯罪，其陈述又如何对待？这是一个较难处理的问题。在英国，传统的法律对此的态度是，该项陈述应完整地提交法庭，不能将指控他人犯罪的陈述删除，这表明，指控他人犯罪的陈述作为自白是可成立的。但在实践中实际上属于司法操作的问题，法官对陪审团的指导倾向于这样的意见：该项陈述如果仅是对该陈述人不利的，可作为自白证据，但不能作为对他人不利的证据。英国上诉法院在 Rogers v. Tarran 一案中承认，法官对剪辑这项陈述享有自由裁量权，例如在将陈述提交陪审团前，可以删掉对他人产生偏见的不利陈述的部分。[2] 当然，对他人的不利陈述是否都可从该犯罪嫌

---

　　[1]　Peter Mirfield, *Silence, Confession and Improperly Obtained Evidence*, Clarendon Press, Oxford, 1997, p.67.

　　[2]　Peter Mirfield, *Silence, Confession and Improperly Obtained Evidence*, Clarendon Press, Oxford, 1997, pp.67-68.

人的陈述中加以删除是存在争议的。对此,在英国实践中提出需对控方与被指控人的利益加以平衡的原则,如果平衡的结果表明控方的利益显然大于后者,该项犯罪嫌疑人的陈述实际上也可作为对他人不利的自白使用。①

在我国,就单一案件而言,对自己不利的自白或供认应由犯罪嫌疑人或被告人本人作出。然而,在共同犯罪案件中,犯罪嫌疑人或被告人对于他人在共同犯罪中犯罪事实的陈述即对他人的检举、揭发,是否称为供述或自白,虽然存在争议②,但主流派仍认可其为自白或供述,这与英美等国的做法有明显区别。这种分类方法的依据在于:共同犯罪作为一个整体而存在,共犯之间因共同犯罪产生不可分割的联系,也因共同犯罪承担不可分割的刑事责任,因而某一共犯对他人犯罪的陈述,实际上对自己犯罪和刑事责任的认定有着不同程度的影响,可视同对自己犯罪的陈述。再者,我国并不适用传闻证据排除规则和口供中心主义原则,共犯的口供是否最终为法庭采纳,仍需与案情和其他证据相互对照和印证,查证属实后方可作为定案依据,其在运用上具有安全性。当然,对这类陈述的证据分类,如果从利于传闻规则、自白规则等证据规则科学构建的角度来看,将其排除于自白之外,又不否定其证据价值,如可将其作为证言对待,则是较妥当的。而且可以解决一些矛盾现象,如共犯一方面揭发他人犯罪,另一方面又否认自己犯罪,即既有辩解又有揭发,如果将其作为自白在内容上明显自相矛盾,且对于被揭发者而言显失公平,违背自白自我承认和表白的本意,因为他人既无权替人受过,也无权替人认罪。

自白须由犯罪嫌疑人、被告人本人作出,他人转述犯罪嫌疑人、被告人告知其犯罪事实的陈述,当然也不成其为自白。在英美等国,法律始终要求犯

---

① Peter Mirfield, *Silence, Confession and Improperly Obtained Evidence*, Clarendon Press, Oxford,1997, p.68.

② 学术界存在三种意见:第一种意见认为,被告人在交待自己罪行的同时,检举揭发同案被告人的共同犯罪事实,仍属于被告人供述和辩解的一部分,不能视为证言;第二种意见认为,同案被告人的攀供,其内容既然是检举揭发他人的犯罪行为,其实他也是就自己了解的案件事实向司法机关进行陈述,属于证言;第三种意见认为,原则上,同案被告人的攀供属于口供的一部分,特殊情况下可视为证言。参见崔敏主编:《刑事证据理论研究综述》,中国人民公安大学出版社1990年版,第141页。

罪嫌疑人、被告人对自己所犯之罪或与犯罪事实相关的事实亲自作出陈述或承认,自白须出自于作出者本人。他人转述被告人对犯罪事实的陈述或承认,同样适用传闻证据规则,既无自白资格,又无证据能力。但在我国,这种转述他人的陈述,虽不能作为自白,但转述人可以作为证人,就其被告知的情况,以证言的形式向司法机关作出陈述。不过,该证言须与案内其他证据包括被告人本人的供述印证核实后方可采用。关于自白应向谁作出的问题,在英国普通法上,对于自白作出的对象实际上采取较灵活的态度。通常情况下,自白作为一种侦查结果,应向警官或其他侦查人员作出。但自白向被害人或他的朋友、亲戚或任何其他人作出同样有效。在英国有关涉及自白的法律中,现今所有案件的处理都是相同的:对自白作出的对象是否应是一个有司法权的人已不再是问题。① 但这种由他人转述的自白在法庭上作为证据使用,无疑将受到更严格的审查。

二、自白主要内容

犯罪嫌疑人、被告人应就什么问题或事实作出陈述或承认才可称为自白,这是有关自白的内容问题。自白的内容源于自白的概念,自白的不同定义决定自白不同的内容。自白的定义存在英美两派为代表的广狭两义之分。英国广义的自白,其内容具有最大限度的包容性;美国狭义的自白,其内容具有特定性。自白定义的这两种界分,实际上导致自白内容在一定程度上的不确定性,意图为自白确定一个统一、清晰和具体的内容实际上是不现实的。

自白的具体内容尽管难以准确划定,但无论自白取狭义还是广义之说,自白的性质在总体上具有一致性:自白不利于作出者本人,如果这项自白被运用,将可能导致不利于作出者的法律后果(如有罪判决和不利处罚)。既然自白在法律后果上不利于作出者,自白的内容显然属于对作出者不利的内容,即不利事实。无论狭义还是广义自白说有何区别,自白的内容都属于不利于作出者性质的事实,这是自白构成在内容上的底线要求,其相对于有利

① Peter Murphy, *Murphy on Evidence*, 6th ed., Blackstone Limited, 1997, p.237.

于作出者的事实而言。然而,因不利事实内涵和范围的广泛性所决定,不利事实的上限却难以作出一个统一明确的界定,这也正是广狭两义自白形式存在的现实性基础。综合自白两种定义的解释及其他相关因素的考虑,就范围的最大化而言,不利于自白作出者的事实,可以包括以下各项。

(一) 承认犯罪的事实

狭义自白说的内容仅限于对其犯罪事实的承认,非此不构成自白。广义自白说虽在自白内容上具有扩展性,但对犯罪事实的承认仍为自白的首要内容或自白的根基。故无论狭义还是广义自白说,承认犯罪事实本身是自白最核心的内容。犯罪事实分为主要犯罪事实和全部犯罪事实两类。前者属于犯罪构成要件的事实,包括刑法上的犯罪主体、客体、主观方面及客观方面的要件事实。后者除主要犯罪事实外,还包括与定罪量刑有关的其他事实,如犯罪动机、目的、时间、地点、手段、危害后果等。在英美等国,侦讯所获自白主要针对犯罪构成要件事实的陈述,至于是否获得全部犯罪事实的陈述,对于自白的成立并不产生影响。当然,在美国,被指控人并未陈述犯罪主要事实即构成要件事实,说明其并不承认犯罪,即使其陈述该案件的其他事实或不利于被告人的事实,也不构成自白。①

虽然自白作出者非直接承认犯罪事实,但其承认除犯罪事实外其他不利于己的事实。该事实具有两个显著特征:一是这种事实与犯罪事实不同,并不能直接证明作出者实施了犯罪,但又与犯罪事实存在一定联系,属于环境事实或环境证据,能够间接证明犯罪事实;二是这种事实对犯罪事实的证明,需与案件其他证据结合并通过推理的方式进行。因而与直接承认犯罪的事实并不存在实质上的区别。② 在英国看来,这种事实足以使作出者自陷其罪,仍然属于自白的事实。因为两种事实都是反对或不利于作出者的事实,只是前者反对的或不利于作出者的程度弱于后者而已。当然美国坚持自白须直

① 周叔厚:《证据法论》,国际文化事业有限公司 1978 年版,第 820 页。
② Peter Mirfield, *Silence, Confession and Improperly Obtained Evidence*, Clarendon Press, Oxford, 1997, p. 54.

接、明了反映犯罪事实的主张,因而这种不利事实自然被排除在自白内容之外。

至于这种不利事实的范围,在英国也未有明确的界定,实际上只要这类事实对陈述人不利,并可能使其自陷其罪的,法官都可根据自由裁量原则将其纳入自白范围之内。例如杀人案中,被告人否认杀人,但承认有买凶器的事实,或称与被害人平素关系不和等事实,均可作为推理的事实,故可纳入自白范围。

(二) 对自己行为的辩解事实

辩解是被指控人针对控方的指控为自己开脱罪行,或进行罪轻、免责的陈述或辩驳,故辩解本身有利于被指控人。辩解的事实显然并不属于自白的内容,这是以美国为代表的传统狭义自白说将辩解事实排拒于自白之外的原因所在。在英国,辩解事实一般情况下也不属于自白的范畴,但条件是被指控人的陈述完全是一种辩解陈述,其中并不存在使其自陷其罪的暗含事实。依传闻规则的规定,该陈述也不可作为陈述事实真实性的证据,故不可作为自白。但在英国判例中,清楚地表明被指控人的陈述既有开脱罪责的内容,又有自陷其罪的部分,因而可以反映出被指控人作出陈述的态度的,控方总的做法是提供如此的证据以支持自己的指控。[①] 由此可见,对于被指控人陈述中既含有有利也含有不利于陈述人的内容,有利即辩解部分实际暗含被指控人自陷其罪的处境,例如对自己行为时精神或生理缺陷的辩解,或属于正当防卫、紧急避险等,因而该项综合陈述在总体上被视为自白。在英国司法实践中,被指控人该项综合陈述是作为整体提交法庭的,其陈述能否作为自白对待,须由陪审团根据陈述的实质特征作出判断。

(三) 有关承担刑事责任的陈述

一般而言,被告人承认犯罪事实,就可构成自白,而是否对承担刑事责任

---

① Peter Mirfield, *Silence, Confession and Improperly Obtained Evidence*, Clarendon Press, Oxford, 1997, p.62.

表示认可,并不属于自白的必备内容,也非自白成立的当然条件。尤其在持自白广义说的英国,即使对刑事责任的否认(如辩护陈述等)也不至于影响自白的成立。然而,在日本,有一种意见认为,自白是指肯定自己的犯罪事实,并且确认自己应负刑事责任的陈述。如果一方面承认存在构成犯罪的事实,同时又主张存在违法阻却事由或责任阻却事由而否认自己应负刑事责任的,只是对不利事实的"承认",而不是自白。① 尽管这一观点在日本不占主导地位,但反映出学界对自白内容多样性的一种考虑。就笔者看来,强调自白对刑事责任的承认,实际上是对于自白人主观心态的一种正面要求:其不仅应陈述事实,而且应通过承担法律责任表达悔过之心。这属于对自白的一种更高要求。如果就自白作为证据以达到认定案件事实的目的而言,这种作为自白成立条件的要求是无实际意义的,而且可能是有害的。当然,如果被告人并未正面承认自己的犯罪行为,但表示对其行为承担刑事责任,实际上可推导其对犯罪事实的承认,因而承认负刑事责任本身应视同自白。在日本现行法中,自白与承认刑事责任的"自认"是无实际区别的。

在我国,直接承认犯罪事实是自白成立必备的唯一条件,无须要求被告人对刑事责任的认可。在我国过去的刑法理论和司法实践中,被告人对刑事责任的认可实际上是自首成立的条件,而自首属于刑事实体问题,对量刑产生影响,并不同于自白。1984年4月16日最高人民法院、最高人民检察院、公安部联合发布的《关于当前处理自首和有关问题具体应用法律的解答》中规定:在司法实践中,对于犯罪分子作案后,同时具备自动投案、如实交代自己的罪行,并接受审查和裁判这三个条件的,都认为是自首。② 当时学术界也普遍认为,犯罪分子自动投案后,必须听候、接受司法机关的侦查、起诉和审判,不能逃避,才能最终成立自首。③ 被告人接受裁判或审判,实际上意味着被告人对承担刑事责任表示认可和接受。但1997年修正后的《刑法》第67条明确规定:犯罪以后自动投案,如实供述自己的罪行的,是自首。也就是

---

① 孙长永:《日本刑事诉讼法导论》,重庆大学出版社1993年版,第102页。
② 高铭暄主编:《刑法学》,北京大学出版社、高等教育出版社2001年版,第283页。
③ 赵秉志主编:《新刑法教程》,中国人民大学出版社1997年版,第335页。

说,根据现行刑法规定,被指控人接受审判或承担刑事责任不再是自首成立的必备条件。当前学术界的主流观点也与之相同。① 虽然对承担刑事责任的接受不再是自首的法定条件,但承认刑事责任的这一情节仍可作为自首的重要表现而在量刑上有利于被告人。

以上自白的内容尽管各异,但均是对被指控人不利事实的内容。因持狭义和广义自白说的国家,对自白内容要求的不同,这些自白的内容并不都是构成自白的必备条件,除上述第一项内容外,其他各项只可成为自白成立的选择性条件。不过,由于美国在实践中并未严格遵守自白的狭义解说,理论上也存在扩展自白范围的倾向,因而在自白内容上是否存在一体化的趋势确实很难预料。

三、自白形式

在英美等国,自白作出的方式实际上是无限制的。在美国,自白是被指控人或被告人对犯罪事实全部(或主要)所作的陈述或承认。这种陈述或承认的形式法律未作限制,无论是口头还是书面的形式都具有效力。但按照法律要求,口头或书面的陈述方式又须明白无误地反映其陈述的犯罪事实。威格摩尔、华尔兹等学者也强调自白在用语上的明确性。在英国,自白的规定相对较具体,其中对于自白的形式,法律也有明确规定。根据1984年《警察与刑事证据法》第82条的规定,自白既可以是文字形式,也可以是其他形式。虽然自白的形式更为多样,但以文字或口头形式反映的自白仍居核心地位。根据陈述方式的不同,实际上可以将自白分为言词自白和书面自白两类。

就言词自白而言。一般认为,言词自白是由被指控人直接向侦控机关就其犯罪事实或其他不利事实所作的口头陈述。但这种口头陈述仍需侦控机关作出书面记录或辅之以录音记录。至于自白之书面记录,各国并不限于问答之方式,亦无需依照口语之逐字逐句予以记载,只须实质无误为已足。② 在

---

① 高铭暄主编:《刑法学》,北京大学出版社、高等教育出版社2001年版,第284页。
② 李学灯:《证据法比较研究》,五南图书出版公司1981年版,第203页。

美国,除通常采用的问答笔录外,还采取简要记录的方式,即将被告自白陈述的事实,作成简要报告形式。这些记录方式对自白的成立和自白的证据效力一般也不产生影响。但为防止简要报告内容被询问者添加或篡改,美国又要求对被告的自白制作录音记录,以此作为简要报告的基础,并检测其报告的真伪。尽管上述言词自白在制作中未有严格条件的限制,但大多数国家都要求书面自白的记录须向供述人宣读,或交其审阅,其在核对无误并签字后,方为有效。

就书面自白而言。被指控人也可就其犯罪事实或其他不利事实以文字的形式作成书面自白。由其签名后提交侦控机关或法庭。一般而言,书面自白能较全面、清楚地反映案件事实,故为大多数国家所允许。但书面自白的缺陷在于,自白书写时并无录音录像可供核对,无法判断自白形成过程中是否受到其他因素干扰而有损于自白的真实性。鉴于此,美国德克萨斯州等法律明确规定,被告人签名的书面自白,须以在法庭调查中书写并签名的为限。同时,该法规定,该书面自白须显示被指控人已受到这样的警告:如果陈述可能被用作对己不利的证据,他并非必须作出该项陈述。① 德州法律的规定,实际上对自白的书面形式作了限制,不符合法律要求的,其陈述不得作为自白向法庭提出,更无自白证据效力可言。

自白无论以书面还是口头的形式作出,只要符合法律要求的手续和条件,这两种自白形式对于自白的构成本身并不产生影响。正如我国台湾地区学者所言,"问题所在,不在于自白之方式,而在于容许之条件"②。但两种自白形式对于自白的证明价值而言,却是存在差别的。从证据理论的观点看,书面自白因具有全面性和系统性,制作严谨,其价值更优于言词自白。但此观点也非一概而论,有学者提出,书面自白的真实性因未有录音录像监督也存有疑问,故两者各有缺点。③

除书面和口头两种基本的自白形式外,因英国推行广义自白的理论,自

① 周叔厚:《证据法论》,国际文化事业有限公司 1978 年版,第 825 页。
② 李学灯:《证据法比较研究》,五南图书出版公司 1981 年版,第 204 页。
③ 周叔厚:《证据法论》,国际文化事业有限公司 1978 年版,第 823 页。

白形式更具有多样性特点,有关这一问题前面已论及。但英国自白的其他形式,在具体的司法实践中,其适用的条件仍是有限制的。

综上,自白的成立主要在于对自白主体和内容上的要求,尤其自白主体具有特定性,非犯罪嫌疑人、被告人的亲自陈述,不能作为自白。而自白的内容则以对陈述人不利的事实为构成底线,内容的上限在广义自白说中却有相当大的扩展空间。至于自白的形式,从严格意义上讲,并非为构成自白的必备要件,无论口头还是书面形式,以明确传递自白之意为已足。当然,在狭义自白说中,自白的形式具有特定性,限于口头或书面范畴,而排除行为或默示等其他方式。有关自白的构成条件或特征,对于总体把握自白的内涵和要素,厘清狭义和广义自白之分均有积极的现实意义。

第三节　自白证据的模糊地带

从自白的概念和构成看,自白实质上是一种不利于自白作出者的陈述或承认,但由于自白在概念上的广狭两义之分以及自白构成在内容上的不确定性,又导致自白在具体范围界定上的困难。在传统观念(狭义自白说的观念)中,某一被指控犯罪的人以明确的语言或文字对自己的犯罪事实作出完全的承认或陈述,属于一种典型的自白并无任何争议。然而,如果一项陈述并非是对犯罪事实的承认,而是对自己不利事实的承认,如承认其到过犯罪现场但否认其犯罪等,或者行为人对犯罪事实的承认,非以语言或文字的形式表示,而以作为或不作为的行为展示,或者作出陈述的人非犯罪者本人,而是第三人对他人犯罪事实的陈述等,这些陈述或行为能否称为自白? 如果认可其自白的性质,实际上与传统的自白观念相矛盾,并不属于严格意义上的自白;但若将其排拒于自白之外,因这些陈述或行为可间接证明或通过推论证明主体的犯罪事实,又具有自白的某种功能。因此,这些陈述或行为实际处于自白的边沿地带,笔者将其称为自白的"灰色地带"。对处于自白"灰色地带"的陈述或行为在证据上的归属问题,取决于各国对自白的定义。占主流地位的传统上持自白狭义说的国家(以美国为代表),坚持自白是被告人对其犯罪事实明确而完全的承认或陈述,由此强调自白的三个要素:其一,自白的内容是完全的犯罪事实;其二,自白的方式是明确的语言或文字的形式;其三,自白的主体是实施犯罪行为者本人,即行为人对犯罪的自我表白。据此,处于自白"灰色地带"的陈述或行为自然被排拒在自白之外,但不同国家排拒的程度和变化不同。属于英美法系主流派的英国,源于对自白的广义定义,则将上述处于自白"灰色地带"的陈述或行为实际上归入自白的范畴,这是英国在自白证据制度上的一个显著特点。为此,有必要通过对自白"灰色地带"的实证考察,展示非典型性自白的各种形态、特点及运用情况,既与典型性自白作出严格区别,又为自白的观念提供一种新的思考路径。

一、承认

承认(admittion)也称自认,源于民事诉讼中的自认。自认是以陈述或行为,承认系争不利于己之事实,有所谓正式的自认和证据的自认之别。我国台湾地区学者认为,正式的自认,即诉讼上之自认,有舍弃证明,他造无庸举证之效力。此为自认成为证据法则之效力,自认本身并非证据。所谓证据的自认,即诉讼自认,须为事实之陈述,非意见之陈述,与间接的自认,后者亦可用为情况证据。① 刑事诉讼中的承认或自认,借用民事诉讼中不利于己事实陈述之含义,但刑事诉讼中的承认仅有证据之意义。关于刑事诉讼中承认(自认)的含义,美国学者解释为:一项承认是由倾向于证明犯罪但又欠缺对犯罪所有实质因素承认的一项或诸项事实的认可或接受组成的。② 可见,承认并非是对于犯罪事实完全或直接的陈述,而是对于非犯罪但又不利于作出者之事实的承认,这些不利事实实际上又可作为推导犯罪的事实。

以美国为代表的自白狭义解说,坚持自白与承认的分离,即自白仅限于

---

① 李学灯:《证据法比较研究》,五南图书出版公司1981年版,第205页。
② John W. Strong, etc., *McCormick on Evidence*, 3rd ed., Horn Book Series West Group, 1994, p.362.

作出者对犯罪事实完全和直接的陈述,而对不利事实即与犯罪事实有关联的事实的承认,纵使可推导其犯罪,也不属于自白。美国学者华尔兹就自白与承认的区别曾指出:"一项自白是一个人对其犯罪的完全认可,而一项承认则属于有更多限制和狭窄的事物。它是一种可推导最终犯罪事实的某种次要的事实或一组事实。一项承认是一幅较大图画的一部分,而自白则是整幅图画。所以,可以准确地说,每个自白是一项承认,或由若干承认所构成,但不是每个承认都构成一个完全的自白。"①我国台湾地区学者也认为,唯自白应有严格之条件,始得为证据,与自认不同。自白必须明白承认指控之犯罪或构成犯罪之事实。如其所承认事实,须与其他事实并予考虑,始是推论其犯罪时,则为自认而非自白。被告陈述他人犯罪,本人在场而未参加实施,系自认而非自白。被告陈述曾为行为之实施,唯并无犯罪之故意,亦系自认而非自白。② 因此,自白在实质上不同于承认,承认并非是对犯罪的直接承认,但自白与承认又存在密切关系。承认在性质上不利于作出者,可通过推定达到其对犯罪的证明,与自白的功能一致,因而自白与承认又存在一种相容的种属关系。有学者认为,自白为狭义的承认,而承认为一种不完全的自白。③ 当然,在持自白狭义说的美国,承认严格意义上也不可称为不完全的自白。

英国自白采广义之说,凡对于与犯罪事实有关问题的陈述或部分不利于作出者的陈述均为自白,对作出者不利事实的承认自然包括在自白范围之内。④ 在 1967 年 Customs and Excise Commissioners v. Harz and Power 一案中,参议院认为,完全的犯罪自白与缺乏完全自白的承认之间并无区别。瑞德(Reid)勋爵对此解释说:一个人被威胁诱出的一项完全的自白与另一人被以相同方式诱出的一项或更多的自陷其罪的承认,处于相似的环境之中,除非法律降格为只是毫无联系的规则的总和。在他看来,这些案件之间是没有区

---

① Jon R. Waltz, *Criminal Evidence*, Nelson-Hall Company, 1975, p.219.

② 李学灯:《证据法比较研究》,五南图书出版公司 1981 年版,第 205 页。

③ 周叔厚:《证据法论》,国际文化事业有限公司 1978 年版,第 818 页。

④ Peter Murphy, *Murphy on Evidence*, 6th ed., Blackstone Press Limited, 1997, p.237.

别的。① 只要一项陈述的任何部分都是反对作出者的,并且与其犯罪的问题存在某种联系,在英国证据法上将被视为自白,甚至间接的承认也足已,只要可对其作出相反的推论。② 在英国学者看来,任何意图寻求将以明确的语言表示对指控犯罪的事实的某些实质部分的真实性的承认与对次要事实即非直接表明犯罪事实的承认作出更多被限定的区别是同样错误的。当然,自白与承认无实质上之区别,只是说明两者界限的模糊性和人为的淡化作用,但实际上,即使在英国,自白本身与承认在作为对被告人不利的证据上,它们的效用、运用的条件及规程仍是存在一定差别的。正因如此,对于承认作为自白性质的认定上,相应也就更为严格,一般由法官根据案件情况进行自由裁量。在实践中,有相当一部分案件控方拥有的支持其指控的所谓自陷其罪的陈述,实际上并不等于被告人对争议事实的承认(自白),即使自 1994 年英国上诉法院就 Smith 一案判定被告人陈述属于对其不利的陈述以来,对于被告人对己不利陈述的认定仍持谨慎的态度。

二、辩解陈述

辩解陈述(exculpatory statement)是被告人作出的为自己开脱罪责或有利于自己的陈述或辩驳。在英国等奉行广义自白说的国家,被告人虽表面上作出辩解陈述,但辩解陈述的实质对被告人不利,或通过其辩解陈述可以推导其犯罪事实的存在,故这种辩解陈述仍属于自白。将辩解陈述作为自白的一部分,是英国自白法的突出特点。它与承认的共同之处均在于非直接承认犯罪事实,而是以推定形式间接地证明其犯罪的存在,但两者证明犯罪的方式和程度仍存在区别。承认虽以推定的方式间接证明犯罪,但其内容是不利于被告人的事实,对犯罪事实的证明相对于辩解陈述更为明确;而辩解陈述则是以暗示方式证明犯罪,至少陈述人本人并不认为陈述内容对己不利,因而在证明程度上弱于承认。由于辩解陈述以暗示的方式证明被告人的犯罪事

---

① Peter Mirfield, *Silence, Confession and Improperly Obtained Evidence*, Clarendon Press, Oxford, 1997, p. 50.

② Peter Murphy, *Murphy on Evidence*, 6th ed., Blackstone Press Limited, 1997, p.238.

实且与陈述人陈述初衷相左,将该陈述作为自白对待,相对于承认而言,更具有风险性,对刑事诉讼文明的根基和人权保障的冲击也更大,因而在实践中作为自白在操作上困难较多①,辩解陈述在自白性质的认定上设置相应的条件更为必要。

根据 1984 年英国《警察与刑事证据法》第 82 条第 1 款有关自白概念的解释以及英国相关判例的规定,辩解陈述作为自白的条件大致为以下两方面。

第一,辩解陈述必须含有使被告人自陷其罪的因素或不利于作出者的事实。例如被指控人承认到过犯罪现场,但否认其实施犯罪。否认其实施犯罪属于辩解陈述,但以承认其到过犯罪现场为前提,故辩解陈述含有对其不利的事实(到过犯罪现场),可作为推定有罪的材料,该材料属于自白。如果被指控人的辩解陈述不含有自陷其罪的因素,即是说这项陈述属于纯粹或真正意义上的辩解陈述,则不属于自白。如被指控人否认到过犯罪现场的陈述,就属于这类辩解陈述。至于排拒该项陈述作为自白的理由,英国上诉法院在一项判例中指出:《警察与刑事证据法》第 82 条第 1 项的规定确实清楚地谈到不利于作出者的陈述。该条的目的在于排除那些采用导致自白不可靠的语言或行为而获取的自白,例如承认或者与被告人利益相反但有利于侦讯人员的部分承认。它们的目的几乎是为了获取包含侦讯人员希望被指控人提供的但明显对被指控人不利的陈述。② 完全属于辩解陈述的证据,不仅在性质上不符合自白的特征,而且这种陈述的真实性是值得怀疑的,因而适用传闻排除规则,其本身不具有证据能力,当然也无自白资格可言。

---

① 这里有几个问题需加以注意:一是控方并无理由沿用被指控人明显是辩解的陈述,除非在审判上具有自陷其罪的价值;二是真正的辩解陈述并不属于自白是一个广为认可的理论,因为这种辩解陈述不含有自证其罪的因素,故不属于传闻证据规则的例外,并不具有证据能力,也无自白资格;三是一个面对警察严厉的行为或者强制行为作出自白的嫌疑人,将错误地告知警察不愿听的情况,即否认犯罪似乎是不可信的;四是在作出陈述时,自陷其罪的陈述和辩解陈述的界线是难以划清的,如果在适用《警察与刑事证据法》第 76 条前考虑一项陈述是否属于传闻是必需的,就增加了一个复杂性的因素。上述情况表明,辩解陈述在性质认定上由于其不稳定性特点,确实存在实际操作上的困难。

② Peter Mirfield, *Silence, Confession and Improperly Obtained Evidence*, Clarendon Press Oxford, 1997, p. 57.

第二,辩解陈述中包含某些侦讯人员希望得到的内容。作为自白的辩解陈述,不仅以陈述的内容含有对被指控人不利的因素为条件,而且这些陈述的内容是侦讯人员希望得到的。换言之,该项陈述的内容必须包含实质上对被指控人不利的内容,并能为侦讯人员所利用,或作为其查清犯罪事实的线索和手段,或者可作为控方通过推论指控被告人有罪的证据。如果陈述虽含有对被指控人不利的内容,但该内容的不利程度弱小,并不能为控方所用,或据以作出不利推论,实际上对控方并无证据价值,因而也就不可作为自白使用。

须指出的是,在英国实践中有关纯粹的辩解陈述与含有对被指控人不利因素的辩解陈述的界线有时是不甚明确的,对于辩解陈述是否属于纯粹的辩解陈述的判断,实际上是存在争议的。在有的案件中,某项陈述既非打算自陷其罪,其内容也非受侦讯者喜好,但在实质上又可作相反的推论,有关这一问题须由法官根据案件的具体情况加以判断。加拿大最高法院法官赫尔曾指出:对于法庭而言,是时候将被告人作出的所有陈述接纳为证据,是自陷其罪还是辩解陈述,是由同一种规则调整的,因而可以结束由法官们推动的对于在皇家法庭意图在主询问或交叉询问中用作自陷其罪或辩解的这些陈述的持续争论和必要评估了。① 可见,对辩解陈述性质的判断应以陈述当时的环境状况、陈述人的心态等情况为标准。

三、行为

在英国,自白既可以语言、文字的方式表示对犯罪事实或不利事实的承认,也可通过行为(conduct)表达这种承认,因而表达这种承认的行为也属于自白。对其被指控犯罪的点头,引领侦讯人员指认犯罪现场及被害人尸体,以确定性的行为重新演示犯罪等,均属于行为的自白。行为自白在英国判例中并不多见,苏格兰的判例对行为视同陈述适用传闻排除规则而否认其自白资格,但 Liu Shu-Ling 一案,则是被指控人演示犯罪事实的行为作为自白被法

---

① Peter Mirfield, *Silence, Confession and Improperly Obtained Evidence*, Clarendon Press Oxford, 1997, p. 57.

庭采纳的典范。正因行为自白并非属于典型的自白形式，与言词的自白相比，对犯罪事实的表达更具有模糊性，对该自白运用的风险更大于承认和辩解陈述。故对其适用的条件相应更为严格：一是行为所展示的内容必须是犯罪事实，而非其他不利事实，无论对犯罪指控的点头，还是对犯罪现场的指认抑或演示其过去的事件，其行为的对象指向是与己有关的犯罪事实。二是行为人有意通过行为肯定对某些犯罪事实的承认。① 如果行为人的行为所展示的事实非犯罪事实，或者其主观上并非对犯罪事实有意承认，都不属于行为自白，而应将其归于情况证据范畴。

有鉴于此，对于行为自白的范围实际上是受到严格限制的。这里，对于逃跑和对犯罪指控的流泪是否属于行为自白，就值得具体分析。这两种行为都具有潜在自陷其罪的特征，但又未明确表达对犯罪的承认。从严格意义上讲，它们并不符合行为自白的条件。但对此问题也存在争议。有学者认为，如果严格遵循自白是一种可承认的传闻证据，即传闻规则的例外，有可能导致流泪和逃跑不被视为自白，尽管传闻规则的准确理由在这里存在问题。而且如果可靠性原则具有稳固性，也很难设想这一论点即流泪和逃跑属于自白规则之内。例如，嫌疑人在警察强制行为下也可能流泪，而非源起对犯罪的承认。但保护性和纪律性原则又暗示自白制度应被适用，即应将逃跑和流泪归于行为自白之中。因为压制行为导致的流泪或逃跑不比其导致的言词承认的客观性更弱，嫌疑人潜在地处于两种不利情形之中，通过流泪和逃跑的行为表现达成自白有利于实现司法的保护和纪律原则。② 从英国目前自白的发展趋势看，这两类行为实际上可以归入自白的范畴。③

但需指出的是，在英国，行为作为自白的范围仍是有限度的。在自白规则上，被指控人配合侦讯人员提供指纹或提取血液及酒精测试的行为，始终

---

①　Peter Mirfield, *Silence, Confession and Improperly Obtained Evidence*, Clarendon Press Oxford, 1997, p. 59.

②　Peter Mirfield, *Silence, Confession and Improperly Obtained Evidence*, Clarendon Press Oxford, 1997, p.60.

③　Peter Mirfield, *Silence, Confession and Improperly Obtained Evidence*, Clarendon Press Oxford, 1997, p.60.

被排除在自白之外,其理由不仅在于这一提取或提供本身可能的强制性,而更在于这些行为本身并不涉及对犯罪事实的承认。

四、混合陈述

所谓混合陈述(mixed statement)是指被指控人作出的书面或口头的陈述中,既有对其不利或自陷其罪的部分,又有开脱罪责或自我服务的部分。混合陈述与上述辩解陈述具有一定的相似性,两者都存在使作出者自陷其罪的陈述,只是辩解陈述以暗示的方式展现这种陈述,且两者对被指控人犯罪的证明都需运用其他证据的推论方法达成,因而有时两者被混用。但在英国法中两者在形式和内容上仍有一定差别,混合陈述的内容明确分为不利和有利被指控人的两部分;而辩解陈述并未有如此的划分,辩解陈述在作出时是一个整体,只是辩解的背后暗示自陷其罪的成份。

混合陈述中仅就对被指控人不利的部分作为自白是不存在问题的,但该项陈述中的不利和有利部分相互关联和依存,并不能截然分开,混合陈述作为一个整体能否作为自白? 根据英国1984年《警察与刑事证据法》第82条第1款关于自白概念的规定,部分不利于被指控人的陈述同样可作为自白,即混合陈述中只要有对被指控人不利的部分就可在整体上视为自白。但由于混合陈述中含有对被指控人有利的部分,该项混合陈述能否作为一项自白,实际上需要法庭经过审查加以确定。詹姆斯(Jams)法官在 Ponaldson 一案中指出:当控方提供用以作为一项承认的陈述时,对于既包含对被指控人有利的解释,也含有控方作为承认所依靠的段落(部分),陪审团决定这项被看作整体的陈述是否构成一项承认,在这个意义上,这项陈述在此被说成是有关事实的证据。① 正是基于陪审团审查的需要和公正性的考虑,在英国实践中,控方在提交法庭的这项陈述时,不许对陈述内容作出删减,也就是不能只提供对被指控人不利的陈述,而应将不利和有利被指控人的陈述一并提供法庭,陪审团方可进行审查。对此英国首席大法官雷茵(Lane)勋爵在 Puncan

---

① Peter Mirfield, *Silence, Confession and Improperly Obtained Evidence*, Clarendon Press Oxford, 1997, p.63.

一案中曾指出,在我们看来,最简单和因此最可能产生公正结果的方法是,告知陪审团整个陈述,既包括自陷其罪的部分,又包含解释或辩解的部分,由陪审团考虑以决定陈述的真实情况。至少说,企图向陪审团解释该陈述有利于被指控人的部分相对于控方所说的事实证据的价值更少,是没有意义的。①

在混合陈述中作为犯罪陈述的证据与作为辩解行为的证据是存在区别的。在 R. v. Donaldson 一案中,詹姆斯法官也认为:在我们看来,控方用以指控被告人该陈述的一部分与完全属于自我服务并为被告人所依赖的陈述之间有明显的差别。陪审团如何对混合陈述进行审查? 又如何确定混合陈述的性质? 这里存在这样一个问题,如果陪审团最终认定混合陈述属于自白,但该陈述中有利被指控人的部分如何看待? 若将其视为自白,显然有违该部分陈述的本意,似乎也不符合公正原则。因此,在混合陈述的定性上,实际上是存在争议的。有人建议,法官应发挥其对混合陈述审查的评论作用,有权将有利和不利被指控人的陈述区分开来,分别估量其证据价值。辩解部分的陈述可以作为案件中的证据。然而,将辩解陈述作为对被告人有利的证据,实际上又与传闻规则相抵触,在法律上并不具有证据能力。因此,在现今英国司法实践中,陪审团对混合陈述并未予以分开考虑,对于辩解陈述的部分,同样被用作指控的目的,但又不属于证明所说事实的真实性的证据,如作为整体图画的部分,显示被指控人犯罪时的反映态度。② 正如詹姆斯法官所言,当控方沿用被告人提供的并不被依赖作为对犯罪指控承认的陈述证据,如此的陈述在审判中属于证据,在于它是被告人作出的陈述和对提问的一种反映,它是陪审团必须考虑的整体图画的一部分,但它不是其所陈述事实的证据。对于作为平息有关混合陈述定性之争的标志,在 1981 年 R. v. Duncan 一案中,上诉法院在对过去判例审查的基础上,提出了以下观点:当事人之间的争议问题在某种程度上是自白被适当地作为陈述事实真实性的证据。双方当事人接受,如果一项陈述作为对作出者不利的承认被提供,整

① Peter Mirfield, *Silence, Confession and Improperly Obtained Evidence*, Clarendon Press Oxford, 1997, p.64.

② Peter Murphy, *Murphy on Evidence*, 6th ed., Blackstone Press Limited,1997, p.260.

个陈述必须被承认。任何另外的过程是明显不公正的。① 也就是说,在英国当今实践中,只要被指控人部分承认犯罪,总体上的陈述应被作为真实的证据即自白对待。

五、被指控人的沉默

在英美等国,犯罪嫌疑人享有沉默(silence)权,在侦查和审判阶段对于侦讯人员和法官的询问,尤其要求对被怀疑犯罪的事实解释或说明时,犯罪嫌疑人、被告人沉默本身并不能作为对其不利的证据,也不可作出相反的推论。然而根据英国 1994 年《刑事审判与公共秩序法》第 34—37 条的规定,在法定情形下,犯罪嫌疑人、被告人对侦讯人员和法庭提问又须回答或解释,被指控人应当解释和回答而保持沉默的,法庭可作出对被指控人不利的推论。故对于被指控人在法定情形下保持沉默的,沉默的事实实际上是对被指控人不利的证据。至于这种证据的性质法律并未规定。在英国理论界,对于这种证据的作用有如下不同理解:一是对于控方的指控未能作出回应的,可作为被告人有罪的直接证据;二是沉默的事实具有补强控方证人所述证言的能力,增强控方指控证据的可靠性,而非作为证明犯罪的直接证据;三是沉默的事实可作为"损害辩护"的证据,被指控人在早期不能对指控提出辩解的,实际上对其随后的法庭审判中的辩护产生不利的影响;四是甚至面对指控而予否定,在某种情形下,可以被陪审团看作为对指控的暗示接受,即作为一种承认。② 据此,在不同案件和不同的具体情况下,沉默事实的证据效用是不同的。尽管沉默的事实能否作为犯罪的直接证据有较大疑问,但都表明在法定条件下,沉默事实都属于一种对被指控人不利的证据。而在英国自白的概念中,自白的内容界定为不利于作出者的事实,在自白方式上也无限制,其中包括不作为方式,证明犯罪的手段上也包括推定方法,因此,沉默事实符合自白的基本特征,可作为自白对待,其与辩解陈述、承认等只限于表达方式的不

---

① Peter Murphy, *Murphy on Evidence*, 6th ed., Blackstone Press Limited,1997, p.280.

② Peter Mirfield, *Silence*, *Confession and Improperly Obtained Evidence*, Clarendon Press, Oxford, 1997, pp.239-240.

同,在性质上具有一致性。

在美国,由于司法追求正当程序(实质正当程序)价值,沉默权不仅未被限制,而且随着1966年米兰达规则的推行得到了切实保障。故在一般情况下,对于被指控人沉默的事实,并不能视为对被指控人的不利证据,更不可作为自白使用。但在美国司法实践中,有默认一说,而默认不同于沉默。沉默是法律赋予被指控人的一项权利,在侦查审判中对提问有权不作任何回答或拒绝回答,因而沉默实际上是对侦控人员询问的一种法律防御,而且存在于被拘禁之中;默认则从承认中派生而来。承认是对所述事实的认可或接受,可分为两类,一类是以言词或书面文字对事实的明确承认,称为言词承认(verbal admissions),属于典型的承认形式,如上述自白中承认的类型;另一类是面对指控事实时,不加否认,不加辩解,或以行为表示承受指控事实,则是默认(implied admission)。虽然默认与沉默具有相似性,都属于消极、被动的不作为形式,但默认在性质上属于一种承认。而且默认以非拘禁为条件,被询问人未被逮捕监禁,在自愿前提下接受侦讯人员提问,而又对指控的事实保持沉默或不言语的,则是默认。如果被指控人在拘禁过程中对提问保持沉默的,则是行使美国宪法第五修正案不受强制自证其罪权利的体现,不能将沉默视为默认,更不可将这种沉默作为对其不利的证据加以运用。

被指控人的默认是否能够作为对其不利的证据,在美国司法界存在争论。美国联邦及州检察当局一直主张将被指控人的默认作为证据运用,陪审团也认为被指控人在侦讯中既不明显地否认指控事实,应已同意接受或在其内心已承认所犯之罪。但法官对此的看法却较为谨慎,意见也不一致。① 不过,从美国司法的实际情况看,已有许多法院认可该默认的证据效力,只是须

---

① 在美国司法实践中存在以下几种主张:(1)默认违反宪法第五修正案不得容许为证据;(2)在警察逮捕拘禁后失去自由中的沉默,不得作为证据;(3)应斟酌逮捕拘禁的情形以决定默认的证据价值;(4)嫌疑人并未明确回答问话,只是将警察指控的问话当作嫌疑人的陈述,属于一种传闻证据应予排除;(5)在警察调查询问时,如果真正有此沉默的事实发生,则被告的沉默乃是被告的反应,已成为实质的证据,警察问话内容,即可用为解释被告回答的意旨;(6)若将警察问话的沉默当作自白,陪审团将误以为沉默等同于自白;(7)不得仅以默认作为唯一证据;(8)默认具有证据的关联性。参见周叔厚:《证据法论》,国际文化事业有限公司1978年版,第853页。

设定一定条件,除以上提到的以非拘禁的默认为限外,许多法官又提出许多其他相应的条件以规范默认的运用。① 需指出的是,美国的默认虽可作为不利于被指控人的证据,就该证据的性质看,与英国沉默证据效用是不同的。英国在法定条件下的沉默不仅是一种对被指控人的不利证据,实际上也是一种自白。由于美国持自白狭义解说,即非以明确的语言直接承认犯罪事实不可成为自白,故默认并非为一种严格意义上的自白,只是一种对被指控人不利的情况证据,须与其他证据并用,才可认定被指控人有罪。

我国刑事诉讼法对自白的概念坚持狭义理解的原则,按照《刑事诉讼法》第120条及刑事证据的基本理论,犯罪嫌疑人以言词的形式明确承认自己犯罪的陈述,才可成为自白。显然,默认或沉默作为一种对自己不利的不作为或消极的行为表现,在理论和法律上不具有作为对被指控人不利证据的能力,更不具有自白的资格。尽管我国刑事诉讼法没有确认被指控人的沉默权,但沉默权制度的空白,并未留有默认作为对其不利证据的空间。追求客观真实是我国刑事司法的基本原则,也就是以实实在在的证据作为定案依据,而被指控人对提问的沉默,虽不具有合法性,但以沉默推定其犯罪的存在,却更具有危险性,因为这种证明犯罪的方式是一种推定,而不是依凭证据,推定的结论有可能不是真实的结论。即使默认作为一种情况证据或间接证据,由于其证明原理在于推论,实际上也具有风险性,这与追求客观真实的原则是相悖的。

然而,应该指出,实践中对于沉默或拒绝陈述的态度,与法律和理论的原则并非完全吻合。就证据层面看,对于被指控人的沉默或拒绝回答较为慎重,一般也不会在庭审中作为对被告人不利的证据使用,只可作为裁判者掌握被告人犯罪态度的一种依据。但沉默的事实往往又是获取符合法律要求的自白的前提和基础。因为被指控人的沉默尤其对较明显犯罪事实的沉默,

---

① 这些条件包括:(1)必须在被告面前指控被告犯罪事实;(2)必须在被告能够听得清楚的距离内;(3)被告能够了解指控内容;(4)指控事实在被告所知的范围内;(5)被告能够说话而不说话;(6)被告有说话的意志自由;(7)在当时陈述及周围环境情况下,被告应作回答;(8)必须尚有其他证据提出,不得专以此为唯一证据。

成为侦讯人员认定被指控人有罪的心理依据,从而为侦讯人员获取自白提供心理和思想上的支持,这表明沉默的事实在侦查阶段有着获取证据的某种辅助作用;而在审判阶段,这种沉默对法庭的心理暗示作用并未消除,有可能成为法官用以对被告人庭上辩护的一种弹劾依据。从制度层面看,沉默又具有实体处理的功能。被指控人的拒绝回答或保持沉默,违背其如实回答的义务,属于认罪态度不好的表现,属于裁判者可以从重处罚的酌定情节。所以,沉默的事实虽不是一种严格意义上的自白,但在我国现实刑事司法中,又成为公安司法机关对被追诉人犯罪行为判断的心理基础和对其量刑的依据之一。

另外,在英国司法实践中,仍存在一类特殊的陈述,即第三人的陈述(third party statement)作为自白"灰色地带"的情形。前述表明,自白的主体具有特定性,非犯罪嫌疑人、被告人对自己犯罪或不利事实的陈述不能成为自白。然而在英国实践中,第三人的陈述因情况的不同,对其陈述性质及效力的认识也不相同。第三人陈述可以分为以下几类:

(1)非属被指控对象的第三人陈述。在英美等国,该第三人的陈述只是为被指控人的辩解,则在性质上不是自白,而且是典型的传闻证据,不适用传闻规则的例外,该陈述不具有证据能力,除非第三人出庭以证人身份作证,方为有效。同时,第三人的陈述属于自陷其罪的陈述,所陈述的犯罪又属于被指控人受指控的犯罪,第三人的陈述作为对被指控人不利的自白也是不能成立的,尽管它属于不利陈述,含有被推定的真实性。① 可见,在英美等国,与案件无关的第三人陈述,无论是否有利于被指控人,均不可成为自白。

(2)共犯为被指控人辩解的陈述。与上述第三人的辩解陈述一样,共犯为被指控人辩解的陈述对被指控人而言,同样属于非自白的性质,而且适用传闻规则,应被排除。但共犯为被指控人开脱罪责的陈述,是否可以作为自己犯罪事实的自白? 在英国,一般认为,如果该项犯罪只可能由共犯中的一人实施,也就是说,为他人犯罪开脱,等于自己犯罪可能性的增强,这项陈述

---

① Peter Mirfield, *Silence*, *Confession and Improperly Obtained Evidence*, Clarendon Press Oxford, 1997, p.65.

将可能作为该共犯自陷其罪的自白。

（3）共犯作出使被指控人自陷其罪的陈述。原则上，自白是就自己的犯罪所作的陈述，对他人犯罪的陈述，即使属于共同犯罪，也同样适用传闻规则，作为该陈述真实性的证据是不可承认的，即无证据效力，当然也就无自白资格可言。但如前所述，如果共犯陈述自己犯罪的同时，又承认被指控人与自己一同犯罪，在英国普通法上，该陈述可作为该共犯犯罪事实的自白，而不能作为被指控人实施犯罪的自白。但在实践中，对被指控人不利陈述的部分是否可被裁减则存在争议，通行的做法是由法官自由裁量。

综上，对于自白"灰色地带"的陈述或行为的属性，英国较美国及其他多数国家采取了开放的态度，自白的外延得到了最大限度的延伸。然而，自白范围的扩大化，也有一定的风险性，可能因矫枉过正而产生对刑事司法的负面效应。因为处于自白"灰色地带"的陈述或行为本身是一种非典型性自白，其对犯罪的证明具有间接性，有的须通过推论认定被告人的犯罪事实，并不具有典型性自白运用上更大的可靠性，因而运用这种具有"灰色性"色彩的自白所认定的犯罪事实，也就具有"灰色性"。正因如此，英国对这类非典型性自白的态度又较为谨慎。尽管该类自白的范围具有广泛性，但在成立的条件上又以存在对被告人不利的事实，或推论产生的结果对被告人不利为限，法官对此享有较大的自由裁量权。更重要的是，这类非典型性自白的运用，因对被告人犯罪事实证明的间接性，更强调与其他证据的配合运用而非仅限于自白补强之后的运用，因而对其证据效用是一种削弱，难以发挥像典型性自白定案上的突出作用。所以，对于自白"灰色地带"的考察，一方面使人们了解自白可能存在的多样性形态，另一方面提示人们关注这类自白证据效用上的两面性，以利于对这一自白制度的客观评价，既不因其反传统性而肯定它的先进性，也不因其自身的固有缺陷性（证明的间接性）而否定其对定罪的重要性。

第四节　口供中心主义之辨析

口供中心主义容易让人想起中外封建时期作为证据之王的口供运用原

则,以及由此衍生的"副产品"——刑讯逼供和不实口供导致的出入人罪之流弊,因此,"口供中心主义"一词向来以"贬义"示人,对口供中心主义的否定似已盖棺定论。然而,口供中心主义的命题是否成立,并不取决于对口供的历史态度以及人们的固有观念,而在于对当下口供中心主义的理解。口供中心主义在现代所蕴含的最具挑战性的论题在于两方面:依口供能否定案(定罪)和无口供可否定案(定罪)。如果认可依口供能够定案和无口供不可定案的两项立论,口供中心主义的命题则顺然成立。就字面的含义而言,《刑事诉讼法》第55条对上述两项立论予以了否定,似乎在制度和理论的层面排拒口供中心主义。但是,撇开立法旨意不论,这一立法本身并不能否定对这一问题重新阐释的必要性。本着理性而务实的态度,从法律与实践的维度对上述两项立论作一番论理,对口供中心主义的正确认知具有重要意义。

一、依口供可否定案的问题

一般认为,口供是一项重要的证据,但它的价值还未达到依口供足以定案的程度。在无其他证据之情形下,依口供定案,实乃对口供运用的冒进之举,具有相当大的风险性,这种做法有凸显唯口供独尊,忽视其他证据之弊,属于典型的口供中心主义。然而,从法律理性和司法现实性观察,在相对而非绝对意义上,依口供定案具有理论上的合理性和现实的可能性。

(一) 刑事诉讼法的规定暗含有依口供定案的基础

我国《刑事诉讼法》第55条规定,"只有被告人供述,没有其他证据的,不能认定被告人有罪和处以刑罚"。如果从法律原则上看,被告人的单一口供并不具有定案的效力。法律强调客观对待口供,有平抑口供和其他证据价值之精神,既不凸显口供的重要性,也不贬斥口供的价值,属于对口供价值一种较中性化的表述。然而,如果仔细推敲这一法条的规定,可以发现两个重要问题:一是该法条的规定表明口供在定案中具有重要性。只有口供,无其他证据不能定案之规定,属于对口供运用的一种特别规定。它将口供"锁定",对其提出规范性和禁止性要求,而其他证据并未有如此的特别强调,这种在立法上突出对口供运用的规定本身彰显口供的重要价值。另外,《刑事诉讼法》第120条"犯罪嫌疑人对侦查人员的提问,应当如实回答"的规定,则更为直接地表达了对口供重要价值的关注。这种立法方式实际上是司法实践中口供价值显著的现实反映。由于实践中口供可能被过分依赖,既引发刑讯等违法取供现象而增大口供的虚假性,又可能忽视其他证据的收集和运用,故以立法的形式强调对口供的慎用则是一种现实需要,但并未因此否定口供在证据中的重要地位。口供在法律隐喻中的重要性,则是依口供定案的现实基础。二是《刑事诉讼法》第55条的规定确立了一种口供补强规则。"只有被告人供述,没有其他证据的,不能认定被告人有罪和处以刑罚"之规定,在于要求口供与其他证据相互印证才可确定被告人有罪。证据之间的相互印证有主次之分,即存在谁印证谁的问题。由于口供在实践和法律暗含的精神中居于主要地位,口供与其他证据的相互印证,实际上是其他证据配合口供的运用,表现为以口供为中心,其他证据补强口供真实性的一种口供补强规则。① 虽然这一规则强调其他证据对口供真实性的补强,而非依单一口供定案,但这一规则与依口供定案的精神又存在密切的内在联系。口供补强的实质在于,注重口供在定案中的主导性和决定性作用,只是在定案中口供运用的方式不同。口供补强原则非直接依口供定案,而在于通过对口供的补强,使口供具有可以信赖的真实可靠性,以此作为定案的依据。在此条件下,仍然可以将口供补强原则称为依口供定案的原则,所不同的是这种用作定案的口供是被补强了的口供。而且,其他证据即使不充分,未对口供的基本部分形成印证,但不影响口供的真实性,在法理上和实践中都存在依口供定案的

---

① 对《刑事诉讼法》的这一规定,我国学界和司法界均认为属于一种口供补强规则。参见龙宗智:《相对合理主义》,中国政法大学出版社1999年版,第459页;徐美君:《口供补强法则的基础与构成》,《中国法学》2003年第6期;谭劲松:《我国口供补强规则研究》,《法律适用》2003年第5期;吴明磊:《口供补强规则在贿赂案件中的适用》,《人民检察》2001年第12期。

现实可能性。① 所以,口供补强规则实际上既是口供定案原则的体现,又是这项原则得以实施的一项重要保障制度。

(二) 从证明规律上看,口供定案存在一种预设的理论前提

证据能否作为定案依据,关键在于证据的证明力即证据的真实可靠性。口供作为一项直接证据,既能反映案件的事实过程,又可传达行为主体与案件事实的关系及其行为的意识和意志因素,具有典型的"人事合一"之特征。因此,口供能否作为定案的依据当然在于口供本身是否真实可靠。口供的真实可靠性与对口供的补强证据的有无及多寡并无直接联系,对口供的补强只与法官对口供的内心确信存在密切关系。然而,口供的真实可靠性与对口供的相信或确信实际上存在明显区别。"相信"只是法官主观上对口供可靠性的一种确定性认识,这种认识可能与口供的实际真实性相符,也可能与口供实际真实性相悖。因此,在某一案件中,即使口供与其他证据能够相互印证抑或其他证据对口供存在补强功能,只是从法官的角度增强了对口供的确信度,但口供仍可能不具有实质的真实可靠性。相反,口供未被其他证据补强或印证,也不一定表明口供就不具有实际的真实可靠性。补强证据只是印证口供真实性的因素,而非决定或影响口供真实可靠性的因素。决定口供真实可靠性的因素在于口供作出的外在和内在因素。就外在因素而言,主要是获取口供的程序以及方式、方法是否符合法律规范的要求。例如,取供是否采用暴力、威胁、引诱、欺骗等手段,又如询问中嫌疑人的律师帮助权是否得到了尊重,以及询问的环境、地点、时间的选择是否恰当,询问笔录是否交被询问者查阅或向其宣读等。就口供的内在因素而言,则主要指被询问者个体的情况。诸如被告人的年龄(成年或年幼)、生理状况(是否属于盲、聋、哑或有无其他生理缺陷的情况)、精神状况(智力的强弱、精神是否正常)以及被告人

---

①　口供属于反映谁实施犯罪的一种关键证据,即具有人事同一性特征,在有口供的案件中,口供的证明价值决定于口供的真实可靠性,而要证明犯罪嫌疑人供述为真,并不一定要求其供述的各个方面都得有证据证实。只要能证明犯罪嫌疑人供述并非被强迫形成且其供述能被其他证据印证或在细节上有证据相印证,就应达到认定供述为真的要求。参见王余标:《论有供述案件的同一认定》,《人民检察》2002 年第 1 期。

作出口供的思想动机(真诚悔罪或替人顶罪,抑或外在压力)等。被告人上述个体因素不同,实际上造成对案件事实的感知和表达等意识因素的差别。而口供外在因素的作用,又产生被告人口供意志因素的差异,口供的意识和意志因素的交互作用,必然对口供的最终真实可靠性产生决定性影响。由此观之,法官是否能依口供定案,关键在于对影响口供真实性的上述内外因素的判断,法官从这一判断中所取得的对口供真实性的信任,显然较其他证据对口供的补强更为直接和真实。在此情形下,法官运用这一口供定案就具有现实的可能性,它于口供是否有其他证据的补强以及补强的程度并无实质性的内在关系。尚须指出,"用来补强的证据,不是来印证口供,而是来印证口供所反映的案件事实"①。口供能否反映案件真实情况又在于口供形成的内外因素,因此,在某种意义上,补强证据对口供的印证,实际上是对口供形成的内外因素是否对口供真实性产生影响的一种间接印证,这种补强证据的印证相对于口供形成过程中的真实性探知则居于次要地位。

应该看到,口供形成的内外因素本身可以通过法庭对侦讯过程的询问记录、卷宗等的书面审查,庭审中对被告人、检察官、辩护人的询问或询问以及口供内容的特征加以了解和把握。当然,强调对口供形成过程内外因素的关注,并非否定或排斥补强证据的功能,补强证据的存在,能够增强口供的可信度。一个案件中,有补强证据印证最好,但无此证据并不能妨碍对案件的认定,强调口供定案的精神在于引导法官对口供审查的内容和方向作适当调整,更多关注对口供形成过程的实质性审查,而非仅限于对补强证据的多寡和优劣的形式审查。

(三) 在司法实践中,存在运用口供定案的现实可能性

这里存在三种情形:一是司法机关只掌握被告人的口供,而无其他证据,有学者将其称为"纯粹的只有被告供述的情形"②。在此情形下,要求对口供的补强显然不具有现实性,能否依口供定案,取决于三个条件:其一,口供是

---

① 谭劲松:《我国口供补强规则研究》,《法律适用》2003 年第 5 期。
② 谭劲松:《我国口供补强规则研究》,《法律适用》2003 年第 5 期。

否为被告人主动或自愿作出,如果是主动作出的,即司法机关在掌握案件相
关事实前被告人主动作出坦白。根据"当事人没有动机承认一项导致对己不
利(偏见)案件的事实,除非这个事实是真实的"①法谚,口供则具有可靠性。
其二,陈述内容是否合理、无矛盾之处。口供陈述的动机、手段、过程和结果
都十分明确、详细和具体,内容前后一致,无矛盾,该口供更具有可信性。其
三,能否排除非法取供的情形。如果被告人主动或自愿作出供述,陈述内容
自然、合理,加之被告方对取供方式、方法并未提出异议,询问笔录及相应诉
讼资料也未有非法情形之反映,可以据此排除司法人员非法取供行为,从而
保证口供的真实性。具备上述三个条件,口供真实可靠性就具有实质性保
障。当然,在实践中,所谓只有被告人口供的情形是十分鲜见的,这样的案件
不可能通过侦查、起诉的环节,而进入审判程序。

　　二是案内虽有其他证据,但只能对口供中的事实情节和细节加以印证,
而不能对"人事合一"的事实作出同一认定,这实质上属于只有口供的情形。
这种情形在实践中并不少见。如盗窃案中,除了有关盗窃的时间地点,被
盗物品的数量、特征外,只有失主对被盗物品的陈述,以及物品价值的鉴定
书。这些证据仅能证明物品被盗的事实和物品的特征、价值,而不能证明被
告人实施了犯罪,在此情形下,依口供定案就具有现实性。如果能排除非法
取供的情况,保证口供是自愿作出的,即便被告人在以后庭审中翻供,法官同
样可以结合案件的具体情况,依原有口供定案。②

　　三是案内只有同案犯口供的情形。这类案件中,口供由不同人作出,口
供具备一定数量,且口供之间互为印证,但这些口供具有同质性,从形式上
看,也可称为案内只有口供的情形。③　在实践中,共同犯罪的事实在无其他证

---

　　①　Peter Murphy, *Murphy on Evidence*, 6th ed., Blackstone Press Limited, 1997, p.226.

　　②　关于这一问题,目前司法界有人认为,这类口供可分为两种情况:一是被告人先供述,侦
查机关后掌握犯罪事实;二是侦查机关先掌握犯罪事实,后得到被告人供述。前一类口供可以
排除非法取证的可能,可保证口供的自愿性,因而可采;而后一种情况容易导致非法取证,故不
应采用。参见谭劲松:《我国口供补强规则研究》,《法律适用》2003 年第 5 期。

　　③　虽然同案犯之间的口供具有同质性,但又不具有同一性,同案犯之间口供具有相互印证
的作用,因此在实质上同案犯的口供在定案中得到了补强。

据证明的情况下,仅以共犯口供定罪的情况是存在的。①《全国法院审理毒品犯罪案件工作座谈会纪要》也指出:"只有当被告人的口供与同案其他被告人供述吻合,并且完全排除诱供、逼供、串供等情形,被告人的口供与同案被告人的供述才可以作为定案的证据。对仅有口供作为定案证据的,对其判处死刑立即执行要特别慎重。"②虽然该规定限于毒品犯罪,但就实践中的精神而言,同样对其他共同犯罪具有参照适用的价值。应该看到,在共同犯罪案件中,共犯口供在定案中的合用性也可推导单一口供在定案中的可适用性,因为表面上共犯之间的口供相互一致,似乎可防止运用单一口供的风险,但实际上共犯之间利益及责任具有关联性,在某些情形下,共犯口供尤其是检举口供的运用可能较单一的口供更具有风险性。所以,无论同案犯还是单一犯的口供可否运用,关键仍在于它本身是否真实可靠。

综上可见,在我国,法律和实践都传递了这样的信息:在相对意义上,依口供定案不仅是可能的,也是现实的,口供中心主义具有其存在价值。以刑事诉讼法的形式宣示"只有被告人供述,没有其他证据的,不能认定被告人有罪和处以刑罚",由于对依口供定案排斥的绝对化,在法律理论中,可能造成口供价值认识和口供规则构建上的混乱,对口供的具体运用和案件事实的最终认定也将产生不利影响。当然,关注口供定案的现实可能性,也非旨在刑事诉讼立法中明示依口供定案的确定性,立法对"依口供不能定案"或"依口供可以定案"的明示皆非明智之举,口供的运用非一种制定法规则加以规范的问题,更多是一种实践性规则调整的问题,由法官针对不同案件的具体情况(即上述口供形成的内外因素)作出适当的自由裁量较为妥当。

在这一方面,英美等国的做法可资借鉴。现今英国法中除几类特定案件

---

① 如据成都市中级人民法院对本院及所辖武侯区法院 68 例作出有罪判决的共同犯罪案件的调查,完全没有其他证据而只以同案人的口供相互印证定罪的 5 件,占共同犯罪案的 7.35%,其中同案人口供又不完全一致而相互推卸责任的 3 件。参见陈光中主编:《诉讼法理论与实践》(上),中国政法大学出版社 2003 年版,第 256 页。

② 转引自谭劲松:《我国口供补强规则研究》,《法律适用》2003 年第 5 期。

推行证据的强制补强原则外①,其他大多数案件由法官或陪审团根据个案情况加以酌量处理。在陪审团参审的案件中,法官对依口供定案的风险性有向陪审团警告的惯例,但法官的警告对陪审团并无法律约束力。"如果警告是适当提出的,陪审团也有权甚至在缺乏补强证据的基础上定罪。"②美国虽重视对口供的补强,但在总体上,口供的补强仍属于法官规则或实践性规则的范畴,而非联邦宪法性规则调整的问题。③ 在个案的认定中,陪审团对口供补强规则的运用仍具有相当的灵活性。威格摩尔认为,"法官首先运用这一规则,如果案件移交陪审团,同样的问题摆在陪审团面前,陪审团必须表明,补强是否是他们的意愿,而不依赖于法官的裁决"④。显然,法官对口供补强的指示或运用口供的警告,对陪审团也无强制性。我国未建立陪审团制度,口供是否补强实际上可由法官自由裁量,当然,法官的自由裁量也不具有绝对性,仍应在制定法中对其裁量权有所限制(如某些特定案件实行口供的强制补强)。另外,强调法官的自由裁量,意在使法官在证据运用的实际操作中,保留依口供定案的可能性,尤其在收集其他证据存在困难的情形下,赋予法官这一裁量权是必要的。

二、无口供之下可否依其他证据定案的问题

就常理和法律规定而言,案内无口供,并不影响或妨碍对被告人的定罪和处刑,只要有罪的事实清楚,证据充分、确实,即可认定被告人有罪和处以刑罚。然而,伴随依口供能够定案命题的成立,口供具有的超越其他证据的价值得以凸显,口供在定案中的中心地位得以确立。如果将这一中心证据排除,实际上意味着依其他证据定案的不可成立性。其理由具体分述如下。

---

① 1795年《叛逆法》、1911年《伪证法》和1984年《道路交通管理法》分别规定的叛逆罪、伪证罪、交通罪,要求对有关的证言、自白加以补强,方可认定该项犯罪。

② Peter Murphy, *Murphy on Evidence*, 6ᵗʰ ed., Blackstone Press Limited, 1997, p. 506.

③ John W.Strong, etc., *McCormick on Evidence*, 5ᵗʰ ed., Horn Book Series West Group,1999, p.212.

④ John W.Strong, etc., *McCormick on Evidence*, 5ᵗʰ ed., Horn Book Series West Group,1999, p.213.

（一）无口供，其他证据如何充分、确实？

按照刑事诉讼法的精神和学界的理解，定案的条件在于证据充分、确实，事实清楚。在缺乏口供的案件中，所谓的事实清楚、证据充分，确实不无疑问。口供是一种最完整、最全面的直接证据，被告人是否实施犯罪，以及犯罪的具体事实、情节和主观状态，出自被告人之口的陈述最为翔实和充分，即案件的"七何要素"①均含盖其中，因而缺乏这种重要的证据，从理论和证据实际价值分析，即便齐备诸如被害人陈述、物证、书证乃至高科技鉴定意见（如DNA）等其他证据，也难以对定案的证据作出充分、确实以及全案事实清楚的判断。除此之外，口供对定案事实和证据的意义还在于两个方面：其一，对查明案情具有引导和宏观把握之效用。学界一般认为，在无口供之情形下，其他证据即便是间接证据，若能形成证据锁链，对案件事实的各个环节和片段加以印证，就能达到证明案情的目的，但实际上无口供则难达此目的。司法人员对案情认识的规律通常表现为由宏观到微观、一般到具体的顺向深入过程，口供为司法人员提供案发时间、地点、手段、过程和后果等案件的整体情况，以如此整体的案情线索判断和分析具体的案件情节，才具有全面性和客观性。如果缺乏口供，司法者对案情缺乏整体把握，可能导致对案情的细节无从知晓，侦查的范围和重点难以确定，收集证据无从入手，哪些材料需加以收集以及它们对证明案情是否确有用处难以判断。在此情形下，案件事实清楚，证据充分、确实则难保证。其二，实践中对许多物证、书证等间接证据的搜寻和提取，实际上是通过口供所提供的线索实现的。无如此的口供，司法人员不能获取或不能充分获取这些证据。尤其杀人、绑架等暴力案件，被害人下落、物证何处以及经济和财产犯罪中的钱款去处、销赃情况等，有赖于被告人的交代。故无口供的案件，也难以达到证据充分性的要求。

---

① 案件的"七何要素"是指何事、何时、何地、何情、何故、何物、何人，这些要素全面、具体地反映了案件的客观事实，包含犯罪构成的所有要件。

（二）无口供，犯罪主观要件无法认定或难以认定

犯罪的主观要件指犯罪者故意或过失的主观心理状态，如果属于故意犯罪，则延及犯罪的目的和动机。在刑法中，犯罪的主观要件是构成犯罪的重要条件。这一要件的有无或具体状况，对廓清罪与非罪、此罪与彼罪的界线具有决定意义。由于犯罪主观要件属于被告人心智的范畴，并不显露于客观外部世界，因而与犯罪客观方面等其他要件可从现有的物证、书证、人证加以认定不同，对这一要件的判定有赖于被告人的口供。尽管被告人外化的行为、手段和结果可能留有其一定的心迹，但这些外部事实仅能起辅助或推定作用，并不能起决定作用，无法取代被告人的口供。在实践中尚有些案件，对被告人犯罪主观要件的证明，完全决定于被告人的口供。例如受贿案，根据《刑法》第 385 条的规定，行为人需为他人谋取利益，才可构成该罪。为他人谋取利益属于主观要件。行为人收受贿赂，而为他人实际谋取了利益，这一事实通过有关人证、物证加以认定并无困难，但如果有为他人谋利的意图，但因各种原因为他人谋利的意图并无物化的表现，这一意图的存在只能通过口供认定。故在司法实践中，被告人口供对于犯罪主观要件的认定实际上具有不可或缺性。日本有法例指出："关于犯罪事实之补强证据以如何程度为必要？就具体犯罪事实而言，其行为人与被告的同一性、故意过失等犯罪的主观要件，如仅有被告之自白，亦不妨碍犯罪之认定。"[1]在日本，除罪体外的犯意（故意或过失）、知情、共谋、目的等主观要件的认定，能与犯罪的客观方面相符，并确保口供的真实性，无需补强证据。[2] 犯罪主观要件无需补强证据之要求，一方面表明被告人口供反映的主观要件最为充分和准确，无补强之必需；另一方面说明其他证据对犯罪主观要件无补强之能力。由此可见，无口供之情形下，其他证据因难以担负证明犯罪主观要件之责，对整个案件事实的证明也将难以完成。

---

①　转引自王咏寰：《论犯罪主观要件之自白与补强证据》，《刑事法杂志》1999 年第 4 期。

②　王咏寰：《论犯罪主观要件之自白与补强证据》，《刑事法杂志》1999 年第 4 期。

（三）司法实务对口供难以割舍

口供对于保障全案事实清楚,证据充分、确实的必要性,符合逻辑地反映在实践中口供对于有罪认定的不可或缺性。在当前实践中存在一种"零口供"的声音,但"零口供"并不等于对口供的排斥。"当侦查机关将包括犯罪嫌疑人有罪供述在内的证据呈送检察院提请批捕或起诉时,检察官应视口供为零,然后根据案件中的其他证据分析判断嫌疑人是否确有犯罪事实,应否批捕或起诉。"[①]可见,"零口供"原则实际上是检察机关在审查犯罪事实上对待口供的一种态度或策略,并非对口供的排斥。更为重要的是,对待口供的这种态度,并未对法院在案件的认定上产生任何影响。相反,法院最终作出的有罪判决中,几乎都离不开口供的支撑,在无口供情形下,依其他证据定罪的案件几乎为零。[②] 这种司法现状实际上是口供价值的一种真实反映,因为无口供,尤其被告人提出辩解的情况下,法官依其他证据定罪并不放心和踏实。"在证据裁判主义要求依据充分证据定案的情况下,犯罪嫌疑人、被告人的交待是案件定案证据中的基本的甚至最关键的组成部分。"[③]在无口供的情况下,法官实际上并不认为定案证据具有充分性。所以,实务中有罪认定并不能舍弃口供的运用。

口供在有罪认定中的不可或缺性,不仅属于对口供的一种事实判断,即无口供不能或难以定案是一种"实然"的客观事实,而且也是对口供的一种价值判断,即欠缺口供的案件不具有定案的"应然性"。口供定案的"应然性",在于口供所实际具有的两项价值:一是口供的程序价值。如果被告人自愿作出口供,"被告通过口供而加入制造司法事实的仪式"[④],实际上使司法机关调

---

① 万永海:《关于口供的证据价值的理性思考》,《法学论坛》2003 年第 6 期。

② 在成都中级法院随机抽查的 250 例刑事案件中,没有发现一起有罪判决案件是在缺乏被告人有罪供述证据情形下作出的(不含翻供及共同犯罪中其他共犯作出供述的情况)。参见陈光中主编:《诉讼法理论与实践》(上),中国政法大学出版社 2003 年版,第 257 页。

③ 龙宗智:《论坦白从宽》,《法学研究》1998 年第 1 期。

④ 〔法〕米歇尔·福柯:《规训与惩罚》,刘北成、杨远婴译,生活·读书·新知三联书店2003 年版,第 42 页。

查和审理案件事实的单向性活动,变成司法机关与被告人对案件事实认知上的一种互动活动,被告人对司法程序所进行的调查和审理由被动的承受变为一种主动乃至自愿的接受。口供的这种表达使刑事司法活动不仅更为迅速和有效,而且对被告人存在一种无形的征服力,刑事案件最终的处理结果更具有合理性和权威性,刑事判决也才得以有效实施。二是口供的实体价值。刑事司法的最终目标在于预防和控制犯罪。对于犯罪的预防或控制(特殊预防或控制),"仅仅使犯罪者受到公正的惩罚是不够的,应该尽可能使他们做到自我审判和自我谴责"①。惩罚不应限于肉体,而更应是对精神和灵魂的触动。惩罚触及灵魂需以罪犯真诚悔过为前提。通过自愿的招供,不仅表明被告人对犯罪的悔悟,而且有利于减轻犯罪感而改善其心态。② 英国学者认为,"被指控人对犯罪负有责任的自愿承认是罪犯改过自新和恢复被害人权益的关键因素"③。所以,就整个刑事程序而言,被告人的口供对认定案情的实际需要和实现程序、实体的价值目标,都是不可或缺的,而口供在有罪认定中的不可或缺性正是口供中心主义的另一项重要内容。

三、口供中心主义对刑事诉讼产生的影响

作为口供中心主义内核的"依口供得以定案"和"无口供不可定案"两项立论的可接受性,实际上预示了口供中心主义命题的成立。也许人们存有一种担心,口供中心主义作为一种对口供价值认识的思潮,不仅强化了人们对口供重要性的固有观念,而且它所反映的口供运用中具有的决定性功效,很可能误导口供的操作,容易导致非法取供以及忽视其他证据运用的负面效应,这也是反对口供中心主义的一种当然理由。

然而,口供中心主义并不等于口供至上主义。这里有必要将口供中心的

① ［法］米歇尔·福柯:《规训与惩罚》,刘北成、杨远婴译,生活·读书·新知三联书店2003年版,第41页。
② 自愿、真诚的口供,往往对作出口供者产生积极的心理效应。根据英国学者对冰岛囚犯的研究表明,超过三分之一的案件中,被指控人作出自白的原因在于减轻负罪感和存在一种向司法人员倾述自己犯罪的心理需要。
③ I.H.Dennis, *The Law of Evidence*, Sweet & Macwell, 1999, p.158.

客观主义与主观主义加以区别:口供中心的客观主义,认可口供中心主义是一种客观存在,不以人的意志为转移,强调对口供的一种客观态度,重视并善待口供,力图改变立法(《刑事诉讼法》第55条的规定)和理论"稀释"口供价值的矫枉过正的倾向。与此相对应的是一种口供中心的主观主义,即在立法和理论上明示和鼓励口供中心主义,以至唯口供独尊,排斥其他证据的口供至上主义倾向。显然,口供中心主义的前一种表现形态是笔者所倡导的,而后一种形态正是笔者所反对的。所以,为口供中心主义正名,实乃倡导前一类型的口供中心主义,即还原对口供本应有的客观态度,赋予口供中心主义应有的内涵。这种口供中心主义,不仅无损于刑事诉讼的可靠性和有序性,相反对刑事诉讼有着积极的正面意义。

(一) 有利于推动口供证据能力规范的真正确立

口供中心主义强调依口供定案的现实可能性以及无口供定案的实际风险性,无疑将口供推于定案的显要地位,口供的可靠性保障则是必须解决的问题。口供的可靠性决定于口供形成中的各种内外因素,而对这些因素以及这些因素对口供真实性影响的判断又需通过口供证据能力的规范达成。在英美等国,口供在有罪裁决中的决定性作用,除在于口供本身的属性外,还在于对口供证据能力的规范。在实际判例中,口供证据能力的判断标准包括任意性和真实性两个因素。由于口供的任意性对其真实性具有一定的包容性,任意性得以成为口供证据能力的主要因素,即只有被告人任意(自愿)作出的口供才具有证据能力。而口供任意性实际上要求口供获取方法的合法性和正当性。为此,在口供证据能力的认定中,引入非法口供排除规则,以滤出因非法方法导致的非任意性口供。口供证据能力这种规范的确立以及相应排除规则的运用,对定案口供的真实性是一种有效保障。在我国,口供中心主义理念的回归,尤其在具体案件中对口供中心主义的践行,实际上有利于推动口供证据能力的规范以及非法口供排除规则在我国的有效确立。这种规范及规则的运用,在于对口供形成过程的实质性审查,其较之对口供的证据补强要求,对口供运用的可靠性更具有切实保障,对口供中心主义可能产生的风险也具有抑制作用。

（二）有助于证明理念的转变

口供中心主义使证明理念由过去对证据量的要求向证据质的要求的转变提供了一种可能。简言之，对案件事实的证明，不再以多元证据对案件事实分段、分片证明，形成证据体系，达到证据间的相互印证或补强为已足，而是强调证据（口供或其他的证据）的属性和品质，并以如此的证据为中心，形成对案件事实证明的框架。在这一框架中，仍可能有其他证据的存在，但这些证据的数量、状态将不是案件事实认定的关键，法官所要考虑的是中心证据的状态和品质，以及对案件事实认定的影响。因此，这种证明理念的转变，实际上是一种证明的形式主义向实质主义的回归，其产生的最为直接的结果，将是现行我国事实清楚，证据确实、充分的证明标准作出相应调整。口供中心主义保留依口供定案的现实可能性，实际上有助于改变现实中刻意追求定案证据的充分性，为法官定案标准（主要是一种体现法官心证的标准）掌握的主动性和灵活性提供了现实条件。证明标准的这种松动所产生的连锁反应可能是全局性的，不仅对具体诉讼制度和证据规则的确立和完善具有积极意义，对诉讼公正与效率的兼顾也将产生积极的推动作用。

（三）加大司法推理的运用力度

口供中心主义重视口供的运用，口供运用的前提在于具有可靠性保障。法官对口供可靠性的审查，虽然主要渠道在于对口供形成过程中的各种内外因素的审查，如果案内存在其他证据，还可通过这些证据的补强加以印证，但法官在对口供本身的审查中又离不开司法推理技术的运用，尤其案内有关证据信息和材料较为稀缺的情况下，司法推理的运用就更为重要。就口供认定中的司法推理而言，可以包括以下方面①：一是口供的经验法则和事理法则。对口供实际真实性的估价，可以从口供内容上判断是否存在违反经验法则和

---

① 关于口供真实性的司法推理，参见［日］石井一正：《日本实用刑事证据法》，陈浩然译，五南图书出版公司1989年版，第307—310页。

有违常识的情形。二是真实的口供一般具有明确、具体和逼真的特征,尤其存在"暴露犯罪秘密"的特征,如通过口供发现被害人尸体等,口供更具有可靠性。三是口供的时间及前后一贯性。一般经验证明,较早时期的交代尤其在逮捕等强制措施采取后立即作出交代,口供受外在因素影响较小,可靠性更大。多次口供的内容具有不变性、一贯性,表明被告人主观心态稳定,口供内容相对具有可靠性。四是口供的动机、原因。被告人基于真诚悔罪、内疚或自责动机作出的口供,属于一种积极口供,其证明价值更高。上述司法推理的方法是一种列举式的,随着司法经验的积累,司法推理方法也将不断完善,而口供中心主义则是司法推理得以发展的动力。科学的司法推理又为口供的认定乃至口供中心主义的确立提供了必要的技术性和可靠性支持。

第二章　当代自白基本范畴的
对应分析

第一节　自白的补强与自由的印证

自白反映的犯罪事实内容最终能否作为定案的依据以及在定案中的运用程度,即是自白证明力的体现。与自白证据能力的界定所依据的法律规则和标准不同,法庭对自白证明力有无及其程度的判断,主要属于法官自由心证决断的范畴,法官享有更大的自由裁量余地,不同案件及不同法官可能对自白的判断有较大出入。然而,运用法律规则的手段以保障自白的可靠性和定案的准确性仍然是必要的,而其中一项重要的法律规制手段就是自白补强规则,在大陆法系及我国则是自白的印证制度。因而需要从比较的视角,就自白补强及与相关的印证问题作一探讨。

一、英美法系自白之补强与大陆法系自白之印证

(一) 英美法系的自白补强规则

自白补强规则源起英国普通法,在英美法系国家得到普遍遵循,而且补强规则也适用于自白以外的其他证据。所谓"补强"(corrobaration)意指支持或印证。"证据的补强实际上要求某类证据以其他的独立证据加以印证或支持,以使该证据反映的诸如对犯罪行为的定罪等事实是足够充分的。"[1]在英

---

[1]　Peter Murphy, *Murphy on Evidence*, 6th ed., Blackstone Press Limited, 1997, p.505.

国普通法中,就一般原则而言,在法庭上作为定案的证据无需由其他证据补强。"在英格兰和威尔士,单一证人的证据足以证明任何问题是一项总的原则。陪审团和治安法官可以单独依一个适格证人的证据定罪。"①尤其就自白而言,由于其固有的可靠性属性,法庭有充分理由依单一的自白对被告人定罪。然而,英国普通法的这一原则并未在其发展中得到巩固,与其并行的成文法②却对这一原则加以限制。根据1795年《叛逆法》第1条之规定,除非拥有两个合法和可信赖证人的宣誓,被告人不应被定罪。1911年《伪证法》第132条也规定,只基于一个证人声称某人陈述虚假性的证据,该人不构成该法规定的犯罪或者任何其他制定法规定的伪证罪或者教唆他人作伪证罪。英国1984年《道路交通管理法》规定,仅凭一个证人的证言不能认定被告人犯超速驾驶之罪。这些法律对依单一证言(如在伪证罪、交通罪中)或自白(在叛逆罪中)对被告人定罪明确加以限制。同时,1994年《刑事审判与公共秩序法》第34—37条中被告人对讯问的沉默作为对其不利的证据(实际上相当于自白)也禁止单独作为定罪的证据运用。该法第38条第3款规定:一个人将不会面对一项对其不利的移送刑事法院审判的程序,他不应仅依从上述34(2)、35(3)、36(2)或37(2)规定的不能或拒绝回答中所作的推论作出答辩或被定罪。③尽管该条并未对推论的补强作出明确规定,但实际上表明对被告人的定罪需要其他证据的印证来支持。"定罪不能单独以该法第34—37条中任何之一的推论为基础,正因如此,该规则可以被称为准补强法律规则。它与补强规则的区别在于,依前者另外的证据在技术上无需构成补强的能力,任何对被告人不利的可承认证据将足以满足这一要求。"④

以上可见,英国在总体上承认对自白的补强,但又对自白补强的案件和

---

① *Report of the Royal Commission on Criminal Justice* 1993, p.63.
② See Peter Murphy, *Murphy on Evidence*,6ᵗʰ ed.,Blackstone Press Limited, 1997, p.109.
③ *Blackstone's Statutes on Evidence*, 4ᵗʰ ed., Phil Huxley & Michael O'Connell, 1997, p.251.
④ Peter Murphy, *Murphy on Evidence*, 6ᵗʰ ed., Blackstone Press Limited, 1997, p. 510.

范围作出严格限制,在法律上对自白的强制性补强是有限的。① 但值得注意的是,英国在普通法以及司法实践中,又存在法官对自白补强的自由裁量问题。虽然补强未被作为法律问题强调,但法官必须指导陪审团(或法庭必须自我警告)依据某个非补强证据定罪的风险。警告的要求是强制性的,缺乏警告是上诉的理由。② 在较早时期,警告的范围限于三类案件,即被告人的同案犯的自白、未成年人的陈述及性犯罪中的控告人陈述。然而,从英国当前司法动态看,警告也可适用于其他案件。③ 法官的警告是陪审团对定案证据包括自白考虑补强的基础,对自白的法定补强是一种补充和扩展,而且这种警告因案因人实施,具有很大的灵活性。因此,在英国,对自白的补强实际上存在两种规则:一种是作为法律问题的补强规则,另一种作为实践问题的补强规则。不过,后一补强规则不具有强制性。"如果警告是适当提出的,陪审团也有权甚至在缺乏补强证据的基础上定罪。"④这表明,法官的警告对陪审团并无法律约束力,这种状况导致英国在实践中对自白的补强相对而言仍是不充分的。

与此不同的是,美国对自白的补强则相对更为重视。"在美国司法中已接受这种要求,为使在自白基础上的定罪充分,自白须由向法庭提供的其他证据的补强,这种要求有时合并到法规或法院规则之中,只是联邦宪法并无

----

① 关于自白补强问题,在英国学界和司法界存有很大争议。对自白补强持反对意见的人认为,补强规则的实施对那些可依单一真实的自白被定罪的被告人可能产生消极影响。如果自白是唯一对他不利的证据,在他作出自白后,大多数被告人都会被律师极力劝说不要作出有罪答辩,但有理由相信这些人事实上是有罪的。如果把他们放走,不仅在个案中司法正义无法实现,而且对公众期待的刑事司法效果产生直接的负面影响。有一些现今已启动的起诉程序将因缺乏如此的补强证据而根本无法继续。正因如此,在英国司法中自白补强规则在一部分案件中并未得到适用。据英国内政部 1993 年对 2210 起案件的调查,其中有 30 起案件(占比不到 1.4%)属于单独依自白或承认定案。但在另一项 524 起案件的调查中发现,其中有补强证据的案件占比达 87%,而 13%的案件补强证据并未提交法庭。以上评论及数据参见 *Report of the Royal Commission on Criminal Justice* 1993, p.65。

② Peter Murphy, *Murphy on Evidence*, 6th ed., Blackstone Press Limited, 1997, p. 506.

③ Peter Murphy, *Murphy on Evidence*, 6th ed., Blackstone Press Limited, 1997, p. 506.

④ Peter Murphy, *Murphy on Evidence*, 6th ed., Blackstone Press Limited, 1997, p. 506.

此考虑。"①美国公认的观点认为,证据补强的要求不仅适用于对所犯罪行明确、完全的自白,同样适用于与犯罪有关事实的承认,甚至包括辩解陈述。这种要求也不限于面对法官(或侦讯人员)的陈述,也包括对私人的陈述。而对证据补强要求的本质,实际上在于使定案的证据更充分。"十分清楚,审查定罪的上诉法院要求证据的充分。法官决定一个案件是否有充分的证据提交陪审团。"②对证据充分性的要求在于保证自白证明价值的可承认性,美国法院强调在自白的证明是可承认之前,需要控方提出充分的补强证据。"一个法官对于证据提供时间的自由裁量意味着如果足够补强的证据最终由控方提供,在早期承认自白的任何错误不是可推翻的错误。如果补强的要求只是自白可承认性之一因素,也许控方对要求的不能满足构成审判的错误,强制进行重新审判而非确定审判无效。有关对补强要求总是证据充分性的问题达成的共识,不意味着满足了审判无效的要求,而是在承认自白上产生了错误。"③可见,证据的补强是对自白可承认性即避免自白错误的一种保障。不过在美国司法中,对自白补强的要求虽由法官提出,但最终对自白证明力及案件事实的审查则由陪审团负责。陪审团在自白补强问题上,与英国相似,并不受法官的约束,享有独立的自主裁量权。威格摩尔认为,"法官首先运用这一规则,如果案件移交陪审团,同样的问题摆在陪审团面前,陪审团必须表明,补强是否是他们的意愿,并不依赖于法官的裁决"④。美国一些法院同样认为陪审团在适用这项要求上起着重要作用。"至少一些法院使陪审团对自白补强的估价作为主导力量概念化,法官的裁决仅仅是一种

---

① John W.Strong, etc., *McCormick on Evidence*, 5ᵗʰ ed., Horn Book Series West Group, 1999, p.212.

② John W.Strong, etc., *McCormick on Evidence*, 5ᵗʰ ed., Horn Book Series West Group, 1999, p.212.

③ John W.Strong, etc., *McCormick on Evidence*,5ᵗʰ ed., Horn Book Series West Group, 1999, p.212.

④ John W.Strong, etc., *McCormick on Evidence*, 5ᵗʰ ed., Horn Book Series West Group, 1999, p.213.

最初的审查决定。"①

　　属于大陆法系的日本,受英美法系的影响,不仅承认自白的补强规则,且法律规定较英美法系更为明确。《日本宪法》第 38 条第 3 款规定:"任何人在面对自己不利的唯一证据是本人的自白时,不得被定罪判刑。"其《刑事诉讼法》第 318 条第 2 款规定:"不论是否是被告人在公审庭上的自白,当该自白是对其本人不利的唯一证据时,不得认定被告人有罪。"也就是说,即使存在具有任意性和证明力的自白,如无其他补强证据,同样不得认定有罪,这就是补强证据规则的使命。② 补强规则是自由心证主义的唯一例外。为了保证其他证据对自白证明力具有补强能力,增强补强规则实施的效果,《日本刑事诉讼法》第 301 条规定:依照第 322 条及第 324 条第 1 款的规定可以作为证据的被告人供述是自白时,除非在有关犯罪事实的其他证据经过调查之后,不得请求调查。这一规定是法庭对自白调查提出的时间要求,与上述美国的做法具有相似性。日本学者认为,在法庭审理过程中,如果先调查自白,后调查其他证据,很容易使审判官根据虚假的自白形成不利于被告人的预断或偏见,甚至造成误判;即使是在调查其他证据之后再调查自白,但如果审判官事先知道被告人已经自白,也容易出现偏重自白的危险。③ 为避免自白内容对法官产生的不适当影响,防止对自白证明力状况判断的先入为主,日本法及理论认可其他证据的调查应先于自白。

(二) 大陆法系的自白印证规则

　　欧洲大陆法国家更注重职权主义的调查模式,强调案件处理的实体真实性,综合全案的证据得出案件事实的结论,案内证据充分、确实是定案的重要标准。因此,对自白的运用实际上更为谨慎,而且自白在定案中的作用并未被凸显,其与其他证据处于平等效力的地位。在定案中不存在以自白为中

①　John W.Strong, etc., *McCormick on Evidence*, 5th ed., Horn Book Series West Group, 1999, p.213.

②　[日]石井一正:《日本实用刑事证据法》,陈浩然译,五南图书出版公司 1989 年版,第310 页。

③　参见孙长永:《日本刑事诉讼法导论》,重庆大学出版社 1993 年版,第 107 页。

心,以其他证据为补充的问题,而是以自白与其他证据综合运用中的相互印证达到对自白真实可靠性评判的结果,由此对自白真实可靠性程度的认定相对也更高。这些国家大多在对诉讼程序的规制中体现对自白真实可靠性的把握。《德国刑事诉讼法》第160条(侦查程序)(二)规定:检察院不仅要侦查证明有罪的,而且还要侦查证明无罪的情况,并且负责提取有丧失之虞的证据。① 其第166条(一)规定:被法官讯问时,被指控人申请收集对他有利的一定证据,如果证据有丧失之虞,或者收集证据能使被指控人得以释放的,法官应当收集他认为重要的证据。② 上述规定表明,在德国公诉准备程序中,作为履行公诉职能的检察官必须全面了解和掌握案件的真实情况,既要收集能够证明被告人的有罪证据(包括自白),也需收集证明被告人无罪的事实和证据。法官在预审过程中也可根据被指控人的申请收集对其有利的证据。法律的如此规定在于使进入法庭审理的案件事实尤其是被告人有罪的事实得以较为稳妥的把握,实际上强调以较充分的证据证明控方指控的事实,通过对案内正反两方面事实的比对和印证,达到对最终提交法庭的自白可靠性的保证结果。故这一公诉准备程序对于自白可靠性的把握起到过滤作用。

同时,对于进入法庭的自白最终作为定案的依据,还需经过法庭的严格调查程序。《德国刑事诉讼法》第244条规定:(一)讯问被告人之后进行证据调查。(二)为了调查事实真相,法院应当依职权将证据调查延伸到所有的对于裁判具有意义的事实、证据上。该法第245条进一步规定:(一)除非证据的收集为不准许,证据调查应当延伸到所有的由法院传唤并且到庭的证人、鉴定人,以及对其他由法院、检察院依照第214条第4款调取的证据之上。检察院、辩护人和被告人对此同意时,可以免于收集个别证据。(二)只有提出了查证申请,法院才负有义务将证据调查延伸到由被告人、检察院传唤并且到庭的证人、鉴定人以及其他所调取的证据之上。第246条(一)又规定:对收集证据的申请,不允许因为过迟才提出证据或者应当证明的事实而拒绝。③

---

① 《德国刑事诉讼法典》,李昌珂译,中国政法大学出版社1995年版,第78页。
② 《德国刑事诉讼法典》,李昌珂译,中国政法大学出版社1995年版,第83页。
③ 《德国刑事诉讼法典》,李昌珂译,中国政法大学出版社1995年版,第101—102页。

所以,在法庭审理中,证据调查的范围是广泛的,除庭外和庭上自白外,可以是法院需审查的所有人证及检察院、其他法院调取的物证、书证,也可以是由被告人、检察院所提供的人证及其他证据。显然,德国的法庭审理实行全面审查原则,最终对案件事实的认定更强调证据的充分性和可靠性,并不凸显自白在定案中的地位,对自白可靠性的审查以及对自白的运用,并非如英美等国那样以其他证据的补强形式得以实现,而是在与其他证据及案件事实的相互印证中使其真实性得到增强,并与其他证据在相互印证中达到证明案情之效果。

(三) 我国的口供印证原则

我国刑事诉讼文化与制度更接近于大陆法系,在刑事司法理念上同样注重实体真实原则,这一理念对自白可靠性的要求也更严格。我国《刑事诉讼法》第 55 条规定,只有被告人供述,没有其他证据的,不能认定被告人有罪和处以刑罚。该条规定既是我国对待自白证据价值的总的原则,也是对自白证明力的一种保障和规制。它强调被告人的自白只有与其他证据相结合才可作为定案依据,也就是说自白须由其他证据加以印证,才具有证明力,这实际是从法律上对自白的证明力作出保障。也许该条被认为属于自白补强规则,因为只有自白,没有其他证据,不能以自白定案。但实际上就法律规范而言,自白在定案中并非处于核心地位,在追求实体真实的原则下,我国刑事诉讼定案的原则强调事实清楚,证据充分、确实,在对待自白的地位问题上,《刑事诉讼法》第 55 条规定:对一切案件的判处都要重证据、重调查研究,不轻信口供。自白作为证据之一,与其他证据平等相待,这与大陆法国家的做法具有相似性,故对自白证明力(可靠性)的保障,在观念上并非为一种自白补强原则。从法律上讲,并不是只要有其他证据印证,自白就可决定犯罪的有无;而更强调全案证据的确实、充分,所认定的事实清楚,在此前提下,自白的可靠性并非可由其他证据的补强为已足。自白可靠性的保障基于其与全案事实、其他证据的相互印证,被告人自白所证明的事实反映在全案事实之中更具有可靠性。因而我国自白证明力不仅要求更高,而且相应的保障也更高。

二、自白补强（印证）规则的价值

自白补强规则的要求在于通过其他证据对自白证明力的补强或者以其他证据支持或印证自白的可靠性，从而达到对自白证明力的认可，以发挥自白自身的证据价值。这种补强规则成为提高自白真实可靠性和运用安全性的一种有效手段。因此，自白补强规则的价值，首先在于保证最终被运用的自白在内容上的可靠性。尤其在英美等国，自白在定案中的核心作用，实际上要求运用自白的安全性保障。在英美法系传统中，这一规则往往是基于对可能因错误的自白而被错误定罪的关心之上的。"在英美等国，自白补强规则的主要目的在于防止对从未发生的犯罪定罪的风险。"①错误定罪的风险来自于错误的自白，而对自白的补强在于保证自白在内容上的可靠性，尤其对于被告人本身存在精神、生理上的缺陷，以及警察取供的压制方法等可能造成自白不实，在自白证据能力判断上又未得以检验的情况下，对自白的补强就具有现实意义。"对于自白不准确的来源，不仅在于压力或强制，而且在于一项自白基于对法律或事实错误接受的可能性。"②然而，对于自白补强功能而言，实际上已不限于对自白本身品质的提高，在英美等国看来，也是对自白效用的一种削弱，在最终定案上，"使自白的份量减至最少，且要求平等的证据支持一项定罪"③。显然，通过自白的补强，定案所依据的证据不再唯自白独尊，也有其他证据的证明效用，自白在定案中的核心地位实际上已被多元的证据构架所取代，因而自白中心主义已被弱化，据此所认定的案件事实相应也更有保障。当然，补强证据对自白核心地位的弱化，实际上也未在根本上动摇自白在证据体系中的主导地位。这与大陆法国家刑事司法中自白与其他证据相互印证的情况仍是不同的。

---

① John W.Strong, etc., *McCormick on Evidence*, 5th ed., Horn Book Series West Group, 1999, p.213.

② John W.Strong, etc., *McCormick on Evidence*, 5th ed., Horn Book Series West Group, 1999, p.213.

③ John W.Strong, etc., *McCormick on Evidence*, 5th ed., Horn Book Series West Group, 1999, p.213.

　　自白补强规则产生的另一个影响在于对警方讯问被指控人方法的影响。自白的补强可能产生两种相反结果：一种是通过其他证据的补强，证明自白的内容具有真实可靠性，进一步巩固自白的证明力，并顺利为法庭作为定案的证据；另一种是通过补强反映自白的内容不真实，使自白丧失证明力并被法庭所排拒。如果自白的不真实是由警方取供在方法上的非法所致，则对警察是一种打击，对于促进警察侦讯活动的合法性有益。美国有学者认为，"自白的补强要求服务于在取供过程中与不适当的警察行为作斗争。并因此服务于削弱执法行为的非法性"①。当然，自白补强规则对警察侦讯活动的作用具有间接性，并不具有主导意义，对警察行为的有效规制仍主要倚重与自白规则相联系的其他法律要求的实现。总之，自白补强规则在功能上具有多样性，但又不可否认，对自白真实可靠性的保障仍是其主要功能所在。其他补强证据发挥定案的作用，仍需以自白的可靠性为前提，也即需要自白的印证，它们之间存在一种依存关系。

三、补强证据之要求

　　自白补强规则对自白可靠性（证明力）的保障是一种实质性的有效保障，而非只限于一种法律形式上的意义，这一保障所起的作用在于对补强证据的要求。

（一）补强证据的证明范围

　　在英国普通法中，作为补强自白的证据必须是能够倾向确立犯罪事实（Corpus Delici）的独立证据。也就是说，补强证据无需借助自白可独立证明犯罪事实的相关内容。然而，补强证据应证明什么样的犯罪事实，是全部犯罪事实，还是犯罪构成的某些要件事实？这一问题实际上是有争议的。一般而言，犯罪事实的体系包括：(a)构成犯罪的伤害或损害行为已发生；(b)伤害或损害行为采用的方法；(c)被告人是实施伤害或损害行为的人。补强证据

---

　　① John W.Strong, etc., *McCormick on Evidence*, 5ᵗʰ ed., Horn Book Series West Group, 1999, p.213.

是否需要证明上述所有三项犯罪事实？英美传统补强规则实际上要求对犯罪的每个因素加以仔细区分,且补强证据应倾向于证明犯罪事实的每个因素。这表明补强证据不仅应独立证明犯罪事实,而且犯罪事实的每个环节都可由补强证据证明,显示对补强证据多样性和充分性的要求,但实际上对于补强证据的这一要求过于严格。现今美国的许多法院已抛弃这种严格的自白补强规则,而倾向于要求补强证据能证明被指控犯罪的主要或实质性的损害事实为已足,不再要求证明犯罪事实中的所有因素。[1] 在美国,补强证据所证明的主要或实质性的损害事实,在大多数法院看来是指上述第(a)和(b)项事实,威格摩尔甚至认为以(a)项事实即犯罪的损害或伤害事实的发生为限。[2]

尽管补强证据证明范围存在一定争议,但都将犯罪的损害或伤害事实由被指控人所为的事实排拒在补强证据的证明范围之外。在日本的自白补强规则中,补强证据的证明范围也限于犯罪客观要件的事实,"补强规则的本来目的就是防止单纯使用自白来认定犯罪。而犯罪构成要件中客观要件事实属于最重要的部分,故为防止出现架空的犯罪认定,对于客观事实的认定必须要求具备补强证据"[3]。但日本对补强证据不可证明的范围界定则相对更为细化和明确。除被指控人是否实施被控犯罪的事实不属证明对象之外,其他与犯罪事实的相关因素也不属于证明之例:(1)对于前科、没收、追究事由等的认定,无需补强证据。对于未被起诉的犯罪事实进行量刑时是否需要补强证据存在争议。但如果该犯罪事实未作为法庭正式认定的犯罪事实,该事实实际上只是一种情节,无需补强证据。对于前科问题,也有多种形态,如属于单纯的前科对量刑不存在实质性影响,可以不补强;但如果属于累犯前科,则对量刑存在重大影响,需根据前科笔录和判决书文本等补强证据严格认

---

① John W. Strong, etc., *McCormick on Evidence*, 5th ed., Horn Book Series West Group, 1999, p.215.

② John W. Strong, etc., *McCormick on Evidence*, 5th ed., Horn Book Series West Group, 1999, p.214.

③ [日]石井一正:《日本实用刑事证据法》,陈浩然译,五南图书公司1989年版,第311页。

58

定。（2）犯罪构成要件中的主观因素,如故意、过失、动机、目的、知情等的认定,也无需补强证据。（3）对于非犯罪构成的事实即犯罪阻却事由不存在的认定,也不需补强证据。如违反麻醉药品管理法携带或者使用麻醉品时,"法定的除外事由"的不存在认定,无需补强证据。另外,对于数罪的认定一般也要求分别由补强证据的证明,但对于量刑上的一罪和概括的一罪,在补强范围上则具有灵活性。量刑上的一罪中的各罪之间具有紧密关系时,对于一罪的补强证据往往同时也是其他罪的补强证据。与此相反,概括的一罪在实体法上也属于一罪,故无需逐一提出补强证据。①

　　在英美法系传统补强规则中,尽管对于补强证据的证明范围存在不同的观点和做法,各国对此的限制也不尽相同,但都强调补强证据的证明对象为犯罪事实尤其犯罪客观方面的事实。故补强证据对于自白所反映的犯罪事实尤其客观上的事实起着印证和检验的效用,进而达到对整个自白内容真实性的印证作用,同时补强证据对犯罪事实的证明具有独立性,对犯罪事实的这种并行证明实际上又保证了补强证据对自白真实性检验的有效性。

　　然而,传统补强规则要求补强证据对犯罪事实的独立证明,固然有利于增强对自白真实性的判断力,使自白的可靠性更有保障,但对补强证据功能的这种定位实际上不仅要求较高,而且对补强证据的实际运用也产生困难。"当犯罪是很少用简单和具体的术语定义的时候,犯罪事实模式的运用也许对于达到补强要求而言是一项相对简单的任务,但是现代刑法已使犯罪的数量和复杂性大为增加。仅仅识别犯罪事实的各个因素就产生了争议的众多理由,要求补强证据倾向于确立曾经被定义的犯罪事实的各个因素,也许对于并未在防止依不实自白定罪问题上提出实质性进一步要求的目标的控方而言,产生了不实际的负担,尤其在那些并非属于有形犯罪的案件如企图犯罪、共谋、税务侵蚀和相似犯罪中,要求对犯罪的主要或实质性损害事实补强的现代方法尽管具有观念上的合理性,但通常会因识别主要或实质性损害事

---

　　①　参见［日］石井一正:《日本实用刑事证据法》,陈浩然译,五南图书公司1989年版,第310—311页。

实存在的困难而难以有效适用。"①显然,现代社会的发展,刑法所规范的犯罪也向复杂性和多样化方向发展,强调补强证据对犯罪事实的独立证明实际上具有相对的困难度和不确定性,补强证据本身的运用将受到制约。如果因犯罪事实的不确定性而导致补强证据运用受阻,对自白的运用也将产生直接影响,因为自白的证明力保障以补强证据的补强证明为条件,无补强证据印证的自白,其证明力也无从保障,对其作为定案依据的运用必然受限,对自白证据功能的发挥不利。

所以,补强证据如何达到对自白真实性的补强是值得重新审视的。补强证据功能的发挥,一方面既要对自白的真实性起到保障作用,另一方面又不可因对补强证据证明独立性的要求而削弱补强证据的运用以及自白价值的发挥。关于这一问题,美国联邦最高法院曾对传统自白补强规则提出过改进意见。最高法院认为,作为一项联邦证据法的问题,在联邦法院的一项定罪不能依赖一项未被补强的自白。最好的规则不是要求补强证据确立犯罪事实,而是这项实质性的独立证据将倾向于确立被告人陈述的真实性。② 可见,补强证据所证明的对象不应是犯罪事实,而应该是针对性更强的被告人自白内容的真实性本身。这是一种对补强证据在功能认识上的转变,它要求补强证据直接对自白内容进行印证,即补强证据对自白内容中的各个片段和环节的验证与补强,以此实现对自白内容真实性的证明,而非以补强证据反映的犯罪事实的状况来证明自白的真实性。这种补强证据证明方法的运用实际上提高了补强证据的利用率,使自白存在被补强的可能性。"这种方法的主要优势是当避免有时涉及犯罪事实模式的严重问题时,它的灵活性允许防止在不准确自白基础上的定罪。……这种方法在达到补强要求的真正实际目标的有效性上较犯罪事实规则更容易适用,也更不会导致偶尔的不合理结

---

① John W. Strong, etc., *McCormick on Evidence*, 5th ed., Horn Book Series West Group, 1999, p.216.

② John W. Strong, etc., *McCormick on Evidence*, 5th ed., Horn Book Series West Group, 1999, p.215.

果。"①补强证据运用方法的这一改变,所起作用是由对自白的从严运用到从宽运用,但补强证据在无犯罪事实模式的障碍下得以充分运用,又保证了运用自白定罪的准确性。

(二) 补强证据的可靠性

补强证据对自白真实性的保障,除在于补强证据证明方法的有效性以外,补强证据本身的品质是关键因素。在英美等国,证据本身须具有证据能力才可构成补强证据。补强证据能力主要反映在证据本身具有的初步可靠性上。无论实物还是言词的补强证据,对自白的补强主要取决于其自身的可信赖性。只要某一证据具有初步的可靠性就可成为补强证据。在英美等国,补强证据的证明力并非为补强证据构成的必要条件,由于证据的证明力是对证据真实可靠性的一种更高要求,补强证据的功能在于支持与印证自白的真实性(证明力),而非在于确定自白的真实可靠性,因而对补强证据可靠性的要求也只可限于证据能力的层面,不可提升对其证明力的要求。自白与补强证据的证明力(或实际的真实可靠性)只能相互印证以及在与案件事实的对照中加以实现。

关于补强证据可靠性的要求,从其适用的证明标准也可得到证实。"如果有足够的独立证据存在,独立证据和自白在决定犯罪是否已经达到排除合理怀疑的程度上可以一并考虑。通常只要求有较弱的补强证据,既可以是直接证据,也可是间接证据。"②可见,对单一的补强证据并不要求对犯罪事实的证明达到排除合理怀疑的程度,表明对补强证据可靠性的要求是初步的和可预测的,属于对补强证据能力的要求。在日本,对补强证据的证据能力要求除证据的初步真实性外,证据自身的特点也是决定其是否具有补强证据资格的因素。例如,不能与自白作实质性分离的证据,按照补强规则的要求不能

---

① John W. Strong, etc., *McCormick on Evidence*,5th ed., Horn Book Series West Group, 1999, pp.215-216.

② John W. Strong, etc., *McCormick on Evidence*, 5th ed., Horn Book Series West Group, 1999, p.214.

构成补强证据。以被告供述为内容,可以与自白相分离而构成独立证据的文书,可作为补强证据。另外,第三人供述如果其实质仅为被告人自白的重复,也不得作为补强证据,而可以作为独立的自白使用。① 但补强证据是否应具有证明力的问题并不十分明确。按照日本学界的观点,补强证据只需具备与自白相印证而证明犯罪事实的证明力即可。比如,被害人报案与自白之间,对于犯罪的时间和被盗的数量存在差异时,该被害人报案仍然可以作为补强证据。补强证据证明力的强度与自白的证明力相辅相成。补强证据的证明力较强,则自白的证明力可能较弱,反之亦然。

第二节 自白证据与有罪答辩

一般而言,自白发生的时间和空间并无限制,既可发生于侦查阶段,也可存在于起诉乃至审判阶段;自白提取的主体也无限制,既可是侦讯机关,也可是检察官,还可是法官或陪审团。在大陆法国家以及我国,除特定的诉讼程序以外,在诉讼过程中被告人对自身犯罪事实所作的承认或陈述,无论发生于法庭之外,还是法庭之内,它的称谓和性质均具有稳定性,都属于证据意义上的自白。② 法庭内或法庭外自白的区别只在于自白发生的时间和空间的不同,如果说这种区别对自白存在某种影响,也限于庭内外自白在真实可靠性程度上的不同。然而,在英美等国,一项犯罪的承认或陈述发生的时空不同,对程序的影响就不同,承认或陈述的性质则有质的差异性。在英美等国,一项犯罪的承认或陈述的性质原则上是以审判阶段为界分的。审判外尤其侦查阶段犯罪嫌疑人对犯罪的陈述属于自白,而审判阶段的陈述则可能

---

① [日]石井一正:《日本实用刑事证据法》,陈浩然译,五南图书出版公司1989年版,第312页。

② 意大利、德国等大陆法系国家,也非所有对犯罪的承认都是自白,在简易程序中,被告人对检方指控的承认类似于英美等国的有罪答辩。

是有罪答辩。①

一、自白与有罪答辩的区别

有罪答辩与自白的共存是英美法系刑事诉讼程序的一个突出特征,尽管在英美国内有将有罪答辩视为审判内(法庭内)自白(judicial confession)的观点,但实际上自白与有罪答辩存在质的差别。对这一问题的理解取决于有罪答辩之定义。所谓有罪答辩是指基于控辩双方协商,被告人对于控方指控的犯罪表示承认或认可,不再要求利用法庭对抗式审理程序予以抗辩,并接受法庭所作的有罪裁决,但以此可换取法庭对其的从轻处罚。这一有罪答辩的定义包含三项因素:有罪答辩的基础(双方协商);有罪答辩的内容(认可控方指控的犯罪)和有罪答辩的效果(程序性和实体性效果)。据于此,在理论上对有罪答辩与自白可作如下区分。

(一) 产生的依据不同

有罪答辩产生的外在形式或法律形式,在于被告人与控诉方的交易,英美等国将其称之为一种诉的交易(plea bargaining),具体包括三种交易形态②:一是控方与被告人之间达成的被告人承认控方的犯罪指控,而控方改变指控的辩诉交易(Charge bargaining),在这种交易中控方改变指控可以是降格指控或免去多项指控中的一项或数项指控。二是控方与被告人之间达成的判决交易(Sentence bargaining),即被告人承认控方的犯罪指控,而控方建议法庭对被告人从宽处罚。三是法官参与的判决交易。或者法官直接介入控辩双方的判决交易,明示对犯罪的量刑原则,或者在控辩双方未达成交易的情形下,法官直接与被告方就有罪答辩与量刑减让达成交易。以上三种交易形式可合并或交叉运用,不过上述第一、二种形式较为普遍。但不论哪一种交易,

---

① 当然,这种划分的标准不具有严格性,因为起诉阶段自白的定性问题仍具有不确定性。如果称为有罪答辩,因未进入审判程序,无所谓答辩之说,称为自白,又须以控方没有交易的意思联络为限。

② Stephen A. Saltzburg, *American Criminal Procedure*, *Cases and Commentary*, 3rd ed., West Publishing Co., 1998, p.795.

都以被告人承认控方指控的犯罪或作有罪答辩为前提,而这些交易本身也是有罪答辩得以外化的形式和基础。正因如此,有罪答辩的产生具有双向或多向的互动性特征,除控辩双方外,可能有法官、被害人的参与,而并非是一种单向性行为的结果。交易的达成出于双方或多方的共同意志和意愿,各自都处于积极或主动的姿态之中。同时,既然有罪答辩是一种交易的结果,因而有罪答辩的作出内生于一种趋利避害的动因,体现被指控主体对有罪答辩的功利性欲求,从而驱使法庭可能给予答辩者在指控或量刑上的优待。

上述有罪答辩的产生机理是自白本身所不具备的。自白的产生并非为被指控人与相对人达成交易的结果,而是侦讯人员或其他有权人员询问的结果,自白的作出具有行为的单向性和方式的问答式的特征。被指控人作出自白的内心起因并非在于趋利(从宽处罚)避害(严厉处罚)的动机,既可能是真诚悔过,也可能是出于无奈甚至受外力的强制。还需指出的是,在侦查阶段,由于犯罪事实仍处于隐性状态,并未获得充分的暴露,与起诉和审判阶段有罪答辩可据以估价的较明确的犯罪指控程度不同,被指控人在决定自白的问题上与有罪答辩阶段被告人的积极主动性不同,往往表现出犹豫不决,消极被动的特征。由此可见,有罪答辩与自白所产生的外部基础和内在心理条件是不同的,由此决定了两者所反映的内在属性和相应效力的不同。

(二) 属性不同

在英美法系,有罪答辩是刑事诉讼中的一项重要制度,它的意义是程序上的,而非证据价值上的。总体上讲,有罪答辩一旦作出,并获得控方及法庭认可,就具有程序上的意义。有罪答辩的程序属性主要体现在以下两方面。

一是有罪答辩与简易审判程序的内在因果关系。通过辩诉交易或判决交易作出的有罪答辩,法庭将免去陪审团正式听证审理程序,代之以简易审判程序,法官在征询双方意见后直接启动量刑程序,对有罪答辩者裁量刑罚。

有罪答辩导致的简易审判程序是对原有审判程序实质性的改变,因为"有罪之答辩有舍弃证明之效力"①。即是说,原有控辩对抗式审判程序不复存在,证据的调查、核实程序不再适用,有罪裁决所依据的排除合理怀疑的证明标准不再坚持。这一实质意义上被简化的程序,对于提高诉讼效率、降低诉讼成本产生实际利益。故有罪答辩对英美等国刑事程序的影响是一种实质性的,它的作用已远非以证据的价值可以衡量。

二是有罪答辩对于被告人程序性利益或权利的影响。有罪答辩所产生的简易程序与正式审判程序有很大区别,这种程序因对正式审判程序的实质性简化,而带来诉讼效益和刑事司法控制犯罪功能的增强,但这种被简化的程序对于被告人的正当诉讼权利同样产生实际的损害。上述可见,适用简易程序以后,整个对抗制的听证审理程序被取消,法官径行作有罪裁决并对被告人科以刑罚,被告人丧失诸如获得陪审团审判权,提证、质证和认证权,律师辩护权,对控方指控的反驳权,沉默权以及上诉权等程序性的权利或利益。所以,被告人一旦作出有罪答辩实际上是对自己程序性权利的一种处分,其放弃了获得正当程序保护的权利,产生对自己实体利益损害的结果(有罪裁决的结果)。从这层意义上讲,有罪答辩对被告人程序性利益也有直接影响,这也是有罪答辩具有的程序属性的一个重要表现。

相对于有罪答辩而言,自白始终是一种证据。无论自白的采集还是运用,自白都体现为一种证据的属性,它的价值主要表现在证明特定案件犯罪事实的证据效用领域,这与有罪答辩的程序属性存在明显区别。在英美等国,被告人的庭外自白,在证据体系中居于主导地位,对陪审团有罪裁决也有相当影响,但自白本身并不能直接左右程序的走向和诉讼的结果。即使自白在表面上具有可靠性,若无被告人的有罪答辩,法庭仍需进行正式的听证审理程序。自白能否为法庭采信以及是否能对被告人作出有罪裁决,取决于控辩双方在对抗制的审判程序中的较量,陪审团或法官在控辩双方对证据的认证、质证的基础上,依照排除合理怀疑的标准最终作出是否有罪的裁决。所以,自白本身并不能导致简易程序的适用而直接对被告人作出有罪裁决。自

---

① 李学灯:《证据法比较研究》,五南图书出版公司 1981 年版,第 207 页。

白在庭上的运用完全纳入正常的庭审程序,所起的作用限于作为证据对最终裁决的作用。鉴于此,自白对被告人的程序性权利或利益并不产生直接影响,相反,它可能成为被告人运用正当程序性权利(举证权、辩护权等)加以消解的对象。总之,自白在法庭上始终以证据的属性发挥作用。当然,如果被告人在庭上对自己先前的自白无疑问,认可该项自白的真实性,被告人无异于作了有罪答辩,该项自白实际上转化为有罪答辩,也就具有了程序属性。

(三) 产生的后果不同

两者在性质上的差别,决定了它们所产生的结果不同。有罪答辩的作出启动简易审判程序,简易审判直接导致有罪判决这一对己不利的后果,因而有罪答辩的作出,被告人不仅处分了自身的程序性权利(放弃陪审团听审),也处分了重要的实体性权利(由定罪与刑罚处罚而产生的人身自由、财产、名誉权利的损害)。正因如此,被告人在有罪答辩的问题上,享有充分自主决定的权利,其明智性和自愿性是有罪答辩真实有效的必要条件。同时,有罪答辩产生的另一个结果是获得量刑上的从宽处罚。这里存在两种情形,一是控辩双方达成的改变指控(降格指控或减少指控数量)的交易,因指控程度或数量的减少,被告人最终所受刑罚自然减轻;二是控辩双方达成判决交易,即控方以被告人作有罪答辩为前提,在不改变指控的情况下,建议法官在量刑上宽大处理。第一种情形对被告人的量刑宽大处理并不存在问题,但第二种情形对被告人的从宽处理是否具有确定性则是需要研究的。

应该指出,对有罪答辩者给予量刑上的从宽处罚本身具有正当性。[①] 但这一正当性并不等于必然性(确定性),量刑权归于法官,控方只有建议权,即使法官参与的判决交易,被告人最终是否能获得量刑上的从宽,实际上仍有一定的不确定性。英国 1994 年通过的《刑事审判与公共秩序法》第 48 条明确规定:"(1)在一个或另一个法庭的审判活动中,法庭对于一个作出有罪答

---

① 对有罪答辩者量刑上从宽的正当性可以从两方面分析:一是量刑从宽作为对诉讼机能的改善而给予的"回报"具有正当性。二是量刑从宽作为被告人权益减损而给予的"补偿"具有的正当性。上述两方面的正当性,本书以下相关内容中将加以详细论述。

辩的被告人在决定刑罚时,将考虑下列因素:(a)被告人表示其有罪答辩的诉讼阶段;(b)作出有罪答辩时的环境条件。(2)因考虑上述条款中的因素,如果法庭给予被告人的刑罚比本应给予的刑罚更轻,法庭将在公开庭审中陈述其给予的刑罚。"①这一规定以制定法的形式正式确立了量刑从宽的原则。但该规定指出,有罪答辩能否获得量刑从宽,法庭需考虑有罪答辩的阶段以及相关的条件和环境,表明对有罪答辩者的量刑从宽实际上属于法官自由裁量的范畴。按照英国司法界的观点,法官最终决定给予的量刑从宽,需要考虑的环境因素除被告人的悔悟程度,审判的时间和费用的节省,证人和被害人免于审判的不愉快经历外,还包括被告人过去被定罪的记录,过去好的品质,圆满服完过去的刑罚,指控后的表现,年龄、健康、协助警察等情况。② 但也须注意,虽然对有罪答辩者的量刑从宽属于法官根据案情自由裁量的权力,但给予有罪答辩者以量刑上的优待,毕竟是英美等国在法律和实践中的一项基本原则,并且量刑上的从宽也是推行有罪答辩制度所必需的,因而在总体上,作出有罪答辩而获得量刑上的从宽仍具有相当的普遍性。所以,无论上述有罪答辩在量刑上的从宽属于哪一种情形,被告人因有罪答辩而获得量刑从宽优待的结论本身是可成立的。

相对于有罪答辩而言,自白本身的证据属性决定它既不会直接产生有罪裁决的结果,也不会因作出自白而对被告人从宽处罚。自白对于诉讼的影响始终限于对案件事实证明的影响。因而自白对刑事司法机能(效率、控制犯罪、诉讼成本)的影响与有罪答辩存在明显差别,个人与国家之间缺乏在功利层面上进行交换的基础,故作出自白的被告人也不可能获得量刑上的从宽。英美等国实践中基于被告人的无罪答辩或翻供而启动的正式审判程序所作的量刑,相对于有罪答辩而适用简易审判程序所作的量刑要严厉很多,尽管被告人在前期作出过自白。所以,在正常情形下,自白对于有罪判决的作出

① Ralph Henham, "Bargain Justice or Justice Denied? Sentence Discounts and the Criminal Process", *The Modern Law Review*, Vol. 62, No. 4(1999), p. 530.

② Ralph Henham, "Bargain Justice or Justice Denied? Sentence Discounts and the Criminal Process", *The Modern Law Review*, Vol. 62, No. 4(1999), p. 528.

和量刑的轻重并不产生直接影响。在正式审判中,有罪判决的作出在于陪审团或法官依据案件事实证明的排除合理怀疑标准,量刑的轻重在于犯罪的轻重及犯罪有关的情节。

有罪答辩的结果对于被告人利益的影响具有两面性:一方面作出有罪答辩,被告人可获得量刑的从宽,但另一方面又以承受有罪判决这一最大的弊为代价,实际上体现了一种权利与义务、利益与损害并存的均衡原则,而非是一荣俱荣、一损俱损的不对称局面,因而有罪答辩的结果对被告人具有一定的公正性。也正因如此,被告人在有罪答辩问题上才犹豫不决,需要律师的帮助和有关证据制度的支持。

自白既不直接产生对己不利的后果,也不直接产生对己有利的结果,同样符合利与弊的均衡原则,似乎对被告人也具有某种公正性。但理性与实践、应然与实然始终面临相互矛盾与冲突,如果以自白的价值论为依据加以分析,这一结论并不成立。因为在自白价值论中,自白具有突出的证据价值,尽管自白并不能直接导致有罪判决,但对之又存在重要影响,故从这一角度看自白的运用对于被告人是不利的,但又难以如有罪答辩那样获得量刑上的从宽,实际上体现了自白的作出对于被告人的有害性和权利与义务的不平等。尤其在强制取供而导致错误裁判的情形下,对被告人的不公则更为严重。所以,对自白获取上的任意性的要求与对有罪答辩作出的明智性和自愿性的要求具有同等重要的意义。

(四) 在能否撤回上的区别

有罪答辩的一个显著特点在于具有可变性,英美普通法认可有罪答辩作出后可以撤回。在一般情况下,有罪答辩的撤回发生于判决确定之前,有罪答辩或者还未被法庭所接受,或者已被法庭所接受。在特定条件下,有罪答辩也可在判决确定以后撤回。[①] 有罪答辩的撤回涉及刑事司法控制犯罪的有效性和司法成本的支出,因而被告人对有罪答辩的撤回不可随意处置,存在

---

① Wayne R. LaFave, etc., *Criminal Procedure*, 3rd ed., Horn Book Series West Group, 2000, p.1005.

相应条件的限制。就判决前的撤回而言,需显示任何公正和正义的理由。①
公正性或正义性实际上是有弹性的,在英美实践中,有人认为,只要控方不能
表明有罪答辩的撤回对于刑事司法产生负面影响,这种撤回就是公正或正义
的。但也有人认为,如果被告人不首先表明撤回的正当理由,控方没有机会
或条件调查撤回对司法的影响。后者的观点在实践中较为公允。但事实上
这一标准需法官根据案件的情况加以掌握,而且这个标准的掌握不能过严。

　　相对而言,在判决之后撤回有罪答辩则较为严格,英美等国要求为避免
实质性的不公正方可撤回。实质性不公正的标准需考量以下因素:(1)剥夺
了被告人的宪法、法律或规则赋予的律师帮助权利;(2)被告人或被告人授权
的利益代理人并未作出或认可有罪答辩;(3)这种答辩不具有自愿性,或者对
指控不了解或对实际所受处罚不了解而作出有罪答辩;(4)被告人未获得按
答辩协议应获得的指控或判决的让渡,而按协议控方应努力争取这些让渡,
或不能阻止这些让渡;(5)被告人未按答辩协议获得指控或判决让渡,而协议
或临时或完全被法庭同意,在被提醒法庭不再同意协议和被要求证实或撤回
答辩之后,被告人未证实该答辩;(6)有罪答辩的作出建立在法官同意的明确
条件之下,即如果指控或判决让渡后来被法庭否定,有罪答辩能够被撤回。②

　　由上可见,在英美等国,有罪答辩的撤回尽管须具备相应条件,有的撤回
还须具备更严格的条件,但毕竟撤回是被告人的一项权利,本身是有罪答辩
制度的组成部分,而且权利行使的空间和时间更为充分。有罪答辩的撤回与
有罪答辩的产生形式有着密不可分的关系。有罪答辩因辩诉或判决交易而
产生,而交易按照民法理论属于一种契约,以双方的合意和利益分享为基础,
因利益或契约条件的变化,契约本身具有可变性。在辩诉交易中,导致答辩
撤回的起因往往在于,相对方不能满足被告人按协议所应获得利益的要求,
属于对方违约的情况,撤回有罪答辩不仅合理,而且合法。当然,除契约原理

---

①　Wayne R. LaFave, etc., *Criminal Procedure*, 3rd ed., Horn Book Series West Group, 2000,
p.1005.

②　Wayne R. LaFave, etc., *Criminal Procedure*, 3rd ed., Horn Book Weries West Group, 2000,
p.1006.

的作用外,允许有罪答辩的撤回,还在于刑事司法功利的目的。如果不允许有罪答辩撤回,实际上对被告人的有罪答辩是一种压力,产生对有罪答辩的畏惧感,阻碍有罪答辩的作出,对刑事司法控制犯罪机能的改善和司法效率的提高不利。

就自白而言,与有罪答辩的差异是诉讼证据与诉讼行为的差异。自白在属性上始终是一种证据,作为证据并不具有作为诉讼行为看待的有罪答辩的灵活性和可变性。自白一经作出,具备证据所应具有的证据资格特征,就具有了证据价值的确定性,尽管自白可以反复或多次作出,也可能前后自白的内容不尽一致,甚至自白还可能被作出者推翻(翻供),但原已作出的自白则不可收回或撤回。如果自白具有证明价值就可为法庭所用,或者用以定罪的主要证据,或者作为对被告人辩护的弹劾证据。这里,对于本身真实的自白不可撤回毋庸置疑,即便是虚假的自白,也无撤回的依据。自白一旦作出,实际上将自白交给了控方,自白作为控方的证据,是否提交法庭或提交后是否撤回,属于控方的权力。对于提交给法庭的自白,由法庭通过听证审理的方式进行审查,如果属于虚假的自白自然被法庭排除,被告人也可在庭上翻供或对该自白的真实性提出反驳,以阻挠该自白的适用,而不存在被告人对虚假自白予以撤回的问题。同时,自白是否虚假尚需法庭的审查判断,在庭审对自白作出结论之前,被告人乃至控方也无权对自白的真伪作出结论,故被告人也不具备撤回自白的事实基础。有鉴于此,自白的不可撤销性,既不受自白作出的次数、对象的影响,也不受自白本身证据价值的影响。

自白与有罪答辩的区别还在于所承认的对象不同。自白是就自己实施的犯罪事实所作的承认,既可是全部承认,也可是部分承认,也就是自己做了什么就承认什么,犯罪行为与自白本身具有明显的因果关系。有罪答辩所承认的犯罪有两点需注意:一是被告人并非完全是对自己犯罪事实所作的承认,其所承认的犯罪与控方指控的犯罪相关;二是被告人也非绝对是对控方指控犯罪的承认。在英美等国,"有罪答辩系仅就起诉认罪,并非承认起诉之事实而自承犯罪"①。就是说,被告人的有罪答辩是对控方起诉表示认罪,但

---

① 李学灯:《证据法比较研究》,五南图书出版公司1981年版,第208页。

并不一定是对控方指控的犯罪事实表示承认,及认可控方指控的罪名,因而这种答辩形式对指控犯罪的承认具有笼统性,既非对指控具体罪名的承认,也非对控方指控的犯罪事实或自己实施的犯罪事实的承认。故被告人虽然在程序上认可指控,但实际上并非是一种对自己犯罪或指控犯罪的实质上或心理上的承认。这种有罪答辩只具有程序和制度上的意义,可能导致控方的指控与被告人实际犯罪的非一致性或在犯罪展示程度上的差别。在英美等国,"如果起诉之事实原不足以构成犯罪,则基于被告有罪之答辩而为有罪之判决者,即属违误"①。但鉴于这种错误的有罪判决基于有罪答辩作出,有罪答辩本身符合法定条件而具有效力,故这种有罪判决并不一定会被撤销。

二、自白与有罪答辩的联系

自白与有罪答辩存在的诸多差异,并非是局部和片断的,而是整体性和全局性的,故它们之间的差异是实质性的,两者不具有可交换性和替代性,它们属于刑事诉讼中在不同环节和阶段发挥作用的两种事物形态。但不可否认,两者从主体(作出者均为被指控人)和内容或指向(承认犯罪,尽管承认的犯罪来源不同)以及由此导致对己不利的结果上看,又具有相似性。这种相似性,实际上使两者之间存在一种固有的联系。由上述可见,被指控人在较早阶段(主要在侦查阶段)作出自白,是后续起诉和审判阶段作出有罪答辩之前提和基础,而且自白导致有罪答辩的比率也较高。这表明两者在内容上的某种一致性,成为两者联系的一种纽带,自白成为有罪答辩积极的思想和心理因素。当然,自白对有罪答辩的影响也是有条件的。一般而言,自愿的自白能够促成控辩双方的答辩交易;而非自愿的自白,因自白的作出非出自行为人的本意,有罪答辩相对较难产生,相反,被告人往往在庭上翻供,或对自白的合法性、有效性提出质疑。但自愿的自白对有罪答辩的影响,也不具有绝对性,即自白并非必然导致有罪答辩。促成有罪答辩的因素很多,除前期已有的自白经历这一思想基础外,还有控方、法庭给予的"出价"或"交易价

---

① 李学灯:《证据法比较研究》,五南图书出版公司 1981 年版,第 208 页。

码"(减轻指控或减刑),以及被告人律师的作用等。正因如此,有罪答辩的作出本身又具有相对独立性,即使前期未作自白或所作自白属于非自愿性的,实际上也可能在后期通过控辩双方的讨价还价,被告人自愿作出有罪答辩。

在自白与有罪答辩之间存在的固有联系中,还存在一个非常重要的现象,即在一定条件下,有罪答辩及其相关交易中的陈述可能转化为具有自白属性的证据。在英美等国,被告人在具备法定情形下,可以撤回有罪答辩,然而撤回后的有罪答辩及附属陈述的效力如何?是否能为控方所用?如果承认已撤回的有罪答辩及附属陈述具有证据效用,并能为控方所用,这种撤回就无实际意义,被告人参与交易作出有罪答辩的热情将严重受挫;如果禁止已撤回的有罪答辩及附属陈述的证据效用,又会挫伤控方推动辩诉交易的积极性。两种倾向实际上都不利于推动答辩交易的正常进行,对简易审判程序有着不利影响。故绝对地排斥已撤回的有罪答辩及附属陈述的证据效力,或绝对地认可它们的证据效力都不可取。关于这一问题的处理,美国的做法值得注意。美国联邦刑事诉讼规则第11条(e)(6)规定:除本条另有规定外,在任何民事或刑事诉讼中,下列证据不能采纳为不利于曾作过答辩或参加答辩讨论的被告:(A)此后已被撤回的有罪答辩;(B)不愿辩护也不承认有罪的答辩;(C)根据本规则在与上述答辩有关的任何程序中所作的陈述;或(D)在与检察官进行答辩讨论中所作的任何陈述,该答辩讨论未能产生被告人作有罪答辩的结果,或者被告人虽曾作有罪答辩但随后又撤回。但是,下列陈述可以采纳:(i)在同一答辩或答辩讨论中所作的另一陈述在诉讼中已被介绍,从公正立场出发应该将本陈述同时出示;或(ii)在因伪证或虚假陈述所进行的刑事诉讼中,如果被告人的陈述是在经宣誓或者公开记录在案或其律师在场的情况下作出的。① 该条规定表明,在原则上被告人已撤回的有罪答辩及附属陈述作为对被告人不利的证据不具有可采性。但是又规定在两种情况下被告人在答辩或答辩讨论中的陈述可以被采纳。也就是说,禁止将被告人已撤回的有罪答辩及附带的陈述作为控方证据本身是有条件的,即限于被告人

---

① 《美国联邦刑事诉讼规则和证据规则》,卞建林译,中国政法大学出版社1998年版,第46页。

的陈述,在答辩中他人的陈述不受限制,而且被告人的陈述又须向有起诉权的检察官作出,而对法庭的陈述不在此限。① 因此,该联邦刑事诉讼规则实际上允许被告人的陈述为其他目的使用。美国许多法院判定,联邦规则只是排除被告人陈述的运用,而不排除该陈述的派生运用。检察官可以运用被告人的陈述揭示其他证据,或者在对被告人交叉询问中使用。② 据此可以认为,对于已被撤回的有罪答辩及相关陈述,虽然不能直接用作证明被告人有罪的证据,但在符合上述规则条件下可以作为弹劾被告人在庭上辩解陈述的证据。关于这一证据运用的正当理由,在 Hutto v. Ross 一案中,法庭指出:唯一的问题是,在刑事审判中因一项自白是同意答辩交易(交易本身并不要求作出如此的自白)而作出的,是否一定不可承认。我们的结论是上诉法院裁决作为辩诉交易结果的任何陈述不可承认是错误的,其理由在于,因果关系从来不是自愿性的判断标准,自愿性的标准在于该项自白是否以任何威胁、暴力或任何直接或暗示的允许方法或者依靠任何不适当的影响获取的,不管这些方法是多么轻微。③ 法院的这一观点表明,自白可采性在于自白的自愿性,即便是答辩中所作的陈述(自白),只要没有威胁、暴力等非法或非正当方法影响其陈述的自愿性,该项陈述就具有可采性,并不受被告人的撤回所左右。

尚须指出的是,作为有罪答辩及附属陈述可采性扩大化的表现,在当今美国司法中,控方普遍要求被告人作出弃权声明,即被告人放弃排除答辩交易所作陈述作为控方证据的权利。④ 这种弃权又分三种类型:一是最狭窄的弃权,即被告人只允许答辩交易中的陈述作为其在庭上证词的弹劾证据⑤;二

---

① Edward J. Imwinkelried, etc., *Courtroom Criminal Evidence*, West Publishing Co., 1985, p. 2310.

② Eric Rasmusen, *Mezzanatto and the Economics of Self-crimination*, Cardozo Law Review, Vol. 19, No. 5, May 1998, p.1544.

③ Edward J. Imwinkelried, etc., *Courtroom Criminal Evidence*, West Publishing Co., 1985, p. 2310.

④ Eric Rasmusen, *Mezzanatto and the Economics of Self-crimination*, Cardozo Law Review, Vol. 19, No. 5, May 1998, p. 545.

⑤ Eric Rasmusen, *Mezzanatto and the Economics of Self-crimination*, Cardozo Law Review, Vol. 19, No. 5, May 1998, p.1546.

是较宽的弃权,即被告人的陈述同样可作为反驳被告人在庭上提出的证据,尽管这个证据不是被告人的证词①;三是允许检察官出于任何目的使用被告人的陈述②。由于美国联邦刑事诉讼规则并未禁止被告人的弃权声明,因而控方要求被告人弃权的做法是较普遍的。尽管如此,有关弃权的正当性问题在美国是存在争议的。美国第九巡回法院法官斯赖德指出:允许弃权规则的运用将与国会希望达到的目标相左。如果联邦规则受制于弃权,公正和有效的答辩交易将严重受损。允许弃权将与被设计达到有效性的答辩交易规则对案件有效处理的政策是相抵触的和对抗的。③ 他的观点表明,在答辩交易中引入弃权条款,对被告人作出有罪答辩是一种较大的压力,可能减少有效答辩的数量,同时也造成答辩交易的不对等性和不公正性。然而,美国联邦最高法院大法官托马斯认为:一个鼓励纠纷解决的有益方法是允许利益相关人开始了解和在无任何对他们之间交易条款进行专断限制下自愿协商,按照第九巡回法院的隐喻,如果检察官对"买"这项附有弃权协议的可靠性保障感兴趣,而排斥弃权只会使答辩交易的市场权利窒息。一个被告人只要被允许提供控方最想"买"的,他就可能使其"卖"的最大化。④ 这又表明,弃权本身是答辩交易的价码,是双方自愿协商一致的结果,本身符合答辩交易的规则,并不失公正性,实际上暗示不仅控方希望获取被告人的弃权,而且被告人为了通过有罪答辩获得从宽处理,也愿意作出弃权。当然,客观上讲,弃权对被告人本身是不利的,对控方却是有利的,当弃权作为答辩交易的附加条件而引入交易过程之后,尽管仍强调弃权的自愿性,但交易是否公平,取决于交易双方所掌握的交易条件和资源,属于司法实践具体把握的问题,难以一概而论。

总之,在美国司法实践中,因有罪答辩的撤回而导致有罪答辩及附属陈述成为控方证据是客观存在的事实。至于这类答辩及陈述的证据性质,虽然

---

① United States v. Dortch, 5F. 3d 1056, 1067 n.9 (7th Civ. 1993).

② Eric Rasmusen, *Mezzanatto and the Economics of Self-crimination*, Cardozo Law Review, Vol. 19, No. 5, May 1998, p.1547.

③ United States v. Dortch, 5F. 3d 1455, 1455 n.9 (9th Civ. 1993).

④ United States v. Mezzanatto, 513 U.S.196, 208(1995).

多数情况只是作为对被告人在庭上所作辩解陈述或辩方提供的其他证据的弹劾证据,而非真正意义上的自白,但却又是具有自白属性的控方证据,这种属性源于有罪答辩与自白的相似性。

三、自白与有罪答辩关系中的两个问题

通过有罪答辩与自白的上述比较,可以发现两者在诉讼效用上的矛盾现象。自白在刑事审判中可作为一项控方的证据使用,尽管这一证据具有较高价值,但在形式上仍不可直接导致陪审团的定罪,法律上仍有自白的补强规则在起作用。而对于有罪答辩,法庭却可启动简易程序,直接作出有罪裁决。客观上讲,自白与有罪答辩虽表现形式各异,但实质上都是对犯罪的一种承认,然而两者对刑事诉讼结果的影响却有如此大的差别,其个中原因何在?有罪答辩的作出源于控方乃至法官给出的减轻指控或从轻处罚的条件,其中不乏控方、法官对被告人的诱导,但这种诱导具有合法性;相反,侦查阶段侦讯人员以此方法获取自白,在英美等国则可能因方法的非法性导致对自白的排除。这两个问题实际上是困扰英美理论和司法界的难题,在理论上的解释是不明确的。这也是对有罪答辩所产生的消极结果(尤其使无辜者受到追诉)提出质疑的原因所在。美国学者兰格宾(Largbein)认为,"辩诉交易实际上只是一种相对于刑讯手段而言可憎性小得多的获取强制自白的方法,一项被强制的有罪答辩并不对排除合理怀疑的有罪推定提供支持。协商所作的有罪答辩事实上的不可靠性,除了增加惩治无辜者的危险外,还有进一步的后果。在采取变更指控的交易(与判决交易相对应)中,对罪犯的较轻定罪不是因为其做了什么,而是因为对认罪被告人给予的友善多于对其的侮辱。当犯谋杀罪的人被定伤害罪,或者当他们因偷盗被抓获而通常以企图偷盗或占有被盗物品之罪名被定罪时,对刑事司法程序的玩世不恭则必然有增无减。我们认为这种交易的不可靠性,罪名标签的滥用连同判决根基的缺乏共同削弱了刑法的道德力量,增加了公众对刑事司法机制的不安"①。兰格宾的评论

---

① Phillip E. Jophnson, *Cases and Materials on Criminal Procedure*, West Publishing Co., 1988, p. 576.

暗示这样一种思想:辩诉交易可能为控方及法官强制获取被告人的自白披上了合法性的外衣,这与侦讯人员以强制方法(包括刑讯)获取被指控人的自白并无实质性的区别。他的观点表明,当今美国有罪答辩及其相关辩诉交易的推行,对于刑事司法的公正性(道德性)以及使无辜者遭受刑事追究的风险可能产生严重影响。这也是当今美国学术和司法界并非少数派的人士对于有罪答辩及辩诉交易的正当性表示忧虑并进而反对的原因所在。[①]

应该指出的是,在英美等国,尽管对于有罪答辩及其相关的辩诉交易持有不同的看法,且有些观点还具有相当的合理性,但在英美立法和实践中,有罪答辩仍被作为一项重要的诉讼制度延续下来,其与自白始终存在明显的分野。因而有罪答辩对于启动简易程序并导致有罪裁决的结果,实际上存在相当的依据和理由。首先,在英美等国,被告人有罪答辩的作出须以理智和自愿为前提。按照英美普通法,如果被告人理解对他指控的性质并有合格的律师提供帮助,被告人有罪答辩就是理智的;而被告人未被贿赂、威胁或误导,并且完全知晓有罪答辩的直接结果(有罪判决),则作出的有罪答辩就是自愿的。[②] 可见,在辩诉交易过程中,虽有减轻处罚的诱惑,但被告人在其律师的帮助下,有充分的意志自由保障,并不存在作出有罪答辩的强制性现象。与此同时,控方对于辩诉交易也非被动接受,同样享有发言权乃至主导的权力。只有控方同意或接受被告方的交易请求,辩诉交易方可达成,进而产生有罪答辩的效力。根据英美等国实践,控方对于交易与否可能考虑的因素包括本方指控犯罪的强弱、犯罪的严重程度以及被告人过去犯罪的记录和个人声誉等。控方对于有罪答辩效力的制约,实际上对于有罪答辩的案件起到过滤作用,使真正犯罪者或严重犯罪者难以利用有罪答辩获得从宽的好处,从另一侧面保证有罪答辩的客观公正性。另外,对于允许有罪答辩的案件范围在英美等国也存在相应的限制。如美国路易斯安那州法律明确规定,死刑案件不

---

① Phillip E. Jophnson, *Cases and Materials on Criminal Procedure*, West Publishing Co., 1988, pp.478-479.

② Stephanos Bibas, "Judicial Fact-Finding and Sentence Enhancements in a World of Guilty Pleas", *Yale Law Journal*, Vol. 110, May 2001, p.1175.

得接受有罪答辩。① 这类规定将被告人最重要的权利(生命权)排除于因有罪答辩可能受到的损害之外,故对有罪答辩案件范围的限制有利于对被告人的保护。正因为有罪答辩强调控辩双方的合意和理智性并存在答辩范围上的限制,对其诉讼权利和实体权利处分的自由更有保障,因而被告人自由选择的诉讼结果(有罪判决)就具有可接受性。但在侦查阶段的自白尽管具有自愿性,如果在审判阶段又提出抗辩或对原自白提出质疑(翻供),表明被告人对犯罪事实的承认具有不确定性,由此可能导致自白的虚假性,因而运用如此的自白直接作有罪裁决就具有相当的风险。

其次,有罪答辩是在法官亲历的情况下作出的,法官对有罪判决的可靠性更有信心。无论法官是否具体参与控辩双方的辩诉交易,被告人最终须在法庭上作出有罪答辩。在有罪答辩阶段,通过证据展示规则,控辩双方的证据已展现于法官面前,有关案件的情况已得到暴露,法官(预审法官)已对案情了然于心,对于法庭的简易程序进程提供了相应的事实基础。与此同时,由于法官的亲历性,被告人作出有罪答辩的具体情况包括被告人的心理和生理反应、表情和情绪等,法官实际上一目了然,这些表象以及有罪答辩中控辩双方的言语交锋都为法官对被告人有罪答辩作出的理智和自愿性的正确判断提供了重要依据。相反,自白因自身的传闻性(在英美属传闻的例外),法官对自白作出当时情况的判断,如取供的方法、方式以及被指控人作出自白的心态等,只能依控辩双方提供的证据及询问时的记录加以衡量,而且被指控人作出自白在主观心态上的复杂性往往增加法官判断的难度,尤其被告人在庭上翻供的情况下,对自白的自愿性和真实可靠性的把握将更为困难,故对单一自白的采信并不具有安全性。

应该指出,就上述被告人有罪答辩的理智性和自愿性,以及法官的亲历性而言,对无辜被告人免予有罪答辩是有保障的。在阻却无辜者被定罪的问题上,还存在一个重要的积极因素须加以考虑:被告人是否作出有罪答辩的主动权实际上是掌握在被告人手里的,有罪答辩的作出,是被告人对量刑减

---

① 李学灯:《证据法比较研究》,五南图书出版公司 1981 年版,第 207 页。

让与正式审判利弊权衡的结果。被告人需要对正式审判可能作出的有罪判决的风险性作出判断,以估量量刑减让的价值,从而决定是否作有罪答辩。在正式审判中,有罪判决的风险大小来自于控方指控的强弱,即控方证据的强弱。控方证据愈弱,有罪判决风险愈小,量刑减让对被告人的价值就愈小,其作出有罪答辩的可能性愈低;反之,控方证据愈强,最终作出有罪答辩的可能性也就更高。被告人的这种利弊权衡,不仅使其最终作出的有罪答辩的正当性得到进一步补强,而且有罪答辩决定本身也更趋于客观和可靠。由此可见,对于真正无辜者而言,尽管有从轻或降格起诉的诱惑,但基于与无罪判决的利益权衡也不会作出有罪答辩,从而可免于无辜者受到刑事追诉。① 当然,考虑到被告人在对量刑减让与控方指控力度的综合判断上可能出现错误以及有罪答辩作出的复杂心态和外因的制约,也难免无辜被告人作出有罪答辩的风险。② 这是制度本身的相对合理性的表现,即便正式的审判程序也同样难免无辜者受到刑事追究。但其依自白定罪所产生的风险性而言,则是较低的,也是可以接受的。

至于有罪答辩中控方及法官采用的具有引诱性质的降格起诉或从宽处罚的手段是否具有合理性的问题,应该指出,基于被告人的理智性和自愿性,以及控辩双方对案情了解的明朗性,且法官对有罪答辩的有效掌控而进行的交易过程,符合正当程序的精神。不可否认,降格起诉或从宽处罚,对被告人具有诱导性,但这种诱导性的因素正是辩诉交易及判决交易产生的基础,在特定交易场所,这种交易的公正性和协商互动性,对有罪答辩诱导的非正当性是一种消解,其与侦讯阶段为获取自白采用的从宽处罚的引诱手段在性质上是不同的。侦讯活动本身所固有的封闭性、秘密性以及侦讯手段的强制性,使被指控人的人身和精神处于不安和潜在危害之中,采用从宽处罚的引

---

① 在英美等国,被告人是否确实有罪与是否实际上实施了被指控的犯罪有密切关系。在这种司法制度下的行为者不同于是否实际作出有罪答辩的无辜被告人。大多数检察官和辩护律师都相信真正无辜者不会作出有罪答辩。几乎所有的检察官都声称,如果他们认为被告人实际上是无辜的,就不会启动对案件的追诉程序。See Stephen A. Saltzburg, *American Criminal Procedure*, *Cases and Commentary*, 3rd ed., West Publishing Co., 1988, p.796.

② *Report of the Royal Commission on Criminal Justice* 1993, p.111.

诱手段就容易导致被指控人作出自白的非任意性,从而也就可能影响自白的可靠性。

第三节　有罪答辩与量刑减让

一、有罪答辩对于量刑减让的作用与影响

在英美等国,有罪答辩(guilty plea)意指被告人对控方的犯罪指控所作的明确承认或接受的表示。这种答辩除在起诉阶段外化为一种辩诉交易的形式外,在审判阶段,被告人向法庭公开承认控方指控的犯罪是其主要表现形式。一般而言,有罪答辩一经出,直接导致简易审判程序的适用,其对诉讼走向和结果的影响具有确定性。但是,这种有罪答辩形式对被告人最终的量刑是否也将随之产生影响? 或者说,对有罪答辩的被告人予以量刑减让(Sentence discounts)是否具有正当性和确定性? 这一问题并非是一个已知的问题,理论上的研究确有必要。

在刑法理论上,施以刑罚的依据在于已存在的犯罪,刑罚的轻重也在于犯罪的轻重,即所谓的罪刑相应。如果以此原理为依据,有罪答辩实际上并不能获得量刑上的减让。因为犯罪认否本身并不能改变其所实施犯罪的性质及犯罪的轻重。当然,刑罚的轻重并不完全取决于犯罪的轻重,从刑罚的目的来看,又要求罪与刑的适当分离性。贝卡利亚指出:"刑罚的规模应该同本国的状况相适应。在刚刚摆脱野蛮状态的国家里,刑罚给予那些僵硬心灵的印象应该比较强烈和易感。……但是,随着人的心灵在社会状态中柔化和感觉能力的增长,如果想保持客观与感受之间的稳定关系,就应该降低刑罚的强度。"[1]按照贝氏的说法,人的心灵在社会状态中的柔化和感觉能力的程度是刑罚轻重的重要依据,因为刑罚"既不是要摧残折磨一个感知者,也不是要消除业已犯下的罪行"[2],而是立足于预防未来的犯罪。人的心灵柔化和感

---

[1] [意]贝卡利亚:《论犯罪与刑罚》,黄风译,中国法制出版社2002年版,第51页。
[2] [意]贝卡利亚:《论犯罪与刑罚》,黄风译,中国法制出版社2002年版,第49页。

觉能力的增长表明人的归顺和对犯罪意向的消减,更确切地说,是人对犯罪悔悟之心的萌生与增长,这种悔悟感对预防犯罪具有重要作用,也决定了刑罚宽缓的一面。应该指出,被告人作出有罪答辩,尤其在较早阶段的认罪可能含有一定的悔悟因素,对出于这种心态作出答辩的被告人给予适当的量刑减让具有一定的合理性。但必须指出,被告人有罪答辩的作出,是一种复杂的心理作用的结果,有罪答辩与悔罪本身不可等量齐观,否则很难解释被告人认罪后又反悔或认罪中消极、被动乃至无奈的情形。事实上,在特定的诉讼环境下,被告人作出有罪答辩,更大程度上是出于利弊权衡或策略的考虑。英国首席大法官雷茵(Lane)勋爵曾在一项判词中指出:"被指控人作出自白实际上是多种动因交互作用的结果,其中以较早的认罪获得较早的释放或更轻的处罚是被控人的希望所在。"①故限于刑法理论和刑罚实施效果的层面,探寻有罪答辩对量刑减让的正当性乃至确定性影响的问题,难以得出正确的结论。

如前所言,有罪答辩形成于特定的诉讼环境之下,其对简易审判程序的产生及其诉讼的走向和结果有着实质性的影响,在英美等国始终是被作为一种程序问题看待的,与之相关联的刑罚的作出也是通过刑事诉讼这一动态过程完成的。因此,将有罪答辩置于刑事诉讼程序的构架之中,不仅有利于澄清有罪答辩所具有的程序属性,由其产生的量刑减让更具有明显的正当性。

一是量刑减让作为对诉讼机能的改善而给予的"回报"具有正当性。在英美等国,被告人作出有罪答辩而被认可的,法庭适用简易程序直接作有罪判决,不再适用普通的听证审理程序。这种因有罪答辩而适用的简易程序对刑事司法产生的积极效应是显见的:就法庭而言,简易程序的适用简化了案件审理环节和案件处理流程,最大限度地节省了司法资源,案件处理的速率也大为提高。② 法院的精力得以集中于重大、疑难的案件,司法资源的配置和

---

① Peter Mirfield, *Silence, Confession and Improperly Obtained Evidence*, Claarendon Press, Oxford, 1997, p.104.

② 根据英国官方的调查,20 世纪 90 年代初英国刑事法院陪审团对案件的听证审理,所需时间平均为 7 小时,所花费用平均为 12088 英镑,而在被告人作有罪答辩的情况下,案件的处理所需时间平均为 54 分钟,费用仅为 1400 英镑。See *Judicial Statistics* 1992,(Cm2268)Lord Chancellor's Department CHMSO, 1993 p.65, and *Costs of the Criminal Justice System* 1992,(Home office, 1992), p.16.

分流更趋合理。就控方而言,在对抗制机制下,因被告人认罪减轻或卸除了控方的有罪证明责任,检察官得以将注意力转移至大案、要案的指控,提高了起诉效能。尤其对调查取证较难的案件,通过被告人认罪,有利于使这类事实上有罪但在证据、程序上难以治罪的案件得以处理。此外,因被告人的有罪答辩,避免了证人和被害人出庭作证带来的不便,尤其对于被害人,免于其隐私和名誉受损的风险和作证的痛苦经历。应该指出,上述有罪答辩对于法院和控方职能所产生的积极作用,实际上推动了国家整个犯罪控制的刑事司法功能的增强。既然国家从被告人有罪答辩中获得了上述收益,从情理和实际需要上讲,给予被告人以某种形式的"回报",就具有正当性。而国家可能给予的"回报",主要就是量刑减让。由此可见,量刑减让属于国家针对被告人认罪的一种功利行为,这种行为与国家的利益相联系,因而可以超越罪刑相应的原则。这里,被告人与国家之间因量刑减让而实际存在一种交易关系,这种交易既包括被告人与控方之间(如辩斥交易、量刑建议)的交易,也包括被告人与法院之间(判决减让)的交易。交易双方既是权益出让者,又是权益受益者。而这种交易的基础在于双方利益需求的互补性。

二是量刑减让作为被告人权益减损而给予的"补偿"具有正当性。有罪答辩开启简易程序,一方面有利于诉讼机能的改善,但另一方面又不利于被告人自身利益的保护。简易审判程序并非一种标准和正式的审判程序,欠缺正式审判程序所具有的陪审团听审、律师辩护、控方承担证明责任等基本特点,因此被告人选择有罪答辩,实际上也就选择放弃了诸如不受强制自证其罪、律师辩护、要求控方实际履行证明责任、上诉等正当程序的基本权利。在英美等国,被告人对这些程序性的正当权利的放弃,直接导致了被告人对实体性利益的放弃,即承受有罪判决的法律结果。而在整个诉讼中,有罪判决应当看成是对被告人利益的最大损害。故作为一种对其程序性和实体性权益减损的补偿而给予适当的量刑减让则是完全合理的。如果被告人未能通过量刑减让对其权益的放弃获得补偿,不仅在程序上是非正义的,而且有罪答辩作为一项鼓励性的制度也难以推行。美国法官波斯纳曾指出:"如果刑事案件的双方当事人不能从和解取得比诉讼更好的收益,那么其中的任何一方当事人都会将其权利诉诸法庭;由此,刑事被告放弃其有权在审判时取得的程序保护权是得到补偿的。"①

由上可见,就整个诉讼过程来看,因有罪答辩所产生的国家诉讼机能改善的收益和对被告人本人权益的减损,以量刑减让的形式给予被告人一定的回报和补偿,在总体上应该认为具有正当性,这也是量刑减让原则得以在英美等国立足的现实性基础。但是对有罪答辩的量刑减让在性质上所具有的正当性,是否意味着这种减让就具有确定性或必然性?必须指出,在承认量刑减让正当性的前提下,实际上也存在干扰其正当性成立的一些因素,使得有罪答辩与量刑减让的内在联系中呈现出某种可变性。

第一,依前述,被害人从有罪答辩中可免于因出庭而承受的痛苦经历以及名誉精神上的损害,但另一方面,被害人却为此付出了其希望看到的刑事司法结果的代价,尤其在对被害人人身、精神或财产造成严重危害的重罪案件中,被害人的实际感受与免于出庭的所得相去甚远。英国法官芬韦克(Fenwick)指出:"在英国,被害人通常无权参与因被告人服罪而予以量刑减让的决定,也无权接受较轻指控的要求。因此,被害人往往可能并不希望给予被告人量刑减让,而宁愿审判照常进行,这样的希望却被忽视了。如此的结果对那些希望看到一个真正的犯罪人被定罪的被害人的实际和潜在的利益是一种损害。"②可见,对于许多被害人而言,他们宁愿忍受出庭的不愉快经历,以使犯罪人受到应有的惩罚,也不愿看到被告人因判决减让制度而获得较轻的处罚。故而对有罪答辩者给予减让刑罚的处遇,在一定程度上有对被害人利益忽视之嫌。如果这项制度被"狡猾"的有罪者所利用,以规避严厉的刑事处罚,其对被害人的不公则更为严重。

第二,对有罪答辩者给予量刑减让,实际上产生的结果是,认罪者获得宽大处理,而不认罪者则承受了较重处罚。从客观上讲,对认罪者从宽并不意

---

① [美]理查德·A.波斯纳:《法律的经济分析》,蒋兆康译,中国大百科全书出版社1997年版,第680页。

② Ralph Henham, "Bargain Justice or Justice Denied? Sentence Discounts and the Criminal Process", *The Modern Law Review*, Vol. 62, No.4 (1999), p. 537.

味着对不认罪者从重,对后者的量刑仍在该罪的法定刑幅度以内,所量之刑并未增加而是其应受之刑。但两相比较,所犯罪行相同,认罪者从轻,等于不认罪者受到了较重处罚,这种刑罚的差别,在犯罪认否上并不一致的共同犯罪案件中表现尤烈。这里,对不认罪者的量刑,因未悖离罪刑相应原则,而不属于一种对其量刑上的不公。但如果换一种角度,对被告人和整个社会却传递了这样一种信息:放弃诉讼中的正当权利,积极配合控方和法庭的追诉和审判活动,将以量刑减让的形式予以鼓励和倡导;而坚持正式审判,主张不受强制自证其罪权、律师辩护权等正当诉讼权利,则对自己不利。也许这样一种信息并不是法院所希望传递的,但又是因量刑减让制度的推行而实际存在的。这种信息表达所产生的消极后果,在于挫伤人们寻求正式审判和维护自身正当权利的意愿,对司法的公信力也是一种损害。

虽然上述干扰量刑减让正当性的因素并不能在总体上否定有罪答辩予以量刑减让的正当性,但这些因素的存在实际上对量刑减让的确定性或必然性产生了阻碍,使得有罪答辩的作出并不能符合规律地产生量刑减让的结果。因此,有罪答辩与量刑减让虽然有着密切的内在因果关系,但又非一种必然的因果关系。在英美等国,在承认有罪答辩的量刑减让原则之下,在具体案件中能否实施减让,则属于法官自由裁量的权限。

以英国为例,长期以来,在英国传统司法中,对有罪答辩者是否给予量刑上的减让,实际上是一个较复杂的问题,在做法上并不一致。鉴于此,1993年英国皇家刑事司法委员会(the Runciman Commission)《关于刑事司法的报告》第47项建议明确指出:"在具体个案的环境中,法官保留有量刑减让的适当的自由裁量权,为此,应确立下列有关量刑减让的制度:(a)以有罪答辩的表示以回应控方指控的被告人应获得最大的量刑减让。(b)对于在充分的时间里表示有罪答辩以避免为审判而作的充分准备的被告人,也应获得最大的量刑减让。(c)在最低限度内,对于在审判时服罪的被告人也应继续给予量刑减让,因为即使在最后阶段服罪,也节省了为对抗式审判所应付出的司法资源。"①从皇家司法委员会的主张来看,虽然在观念上将量刑减让视为法官自

---

① *Report of the Royal Commission on Criminal Justice*, 1993, p.112.

由裁量的范围,但其精神在于给予有罪答辩者量刑减让的非条件性,实际上否定了法官在这一问题上的自由裁量权。该建议虽对量刑减让的立法具有一定影响,但其主张的精神并未获得议会的支持。英国 1994 年通过的《刑事审判与公共秩序法》第 48 条明确规定:"(1)在一个或另一个法庭的审判活动中,法庭对于一个作出有罪答辩的被告人在决定刑罚时,将考虑下列因素:(a)被告人表示其有罪答辩的诉讼阶段;(b)作出有罪答辩时的环境条件。(2)因考虑上述条款中的因素,如果法庭给予被告人的刑罚比本应给予的刑罚更轻,法庭将在公开庭审中陈述其给予的刑罚。"①这一规定以制定法的形式正式确立了量刑减让的原则,但该规定指出,有罪答辩能否获得量刑减让,法庭需考虑有罪答辩的阶段以及相关的条件和环境,表明对有罪答辩者的量刑减让实际上属于法官自由裁量的范畴。按照英国司法界的观点,法官最终决定给予的量刑减让,需要考虑的环境因素除被告人的悔悟程度、审判的时间和费用的节省、证人和被害人免于审判的不愉快经历外,还包括被告人过去被定罪的记录,过去好的品质,圆满服完过去的刑罚,指控后的表现,年龄、健康、协助警察等情况。② 既然量刑减让的决定是法官根据个案中有罪答辩的各种环境因素综合考量的结果,裁判者只表达对有罪答辩表示信赖,或者仅因作出有罪答辩就给予量刑减让而不作进一步的解释是不够的。③ 这种决定的作出必须提出相应的依据。根据该法第 48 条第 2 款的规定,法官一旦作出量刑减让的决定,就应在公开的庭审中就量刑减让的理由作出一个解释性的说明,以约束其自由裁量权的行使。

由于量刑减让属于法官的自由裁量权,通过相关因素的综合考虑,在有的案件中,被告人作出的有罪答辩实际上可能不会获得量刑减让的结果,有罪答辩与量刑减让之间这种联系上的非必然性。在英国上诉法院 1989 年的

---

① Ralph Henham, "Bargain Justice or Justice Denied? Sentence Discounts and the Criminal Process", *The Modern Law Review*, Vol. 62, No.4 (1999), p. 520.

② Ralph Henham, "Bargain Justice or Justice Denied? Sentence Discounts and the Criminal Process", *The Modern Law Review*, Vol. 62, No.4 (1999), p. 528.

③ Ralph Henham, "Bargain Justice or Justice Denied? Sentence Discounts and the Criminal Process", *The Modern Law Review*, Vol. 62, No.4 (1999), p. 521.

报告中得到了充分反映,该报告明确列举出量刑减让例外的五种情形:(1)根据 1933 年《儿童与少年法》的特别权限,对于未满 18 周岁的少年犯罪,尽管其作有罪答辩,仍可判处法定最高刑罚;(2)出于维护公共利益免受危险犯罪人侵害的实际需要,判处更长刑罚被认为是必要的;(3)被告人以标准罪状被定罪的;(4)被告人直到最后时刻才作有罪答辩的;(5)被告人犯罪被当场抓获而不可能对其指控进行辩解的。① 上诉法院提出的排除量刑减让的情形是一种列举式的,不在这五种情形范围内的有罪答辩,并非法官都应给予量刑减让。应该指出,量刑减让始终是法官的一项自由裁量权,不属于上诉法院例举情形的案件,同样需要法官根据案件情况作出决定。以判例或成文法的形式绝对地排除对有罪答辩的量刑减让,正如绝对地认可有罪答辩的量刑减让一样,也是不足取的。对上诉法院的例外规定,在英国法律界也存在争论,尤其对第 4、5 项例外,争议更大。一般认为,被告人作有罪答辩时间的早晚,反映其有无真诚悔悟之意,最后时刻的有罪答辩往往是被告人无奈的表现或出于策略考虑的结果,并未表现其悔悟的真实意愿,但悔悟的表现对被告人量刑减让并不起主导作用。英国学者艾希沃斯(Ashworth)指出:"通常在最后时刻认罪缺乏悔悟表现是明显的,以认罪本身而非悔悟作为减让刑罚的合理依据,现在似乎越来越占主导地位。"②美国学者马克和科亨的研究也表明,以悔悟作为量刑减让的合理性实际上是不可靠的,通常掩盖了减让决定最终的真实性。③ 也就是说,对认罪被告人所作出的不予刑罚减让的决定实际上也应坚持综合其他因素加以考量的原则。纵然被告人在最后阶段认罪,但有对同案犯检举或提供其他犯罪事实等情况,也不可草率地否定量刑减让的作

① See (1989)11 Cr App R (S)182.对于第 2 项例外,作为一种保护性判决的需要,英国 1991 年的《刑事审判法》第 1 条(2)(b)规定:除非属于暴力、性犯罪而判处监禁刑对保护公众免受其伤害是适当的,法庭一般不对一名被告人判处监禁刑;第 2 条(2)(b) 规定:对于暴力或性犯罪的被告人所判刑期长度,以法庭按照保护公众免于被告人严重侵害需要的刑期长度(不超过最高期限)加以确定。可见,对于暴力或性侵犯等严重犯罪,被告人的有罪答辩对量刑减让是不产生影响的。

② A. Ashworth, *Sentencing and Criminal Justice*, 2nd ed., Butterworths, 1995, p.137.

③ Ralph Henham, "Bargain Justice or Justice Denied? Sentence Discounts and the Criminal Process",*The Modern Law Review*, Vol. 62, No.4 (1999), pp.522-523.

用。在英国学者看来,这种做法本身是一种不以有罪答辩决定量刑减让精神的体现。而对于当场被抓获的被告人,控方的指控和法庭的审理并不存在证据上的障碍,但对被告人的量刑减让也不可只从对控方和法院是否有利的角度考虑。对于认罪的被告人,综合其悔悟和配合司法机关程度等其他因素,给予量刑减让也非不可。

尽管有罪答辩与量刑减让的联系在性质上不具有确定性和必然性,刑罚减让与否属于法官的自由裁量权,但在英美的刑事司法中,给予有罪答辩者以量刑减让仍具有相当的普遍性。因为对有罪答辩的量刑减让毕竟是英美法律上的一项基本原则,尽管这一原则并不具有"刚性"的特点。这里,引伸出另一个问题是,决定给予量刑减让的前提下,应该给予减让的程度问题。在英美法律界,量刑减让的程度大致存在一个量化的表述。美国联邦判决指南明确规定,对于作有罪答辩的被告人,实际判处的刑罚可以比原判刑罚减少二至三个等级,也就是减少35%左右的刑罚。[1] 英国大法官泰勒尔(Taylor)勋爵在巴佛瑞(Buffrey)一案中也指出:"在复杂的案件中,如果被告人作有罪答辩节省了大量的司法资源,对其给予三分之一原判刑罚的减让奖励是适当的。"[2]从英国刑事法院给予量刑减让的实际情况看,减让的幅度也基本保持在25%—30%之间。[3] 但必须指出的是,因刑事案件千差万别,实际上难以实行一个统一的减让标准,减让幅度与能否减让一样,也需根据有罪答辩的具体情况并结合其他因素加以考量。泰勒尔在巴佛瑞一案中也指出:"对于量刑减让的程度我们设想有一个绝对的规则是相当错误的。法官必须根据每个案件的具体事实进行估量,不同案件的差别是相当大的。"[4]与此同时,英国《治安法官联盟判决指南》也明确指出:"法律要求法庭对及时作有罪答辩的被告人减让刑罚,但这项条款应被公正地灵活运用。一个及时认罪的被告人可以获得上至三分之一的刑罚减让,但减让的确切程度取决于每个案件的

---

[1]　Stepharos Bias, "Judicial Fact-Finding and Sentence Enhancements in a World of Guilty Pleas", *Yale Law Journal*, Vol. 110, May 2001, p.1153.

[2]　Andrew Sanders, Richard Young, *Criminal Justice*, Butterworths, 1994, p.325.

[3]　*Report of the Royal Commission on Criminal Justice*, 1993, p.110.

[4]　Andrew Sanders, Richard Young, *Criminal Justice*, Butterworths, 1994, p.325.

事实,最后时刻认罪的仅能获得通常的减让。"①由此看来,量刑减让的程度实际上也是法官一项重要的自由裁量权力,在具体操作中,需要将有罪答辩与案内的其他因素和环境结合考虑,"不仅要看有罪答辩本身,更要看犯罪的性质,不仅考虑服罪的时间,同样需考虑与犯罪人过去犯罪史有关的因素"②。

当然,量刑减让原则的灵活性并不排斥减让的规范性和规律性的特点。英国上诉法院明确指出:"本法院历来认为在判决上给予减让是适当的,但是一切取决于每个案件的环境。如果某人一旦被逮捕,就立即告知警察自己有罪,并协助警察追回财物,辩认该案中的其他疑犯,他有望获得一个实质性的量刑减让。但是如果某人在无望提出无罪答辩的环境下被捕,他就不能对量刑减让指望太多。"③从英国上诉法院的这一态度中,可以看出有两个因素对量刑减让程度具有重要影响:一是有罪答辩的时间。上诉法院的观点表明,被告人作有罪答辩的时间越早,所获得的量刑减让的幅度也愈大。相反有罪答辩愈晚,所得量刑减让的幅度也就愈小。对此,1993 年英国皇家司法委员会的报告第 47 项建议也予以肯定。与有罪答辩时间相关联的另一个因素是协助警察的表现。一般认为,如果被告人不仅认罪较早而且协助警察的调查,将获得更大的减让奖励。宾格汉姆(Bingham)大法官指出:"被告人协助控方使同案犯自证其罪,尤其导致定罪或有罪答辩结果的,应获得进一步的量刑减让。但在调查、侦查、控制和起诉严重犯罪中,量刑减让的程度又取决于协助价值,即协助的质量和数量。"④二是控方指控的力度。被告人在犯罪时被抓获的,由于控方指控力度强大,被告人是否作有罪答辩,对有罪判决均不产生大的影响,因而被告人所获量刑减让虽然并非付之阙如,但已很少。上述可见,在被告人基本犯罪事实确定的情形下,被告人的有罪答辩对于司

---

① Ralph Henham, "Bargain Justice or Justice Denied? Sentence Discounts and the Criminal Process", *The Modern Law Review*, Vol. 62, No.4 (1999), p. 522.

② Ralph Henham, "Bargain Justice or Justice Denied? Sentence Discounts and the Criminal Process", *The Modern Law Review*, Vol. 62, No.4 (1999), p. 516.

③ *Report of the Royal Commission on Criminal Justice*, 1993, p.111.

④ Ralph Henham, "Bargain Justice or Justice Denied? Sentence Discounts and the Criminal Process", *The Modern Law Review*, Vol. 62, No.4 (1999), p. 523.

法机能改善的程度,是法官决定量刑减让程度的主要依据,表明以英国为代表的普通法国家所实行的量刑减让标准更具有国家功利的色彩。

二、量刑减让对有罪答辩的作用与影响

以有罪答辩为因,量刑减让为果所形成的关系,虽不能认为是一种必然的因果关系,但又不可否认两者所实际存在的一种内在联系。因为,就英美等国而言,有罪答辩既是量刑减让的一种正当性依据,也是量刑减让得以实施的一种经常性因素,因此,将两者的关系称为一种因果关系并无不当。但在笔者看来,这层因果关系实际上是一种正向因果关系或事实上的因果关系,其所强调的是有罪答辩对量刑减让的作用和价值。与此同时,从心理推导过程来看,两者又存在一种因果关系的倒置现象,即量刑减让为因,有罪答辩则是果。在特定的诉讼环境中,"功利"这一用语的效用对于国家和被告人都具有相似性,被告人是否作出有罪答辩,相当程度上是受量刑减让这一功利或激励因素影响的。虽然不能排除其他因素促成有罪答辩的结果,但量刑减让这一使被告人看得见的预期利益是其作有罪答辩的内驱力。由于这一因果关系是被告人心理推导的结果,因而可以将其称为一种反向因果关系或心理上的因果关系。其所强调的是量刑减让对有罪答辩的作用和价值。由此可见,被告人有罪答辩的作出,又在于对量刑减让的预期及其程度的判断,量刑减让的预期越清晰和肯定,被告人有罪答辩决定的作出相应越坚定。被告人内心所隐喻的这种因果关系,使国家和被告人通过交易各得其所成为可能:一方面国家为获得被告人的有罪答辩而给予其量刑减让,另一方面被告人为获得量刑减让而作出有罪答辩。

不可否认,有罪答辩与量刑减让之间存在的这种反向或心理推导的因果关系,在客观上使得量刑减让有诱导和鼓励有罪答辩之效,将量刑减让作为一项正式的法律原则加以推行则是不无疑问的。英美有学者认为,随着现行量刑减让制度的推行而产生的大量有罪答辩案件,使普通审判程序(正当审判程序)萎缩,所产生的危害除损害无罪推定原则外,不利于检察官切实履行证明责任,尤其对那些指控证据不足或滥用国家起诉权的案件缺乏必要的审

查。另一方面由量刑减让而产生的高服罪率,使检察机关丧失了对提交到法庭的案件进行充分准备的动力,从而导致大量指控不力案件数量的增加,无辜者被错误定罪的数量也随之上升。①

　　量刑减让原则固然对正当程序及被告人诉讼权益的保障存在负面效应,但应该指出,被告人基于量刑减让的预期而作出的有罪答辩,须以理智和自愿为前提。在英美等国,如果被告人理解对他指控的性质并有合格的律师提供帮助,被告人的有罪答辩就是理智的;而被告人未被贿赂、威胁或误导,并且完全知晓有罪答辩的直接结果(有罪判决),则作出的有罪答辩就是自愿的。② 显然,在英美等国,量刑减让的因素对被告人有罪答辩所起的作用,实际上受到被告人的理智和意愿的过滤和约束,有罪答辩与否,需要被告人以理智作出判断,并在完全自愿的基础上作出决定,因而从这层意义上讲,量刑减让原则对被告人有罪答辩所产生的影响又具有正当性。更为重要的是,正如有罪答辩并非是量刑减让结果发生的唯一原因那样,就心理推导过程而言,量刑减让的诱导也非被告人作出有罪答辩的唯一缘由。有罪答辩的作出,实际上在于被告人对量刑减让与正式审判的利弊权衡的结果。量刑减让本身对被告人有利,但以其承受有罪判决这一弊为代价,而正式审判可能使被告人获得无罪判决这一最大的利,但又可能因最终的有罪判决而受到相对较重的刑罚处罚。因而,被告人需要对正式审判可能作出的有罪判决的风险性作出判断,以估量量刑减让的价值,从而决定是否作有罪答辩。在正式审判中,有罪判决的风险大小来自于控方指控的强弱,即控方证据的强弱。控方证据愈弱,有罪判决风险愈小,量刑减让对被告人的价值就愈小,其作出有罪答辩的可能性愈低;反之,量刑减让对被告人的价值就更大,有罪答辩作出的可能性也就更高。被告人的这种利弊权衡,不仅使其最终作出的有罪答辩的正当性得到进一步的补强,而且有罪答辩决定本身也更趋于客观和可靠。

---

① Andrew Sanders, Richard Young, *Criminal Justice*, Butterworths, 1994, p.322.

② Stepharos Bias, "Judicial Fact-Finding and Sentence Enhancements in a World of Guilty Pleas", *Yale Law Journal*, Vol. 110, May 2001, p.1175.

正是基于此,对于真正无辜者而言,控方的指控实际上是软弱无力的,尽管有量刑减让的诱惑,但基于与无罪判决的利益权衡也不会作出有罪答辩。但应该承认,考虑到被告人在对量刑减让与控方指控力度的综合判断上可能出现错误以及有罪答辩作出的复杂心态和外因的制约,也难免无辜被告人作出有罪答辩的风险。① 关于这一问题,英国皇家司法委员会认为:"防止无辜者被诱导对其指控的犯罪作出有罪答辩,必须以维护量刑减让制度和鼓励真正犯罪者服罪的利益为前提,我们确信量刑减让制度应该保留,但我们确实看到了使该制度更为有效的理由。"②很显然,量刑减让制度以少数无辜者被定罪为代价,保证大多数有罪者被定罪的利益被认为是合理的。另外,对被告人是否有罪的判断,还涉及深层的司法观念问题。在英美等国,因认定事实标准的有限性和裁判者判断事实的灵活性而产生的判决的不确定性,使自认为无罪的被告人即使通过正式审判也不保证获得无罪判决。美国有学者认为:"罪与非罪的分类并非像黑与白的界限那样简单和明了。犯罪的边界存在许多灰色地带,在推理的过程中,被告人的案件属于这样一种灰色地带,其宁愿认罪获得一个中间判决,而不愿通过正式审判要么获得所有,要么一无所有。"③由于罪与非罪在事实和法律标准上的不确定性,对无辜者也很难作出正确的判断,故而量刑减让原则使真正无辜者作有罪答辩的观点并不具有实际意义。

有罪答辩的作出是被告人对量刑减让的预期和控方指控强弱综合考量的结果,但不可否认,被告人对量刑减让的预期仍是有罪答辩作出的最重要因素,因为无此预期,对控方指控程度的考量也就无从产生。被告人对量刑减让预期的判断,虽有来自于控方(辩诉交易中控方的允诺)和其律师告知的信息,但此类量刑减让信息的渠道,对于被告人量刑减让预期的判断并不产生实质性的影响。必须承认,对定罪和量刑享有裁判权的法官对量刑减让的

---

① *Report of the Royal Commission on Criminal Justice*, 1993, p.111.

② Andrew Sanders, Richard Young, *Criminal Justice*, Butterworths, 1994, p.346.

③ Wayne R.LaFave, etc., *Criminal Procedure*, 3rd ed., Horn Book Series West Croup, 2000, p.958.

态度才是被告人对量刑减让预期的主要依据所在,并决定被告人犯罪认否的
走向。那么,法官是否应向被告人作出可能的量刑减让的信息披露,即明确
表达对有罪答辩者可能给予量刑减让的意愿? 在此,法官实际上处于两难。
如果法官明确表达对有罪答辩给予量刑减让的立场,不仅诱导被告人作出有
罪答辩而放弃了正式审判所应享有的基本诉讼权利和正当程序的保障,而且
法官的这种做法有对寻求给予被告人定罪的控方表示支持之嫌,损害了法官
中立和公正的形象,对被告人也将产生一种有罪答辩上的压力。① 但如果法
官在审理或判决前对量刑减让问题缄默不语或明示有罪答辩与否对量刑并
无二致,则有罪答辩的作出将因缺乏必要的信息和依据的支持而受阻,即便
作了有罪答辩,因缺乏对量刑减让信息的预断,而影响被告人这一决定作出
的明智性和自愿性,从而有损于有罪答辩的正当性。

　　这一问题实际上是英美等国在有罪答辩制度中所面临且又致力于解决
的一个根本问题。英国对这一问题的处理值得注意。在 1970 年唐纳尔
(Turner)一案中, 帕克(Parker)勋爵曾作出一项判示:"法官绝对不应作出这
样一种陈述:依有罪答辩将作出一种判决,而依无罪答辩所作的有罪判决将
施以更重的刑罚。"②可见,法官在裁决前不能表明有罪答辩与无罪答辩在量
刑上的差别是审判的一项基本原则。关于这项审判原则的出发点,在茵斯
(Inns)一案中,上诉法院罗通(Lawton)法官在判决中有这样的表述:"涉及到
在一个公开的法庭对被告人的犯罪无需进一步的证明而作有罪答辩的法律
是如此的重要。当被告人被压制和威胁作出的有罪答辩时,这种答辩并非是
自由作出的,法庭审判根本不是在一种适当答辩的基础上开始的,根据我们
的判断,以下所进行的一切活动均是一种无效审判。"③法官对案件量刑的评
论,不仅具有权威性,而且也是对被告人的一种压力,因而,禁止法官在审判
前对量刑减让发表观点的原则,在于避免法官的言论对被告人心理产生不应

---

① Andrew Sanders, Richard Young, *Criminal Justice*, Butterworths,1994, p.330.

② Ralph Henham, "Bargain Justice or Justice Denied? Sentence Discounts and the Criminal Process", *The Modern Law Review*, Vol. 62, No.4 (1999), p. 519.

③ Andrew Sanders, Richard Young, *Criminal Justice*, Butterworths,1994, p.330.

有的压制和威胁,从而保证其在自愿和自由的环境下作出犯罪认否的答辩。在一些英国学者和法官看来,基于法官中立和公正的立场,法官对量刑的评价只能作出如下表述:无论出现什么情况,不管被告人是否认罪,这种判决将采取或不采取一种特殊形式,如缓刑或罚金或监禁刑罚。① 也就是说,法官在对量刑的表述上,不应因答辩的不同而有所区别。

但如前所述,被告人是否作出有罪答辩,需有量刑减让的信息为依据,尤其源于法官的信息更为重要,"没有这样的信息,答辩不能认为是完全理智和自愿的"②。因此,被告人获得量刑减让的权威信息,在一定程度上也是有罪答辩作出的自愿性的表现。据于此,在英国司法和学术界也存在一种对唐纳尔判例批评的声音。威得格瑞勋爵针对唐纳尔判例曾指出:"相对于无罪答辩和充分的对抗式审判而言,在某种程度上作出有罪答辩将获得更轻的刑罚是一种普遍的说法。每个被告人应该了解这一点。应该反对的是法官在量刑减让上的更准确的表述⋯⋯"③许多法官和律师也表达了对唐纳尔判例加以修正的愿望。④ 但是基于该判例存在的弊端而对该判例的修正,是否就意味着对判例应加以完全否定,进而恢复法官对量刑减让的明确表述? 显然,重提法官对有罪答辩可能给予的量刑减让的明确表述,实际上无法克服上述该种做法产生的各种弊端,因此,对该判例的修正实际上是对判例的变通和灵活运用问题,其目的在于通过必要的信息传递为被告人的有罪答辩提供依据。帕克勋爵在唐纳尔判例中也指出:"必须给予被告人律师与法官接触的自由,由于某些事务需要交流或讨论,而这种交流或讨论在公开的法庭上作为被告人利益代表的律师是不能提及的,在一个特定的案件中,双方律师也许希望与法官讨论控方接受一个较轻犯罪的答辩是否恰当,因此,双方的接

---

① Andrew Sanders, Richard Young, *Criminal Justice*, Butterworths,1994, p.332.

② Stepharos Bias, "Judicial Fact-Finding and Sentence Enhancements in a World of Guilty Pleas",*Yale Law Journal*, Vol. 110, May 2001,p.1174.

③ Andrew Sanders, Richard Young, *Criminal Justice*, Butterworths,1994, p.332.

④ 在英国皇家刑事司法委员会的调查中,法官和律师被问及唐纳尔判例是否应被改变以允许被告人的律师与法官之间就有罪答辩和判决问题进行充分和实际讨论时,表示赞成的律师占90%,而法官占三分之二。See *Report of the Royal Commission on Criminal Justice*, 1993, p.112.

触是重要的。"①可见,允许法官与包括被告方律师在内的人讨论或交流,对于疏通被告人有罪答辩的信息渠道是必要的,但又不得不对这种讨论或交流加以限制。1993 年英国皇家司法委员会在刑事司法报告中有以下建议:"根据被告人的授意,其律师提出要求的,法官应该能够表明根据其掌握的案件事实的基础上,可能被判处的最高刑罚。被告人律师的这一要求可以在准备听证阶段或为该要求而进行的听证阶段或审判阶段中提出。"②这里,法官表明的最高刑罚是正式审判所应作出的判决,其中也包括根据相关情节如累犯等可能加重的刑罚。虽然法官并未直接表明有罪答辩所给予的量刑减让或有罪答辩与否对量刑幅度的影响,但实际上被告人从法官对最高刑罚的说明中,可以了解自己现在和未来的处境,以及有罪答辩的作出可能被缓和的境遇。有的学者认为法官给予的最高刑罚实际上使被告人了解到了答辩交易的价码③,使被告人能够根据案件可能的走向作出自己的选择,因而,这种折中的具有中性化色彩的量刑原则的表述实际上克服了上述两种极端的量刑表述所产生的弊端。当然,要真正有效处理被告人有罪答辩的自主性和法官的中立性问题,在量刑的表述上需要法官根据案件情况行使自由裁量权。量刑的表述是灵活而多样的,甚至英美等国普遍认为这是法官的一种技巧。但这种自由裁量权的行使,必须受到以下制约:一是对法官与被告方律师的交流实行监督。英国上诉法院认为,当事人与法官私下就有关判决的讨论应作记录。④ 二是为避免对被告人的有罪答辩产生误导,应禁止法官对控方指控的力度发表评论。

在被告人的有罪答辩中,法官对被告人认罪与否的作用自不待言,但律师对被告人的影响也不可忽视。应该看到,由于法官对有罪答辩者不能直接作出量刑减让的评论,实际上被告人对有关有罪答辩信息(尤其来源于法官的信息)的获取、分析、处理和接受,主要依靠其律师的帮助,律师对包括量刑

① Andrew Sanders, Richard Young, *Criminal Justice*, Butterworths,1994, p.331.

② *Report of the Royal Commission on Criminal Justice*,1993, p.113.

③ Stepharos Bias, "Judicial Fact-Finding and Sentence Enhancements in a World of Guilty Pleas",*Yale Law Journal*, Vol. 110, May 2001,p.1174.

④ Andrew Sanders, Richard Young, *Criminal Justice*, Butterworths,1994, p.336.

因素的评价对被告人有着相当的影响。帕克勋爵在唐纳尔一案中指出："律师必须完全自由地履行自己的职责,即向被告人提供最好的建议,如果需要,这种建议应是确定性的。这通常包括这样一种建议,表明含有悔悟因素的有罪答辩相对于无罪答辩而言是法庭能够给予减轻刑罚的一个因素。"①可见,律师可以通过对法官陈述的分析和判断,向被告人传递法官所不能传递的信息,以利于被告人对有罪答辩与否作出理智而自愿的选择。但律师的建议事关其当事人的切身利益,须以诚实和公正为前提。英国律师协会行为规则明确规定:"被告人告知他的律师其未实施被指控的犯罪,但因自身原因仍然坚持作有罪答辩,律师只有在告知他有罪答辩的可能结果以及可能给予的减轻处罚只能基于被告人有罪的基础之后,才应继续为他代理。"②因此,被告人律师的建议也非以鼓励有罪答辩换取量刑减让为最佳。从维护被告人最大化的利益考虑,对于无辜的被告人或控方证据不足的案件,促成正式审判,保证被告人对正当诉讼权利的行使,是律师应尽的职责。③

三、对我国坦白从宽政策和有罪答辩的量刑减让问题的思考

承认犯罪抑或交待罪行,在我国传统上称为"坦白"或"供认"。坦白从宽是我国历来所倡导的刑事政策,这一政策在理论和实务界几乎未受过任何挑战。有学者进而认为,"应在刑法制度和司法制度上确立坦白从宽制度。凡遵从法律要求如实供述的嫌疑人视情况从宽处理,并且这种从宽可以有较大的幅度"④。可见,对坦白在量刑上的作用,已不是可否给予从宽的问题,而是应否在立法和制度上加以确立的问题,这种坦白从宽的制度化趋势实际上与英美等国有罪答辩的量刑减让制度相吻合。作为对坦白从宽政策实施面临的正当性和有效性问题的一种回应,以及当代法治国家认罪协商制度对我国

---

① Andrew Sanders, Richard Young, *Criminal Justice*, Butterworths,1994, p.329.

② Andrew Sanders, Richard Young, *Criminal Justice*, Butterworths,1994, p.344.

③ 关于律师如何对待被告人无罪的问题,英国皇家刑事司法委员会曾建议:"如果被告人是无罪的,辩护律师通常需要向他的当事人建议他们不应作出有罪答辩,但是这样的决定应由当事人自己作出。" See *Report of the Royal Commission on Criminal Justice*, 1993, p.111.

④ 龙宗智:《论坦白从宽》,《法学研究》1998 年第 1 期。

的启发,刑事诉讼法在总结司法实践经验的基础上已正式确立了认罪认罚从宽制度。但是,无论是坦白从宽的政策化,还是坦白从宽的制度化和法律化的路径,都必须以坦白从宽的正当性为前提。在我国,这一问题并未得到解决。

我国传统意义上的坦白与英美等国的有罪答辩虽在表达的主旨上具有相似性,但作为发端于不同法律文化背景的两种行为表现,却具有同类不同质的特性。这种质的差异性,不仅表现在因语境的差别对认罪的话语表达有"坦白"与"有罪答辩"的形式之分,而且通过不同的话语传递出的两种行为的意境也有明显差别,这也正是阻碍坦白从宽正当性的主要因素:其一,英美等国的有罪答辩是行为主体的一项权利,而非强制性的义务。在英美等国,刑事诉讼以无罪推定为原则,控方负有完全的证明责任,被告人则享有不受强制自证其罪的权利。这就是说,被告人根据自己的意愿,既可以作无罪答辩,也可以作有罪答辩,还可以保持沉默。在此前提下,被告人作出有罪答辩,实际上是行使其自主权的表现,而非一种强制性义务。同时,如前所述,有罪答辩启动的简易审判程序,对被告人的诉讼利益和实体利益是种损害,被告人作出有罪答辩实际上是在割舍自己的切身利益,因而这种对自己利益的割舍就不应是强迫的,而应是自愿的,答辩与否应由他自己作出选择。所以,从这层意义上讲,有罪答辩也非一种义务,而是被告人在利益权衡中所行使的一种选择权。既然有罪答辩被作为行为主体的一项权利看待,那么通过这项权利的行使,主体也将获得预期的收益,包括量刑减让的利益。但在我国,传统司法强调实体真实和控制犯罪的需要,坦白不仅反映被告人在认罪上的被动性,更体现其认罪上的强制性。《刑事诉讼法》第 120 条规定:"犯罪嫌疑人对侦查人员的提问,应当如实回答。"既然是如实回答,这种回答可以是辩解,也可以是坦白,故对包括坦白在内的侦查人员提问的回答,是犯罪嫌疑人必须履行的法定义务,而非其自由选择的权利。与此同时,该法第 173 条和第 191 条也有检察和审判人员在起诉及审判阶段讯问被告人之规定。在无沉默权保障之下,讯问本身具有强制的意味,由此也可推断出被告人回答(包括自白)的义务性。坦白既为一种义务,就是一种负担,也就排除了行为人从义务的履行中获得收益的可能。① 相反,被告人拒绝坦白或保持沉默,则违反了如实回答的法定义务,相应地将产生一定的法律后果。尽管这一后果法律未予界定,但对违法者量刑上从严是司法者的一种重要选择。

其二,有罪答辩属于一项诉讼制度,它的意义主要是程序上的。在英美等国,有罪答辩置于整个刑事司法程序的动态环境之中,被告人作出有罪答辩,直接启动简易审判程序,对诉讼机能的改善有着重大影响。与此同时,控辩裁三方的关系、被告人及涉讼人的权益也随之发生实质性的调整和变动。因有罪答辩对程序所具有的实质性作用,量刑减让也才具有正当性的依据和前提。但在我国,坦白在传统上并非为一种程序问题,而是一种实体问题。它对实体的意义除表现在坦白可作为行为人的一种悔罪表现,对被告人的实体处分(量刑)产生一定影响外,更重要的还在于证据上的意义。在我国传统司法中,坦白被认为是一种重要证据,"在证据裁判主义要求依据充分证据定案的情况下,犯罪嫌疑人、被告人的交待是案件定案证据中的基本的甚至最关键的组成部分"②。因而获取和运用坦白以查明事实是侦控机关的一项重要任务。但必须指出的是,坦白在实体上的意义并不足以表明坦白从宽的正当性。如前所述,坦白并不等于行为人对犯罪的悔悟,而且犯罪本身的性质、后果、情节对悔悟存在消解作用,因而以悔悟的存在作为坦白从宽的正当性理由是难以成立的。在我国,坦白所具有的证据效用主要表现在侦查阶段,对于发现其他犯罪证据和犯罪线索、进一步澄清事实具有重要作用。然而在审判阶段,坦白的作用不可轻视,但基于《刑事诉讼法》第 55 条"只有被告人供述,没有其他证据的,不能认定被告人有罪和处以刑罚"的口供运用原则,坦

---

① 也许有人认为,根据权利与义务对等或相适应的原理,被告人履行了坦白的义务,也就享有相应的权利,而对被告人从宽处罚,正是被告人所拥有的一种权利,故坦白从宽符合法理精神。但笔者认为,义务本身对义务主体而言应视为一种不利或损失,坦白作为一种义务,其对被告人的不利或损失,并非体现在坦白自身,而在于坦白有可能产生的直接结果即刑罚处罚,因此,被告人通过坦白义务的履行,使其承担应受的刑罚损害,是坦白义务性的体现。如果因坦白而获得从轻处罚,实际上被告人从义务的履行中获利,与义务的属性是悖离的。当然,履行坦白的义务,可获得相应的权利,但这种权利不应与坦白的直接结果即量刑产生联系,可表现为诉讼中对被告人相应诉讼权利的保障、审判中的人文关怀等。

② 龙宗智:《论坦白从宽》,《法学研究》1998 年第 1 期。

白的作用却是受限的,不可能像英美等国的有罪答辩那样,对程序的走向和诉讼的结果产生实质性的影响。故以坦白在证据上的效用为坦白从宽的正当性提供支撑也是难以自圆其说的。有鉴于此,在现有的司法观念和诉讼制度的背景下,我国传统意义上的坦白难以真正成为从宽处罚的正当性前提,更不可能将坦白从宽作为一项刑法或司法制度加以确立。

笔者认为,在现行法律机制下,就量刑而言,坦白的最好境遇也仅限于法官裁量刑罚的一个酌定因素。应该看到,随着刑事诉讼中简易程序逐步受到重视及其适用力度的增大,具有西方意义的有罪答辩制度也将在与作为证据层面上的坦白(自白)制度共存的基础上加以确立。如果最终的有罪答辩与简易程序相联系,而使其真正具有程序意义,那么中国式的有罪答辩才可能成为量刑减让的一个重要因素和正当性前提。这里,同样存在两个理由:一是被告人有罪答辩的作出导致简易审判程序的启动,使政府和司法机制获利,作为一种回报,给予被告人量刑减让具有正当性。二是与传统坦白所具有的强制性不同,有罪答辩是作为被告人的一项诉讼选择权行使的。既然是一种权利,那么行使这项权利就应获得相应的利益包括量刑减让的利益。然而,在英美等国,有罪答辩对程序的实质性影响(因有罪答辩直接导致简易程序的启动)和对控制犯罪的实际作用,使其对量刑减让的结果具有更大的影响,量刑减让的原则也得以作为一项重要的法律原则确立下来。我国是否也可将有罪答辩的量刑减让(认罪认罚从宽)作为一项法律的应有原则加以确立?应该承认,对这一问题的回答是否定的。其原因在于,我国的有罪答辩与英美等国存在显著区别。这种区别主要在于我国的有罪答辩(认罪认罚)对速裁程序和简易程序影响的有限性。

首先,被告人的有罪答辩并不必然导致速裁和简易程序的启动。有罪答辩对速裁和简易程序启动的影响受制于两方面的条件:一是两种审判程序审理的案件范围本身是有限的。根据《刑事诉讼法》第222条的规定,适用速裁程序审理的案件是可能判处三年有期徒刑以下刑罚的案件。同时,《刑事诉讼法》第223条规定有下列情形之一的,不适用速裁程序:(1)被告人是盲、聋、哑人,或者是尚未完全丧失辨认或者控制自己行为能力的精神病人的;

（2）被告人是未成年人的；（3）案件有重大社会影响的；（4）共同犯罪案件中部分被告人对指控的犯罪事实、罪名、量刑建议或者适用速裁程序有异议的；（5）被告人与被害人或者其法定代理人没有就附带民事诉讼赔偿等事项达成调解或者和解协议的；（6）其他不宜适用速裁程序审理的。而简易审判程序适用的案件范围虽然没有限制，但《刑事诉讼法》第215条明确规定以下情形不适用简易审判程序：（1）被告人是盲、聋、哑人，或者是尚未完全丧失辨认或者控制自己行为能力的精神病人的；（2）有重大社会影响的；（3）共同犯罪案件中部分被告人不认罪或者对适用简易程序有异议的；（4）其他不宜适用简易程序审理的。可见，适用速裁和简易程序审理的公诉案件范围是狭窄的。随着对刑事司法效率要求的提高，近年来我国开始在普通审判程序中推行类似于简易程序的简化审程序，在某种程度上扩大了简易程序适用的范围，但在普通程序中适用简化审方式的案件范围也存在很大限制。① 上述情况与英美法系国家简易程序适用范围基本不受限制的特点是不同的。正因如此，有罪答辩对速裁和简易程序的启动就不具有必然性，即便被告人作了有罪答辩（自愿认罪），有一部分案件仍需按普通程序审理，这种有罪答辩也许只具有证据上的意义，而不具有程序属性。二是有罪答辩对速裁和简易程序的启动，受到诸多条件的限制。在英美等国，简易程序的适用体现了被告人对其诉讼和实体权利的一种处分（因简易程序的适用直接导致对被告人的定罪和处刑），简易程序的启动实际上以被告人的意志和意愿为原则。只要被告人自愿和理智地作出有罪答辩，并为检察官认可，就可启动简易程序，被告人的有罪答辩由此成为简易程序启动的决定性和主要因素。在我国，虽然根据《刑事诉讼法》第214条和第222条的规定，适用速裁程序和简易审判程序均以征得被告人的同意、被告人对指控的基本犯罪事实无异议并自愿认罪为条件，但上述两种程序的启动又需以案件事实清楚、证据确实充分为条件。这一程序启动的事实条件需要由移送案件的人民检察院加以落实和把关，人民

---

① 根据最高人民法院、最高人民检察院、司法部《关于适用普通程序审理"被告人认罪案件"的若干意见（试行）》第2条规定：下列案件不适用本意见审理：1.被告人系盲、聋、哑人的；2.可能判处死刑的；3.外国人犯罪的；4.有重大社会影响的；等等。

法院则负有最终进行实质审查之责,故这两种程序的启动受制于检察院和法院的行为。可见,公诉案件速裁和简易程序的启动,以检察院推动和法院决定为主导,在此之前被告人并未作出有罪答辩,而只是对检察院的建议和法院的决定表示赞成与否,具有被动性。被告人在上述程序与普通程序之间的选择上并无决定权,即使其自愿作出有罪答辩(自愿认罪),也不一定能启动速裁或简易程序,故因有罪答辩而引起这两种程序实际上是非常有限的。

其次,有罪答辩对简易程序的简化作用也是有限的。在英美等国,被告人作出有罪答辩,不再经听证审理,直接由法官作出有罪判决,这种有罪答辩对简易程序的简化作用是实质性的。但在我国,对大多数案件所适用的简易程序与英美等国存在明显差别。根据刑事诉讼法和最高人民法院相关司法解释的规定,公诉案件适用简易程序的简化主要表现在以下几方面:(1)通知当事人、人民检察及诉讼参与人开庭时间、地点,可以使用简便方式。(2)除有特别规定外,提起公诉的检察院可以不派员出庭。(3)审判组织采用独立任审判员。(4)在庭审中,独任审判员应当讯问被告人对起诉书的意见,是否自愿认罪,并告知有关法律规定及可能导致的法律后果;被告人及其辩护人可以就起诉书指控的犯罪进行辩护;被告人有最后陈述的权利。根据《刑事诉讼法》第219条和最高人民法院相关司法解释的规定,适用简易审判程序在庭审过程的简化体现在以下几方面:(1)被告人可以不再就起诉书指控的犯罪事实进行供述。(2)公诉人、辩护人、审判人员对被告人的讯问、发问可以简化或者省略。(3)控辩双方对无异议的证据,可以仅就证据的名称及所证明的事项作出说明。合议庭经确认公诉人、被告人、辩护人无异议的,可以当庭予以认证等。按简易程序对案件进行的审理仍是一种实体审理,法庭调查程序(听证程序)并未省去,有关对案件事实及证据调查仍需经过举证、听证、质证和认证的过程,证据的核实和案件事实的认定仍是庭审的中心环节。而适用速裁程序审判的案件,虽然根据《刑事诉讼法》第224条的规定,一般不进行法庭调查和法庭辩论,但该程序启动以事实清楚、证据确实充分为条件,实际上适用该程序的庭审过程大为简化,而庭前案件的审查和为庭审的准备工作则较为繁重。因此,在我国,对于适用速裁或简易程序审理的案件,即使被告人作了有罪答辩,只是在审理程序上体现一定程度的简化,而非像英美等国那样,实质性的省去听证审理程序,直接作有罪裁决。应该指出,在贯彻客观真实原则的问题上,我国速裁及简易程序与普通程序并无区别,应当严格执行刑事诉讼法规定的基本原则和程序,做到事实清楚,证据确实充分,切实保障被告人的诉讼权利。换言之,适用速裁或简易程序对被告人最终作出的有罪判决,需以事实清楚,证据充分为标准。保证有罪答辩者为真正有罪之人是司法的基本原则,而法庭的实体审理程序则是这一原则的重要保障。

综上所述,基于我国的有罪答辩(自愿认罪)对速裁或简易程序的启动以及程序的简化作用的有限性而导致的对国家刑事司法效率以及控制犯罪能力改善的局限性,从国家政策功利的角度看,在审判程序中,被告人的有罪答辩虽不可否认对于量刑减让具有正当性,但对量刑减让的影响明显是受限的。量刑减让作为一种原则,实际上意味着被告人一旦认罪就应倾向于给予量刑上的优待,然而刑事诉讼法确立的认罪认罚从宽制度则意味着可以从轻,也可以不从轻。实际上,对被告人的从轻处罚是作为被告人自愿认罪导致直接作有罪判决结果的一种奖励存在的,但是否能对被告人直接作出有罪判决,除被告人自愿认罪外,更重要的条件在于被告人的犯罪事实清楚、证据充分确实。如果本案犯罪事实不清,有罪证据不足,难以直接作出有罪判决,仅因被告人自愿认罪也就难以给予从轻处罚。所以,在我国,对有罪答辩的量刑减让问题,实际上仍然属于法官运用自由裁量权灵活处理的问题。

第三章　非法证据排除规则的法理阐释

第一节　法理学视角下的非法证据排除

非法证据的排除尽管在我国仍是一个尚无取得完全共识的问题,但从近年学界和实务界的倾向性态度看,对非法证据中的实物证据和言词证据有意作了区分,总体上对前者采宽容接纳的态度,对后者的排除则较为严厉。1998年以来最高人民法院和最高人民检察院的司法解释,乃至现行刑事诉讼法对非法证据排除规则的正式规定等,均体现了非法证据排除的这一区别对待精神。对两类非法证据的不同态度,如果撇开其背后的相关因素不论,实际上反映出在对待这两类非法证据法律价值取向上的差别。前者可能注重事物的固有价值或本体价值,淡化了法律价值;后者则有浓厚的法律至上主义色彩,甚或具有一种绝对的、形式化的法律价值倾向。因为对非法证据的采纳,实质上意味着对证据法律规范价值的让渡,或是对这一法律规范某种意义上的背离;而对非法证据的排除,则表明对这一法律规范价值的认可和遵循。可见,法律价值观的取向在对待非法证据的态度及其取舍上有着决定性的影响。然而,法律价值观的内涵是什么? 非法证据取舍的价值观应是什么? 需要以一种法理学的视角加以具体分析。

一、法律的一般价值与对违法的态度

法律的价值与法律的概念有着密切关系。迄今为止,法律的形式和内容

在理论和实践中的发展跨越了若干世纪,然而法概念的理论界说似乎始终处于动荡不定、与法律制度的发展不相称的状况之中。对法律概念的理解,可能也只能"入其神似,而不能观其形变"。法律的概念存在一种较为公允的中性化表述:具有普遍意义的调整人们社会关系与行为的强制性规范或规则。不可否认,法律的落脚点在于为人们纷乱和无序的社会关系和行为设立一种规范或规则,其具有普遍性,并以一定的强制力作保证。法律为人们提供了普遍性的行为准则,因而法律的价值在于对人类行为的示范性。但这是一种法律观念上的价值,并非法律的实践性价值,法律的真正价值在于法律对社会生活所产生的实际影响。法律提供社会关系和行为的规范或规则本身不是目的,法律的功能(价值)在于通过规范或规则的提出使社会关系或行为由无序变为有序,即为社会建立一种秩序,这是法律的首要价值。博登海默指出:"在自然进程和社会进程中都存在着某种程度的一致性、连续性和确定性。另一方面,无序概念则表明存在着断裂(或非连续性)和无规则性的现象,亦即缺乏智知所及的模式——这表现为从一个事态到另一个事态的不可预测的突变情形。"[①]可见,为社会提供一种规则或标准,实际上就是为社会建立起一种秩序。因法律规则的强制性,法律所建立的秩序应是一种标准和有效的秩序。"法律试图通过把秩序与规则性引入私人交往和政府机构运作之中的方式而在两种社会生活(自然和社会生活——笔者注)的极端形式之间维持一种折衷或平衡。……通过一个行之有效的私法制度,它可以界定出私人或私人群体的行为领域,以防止或反对相互侵犯的行为,避免或阻止严重妨碍他人的自由或所有权的行为和社会冲突。通过一个行之有效的公法制度,它可以努力限定和约束政府官员的权力,以防止或救济这种权力对确获保障的私人权益领域的不恰当侵损,以预防任意的暴政统治。"[②]法律所确立的秩序既是一种社会生活的秩序,同时也是一种政治秩序,表现为权利与

[①] [美]博登海默:《法理学——法律哲学与法律方法》,邓正来译,中国政法大学出版社2001年版,第219—220页。

[②] [美]博登海默:《法理学——法律哲学与法律方法》,邓正来译,中国政法大学出版社2001年版,第233—234页。

义务、权力与权利的关系准则。确立秩序的法律制度的形式既可以"采取典型的规则形式,这种形式可以被视为是规范性控制的方式,其特征是它具有很高程度的精确性、具体性和明确性。它们也可以采取原则的形式,亦即确保公正司法的一般性准则,这些原则与规则相比,所涉范围更广泛、阐述也更模糊……"①但无论哪一种法律规范形式,要使规范性秩序得以确立,都必须具有明确性、可操作性和可遵循性。

　　秩序是法律建立的社会生活的有序性或条理性的关系,本身是社会规范或规则的一种外化结果,其与社会规范或规则具有可互换性。从这层意义上讲,法律规范本身是一种秩序,即所谓的法律秩序,秩序与法律本身具有一种最贴近的关系。因此,法律为社会提供秩序,实际上是法律的一种初级或表面化价值,或者说,法律的秩序价值是一种工具性的价值。因为为法律而实施法律不具有实质意义,法律本身不是目的。所以,法律或其体现的秩序本身作为一种工具或手段尚须达到的目标或结果,才是法律真正的或实质性的价值所在。这种价值是根植于法律当中的内在精神价值。韦伯指出:"法律并不总是考虑行动的意图如何,法律命题和法律制度乃至其法律结果(包括惩罚),有时根本不考虑意图。但这不是正常的情况。法律结果考虑诚实,或'意图',或道德堕落和其他许多纯主观的因素。"②这种法律的"诚实"或"意图"是什么?科特威尔在谈及法律的精神内涵时曾指出:"一开始,法律仅仅以反映和表述共同信仰和共同观念的面目出现,但接着却变为道德力量,最后取代了这些信仰和观念。因为法律所负有的特殊任务之一,就是把支离破碎的道德环境,重新组合成一个结构严密的社会统一体。"③可见,他将法律的精神价值归为道德价值,应该说,法律的道德价值在法官运用法律处理案件中得到了体现。"法官必须判定的不仅仅是谁应得什么,还应该判定谁的行

---

① [美]博登海默:《法理学——法律哲学与法律方法》,邓正来译,中国政法大学出版社2001年版,第236页。

② [德]马克斯·韦伯:《论经济与社会中的法律》,张乃根译,中国大百科全书出版社1998年版,第25页。

③ [英]罗杰·科特威尔:《法律社会学导论》,潘大松等译,华夏出版社1989年版,第41页。

为端正,谁履行了公民职责,谁蓄意或因贪婪或浑浑噩噩而忽视了自己对他人的责任或过分强调他人对自己的责任。如果判决不公正,社会就可能使某个成员蒙受一种道德上的伤害,因为这种判决会在某种程度或某个方面给他打上一个违法者的烙印。"①德沃金的法律价值观也在于法律的道德性,但这种法律的道德价值实际上又是一种法律(体现为判决)的公正性,这种公正性如果从更高程度上看待,就是一种法律正义价值的体现。关于这一问题,英国著名法理学家哈特指出:"有非常充分的理由认为,在批评法律调整方面,正义占有最为显赫的地位,然而,重要的是看到正义是道德的一个片面,法律和法律的实行可能具有或缺乏不同类型的优点。"②他明确指出了法律的正义价值属性,这种正义精神又来源于法律的道德原则。也正是这种正义精神的存在,法律才真正具有权威性和有效性。"我们所需要的不只是一个具有确定的一般性规则的制度,我们还需要该制度中的规则是以正义为基础的,换言之,是以对人性的某些要求和能力的考虑为基础的。否则这个制度就会不可行;而且由于它违反了根深蒂固的判断倾向和标准,所以它会不断地被人们所违反,进而它也不可能提供确定性,而这种确定性则正是该制度存在的理由。"③不具有正义内涵的法律,在本质上不再是法律。

法律的实质价值在于法律的正义性,正义则是一个高度哲学范畴的概念。根据西方古典和近现代哲学的观点,正义的含义在于使每个人获得其应得的东西,无论是他人给予的,还是制度给予的。这是一种分配正义的观念,即社会成员或群体成员之间进行权利、权力、义务和责任的配置。每个人所应得的权利、权力以及给予他人权利而应负的责任和义务,属于正义。但应得的含义是什么?什么情况下才应得?博登海默指出:"如果我们并不试图给出一个全面的定义,那么我们就有可能指出,满足个人的合理需要和主张,并与此同时促进生产进步和提高社会内聚性的程度——这是维持文明的社

---

① [美]罗纳德·德沃金:《法律帝国》,李常青译,中国大百科全书出版社 1996 年版,第 1—2 页。

② [英]哈特:《法律的概念》,张文显等译,中国大百科全书出版社 1996 年版,第 155 页。

③ [美]博登海默:《法理学——法律哲学与法律方法》,邓正来译,中国政法大学出版社 2001 年版,第 320 页。

会生活所必须的——就是正义的目标。"①

　　与个人利益密切相关的正义价值取向,主要表现在自由与平等两个方面。"在一个正义的法律制度所必须予以充分考虑的人的需要中,自由占有一个显要的位置。要求自由的欲望乃是人类根深蒂固的一种欲望。"②人的自由属于一个人的自然权利,与人的生命具有同等重要的地位。"没有一种最低限度的自由,人就无法生存,这正如没有最低限度的安全,正义和食物,人便不能生存一样。"③所以,法律对人自由的维护,是法律具有最基本正义精神的体现。正义的实质在于合理地分配权利和责任,即哲学家所称的"分配正义",而分配合理性的标准就在于平等。因此,平等是正义的另一个重要价值取向。但是平等不只是一种口号,而是一种实实在在的制度。平等的标准是什么?人们如何实现这种平等?对此,美国哲学家约翰·罗尔斯指出的公平的正义理论中,将公平的原始状态作为实现这一平等原则的先决条件。他指出:"正义的原则是在一种无知之幕后被选择的。这可以保证任何人在原则的选择中都不会因自然的机遇或社会环境中的偶然因素得益或受害。由于所有人的处境都是相似的,无人能够设计有利于他的特殊情况的原则,正义的原则是一种公平的协议或契约的结果。"④虽然罗尔斯所构设的平等观是一种理想状态下的平等,但它最深刻地反映了平等的实质内涵即公平的理念,也体现了平等在正义理念中具有的最为突出的地位。这种平等观正是衡量正义与非正义的重要标尺。"人们对非正义的感觉,就是对任何因专断行为而引起的不平等现象的憎恶。"⑤由此可以看出,平等是法律正义理念所不可或缺的,法律的内在品质就在于平等性,即人们权利与义务的对应性和一致

---

　　①　[美]博登海默:《法理学——法律哲学与法律方法》,邓正来译,中国政法大学出版社2001年版,第252页。

　　②　[美]博登海默:《法理学——法律哲学与法律方法》,邓正来译,中国政法大学出版社2001年版,第278页。

　　③　[美]博登海默:《法理学——法律哲学与法律方法》,邓正来译,中国政法大学出版社2001年版,第278页。

　　④　[美]约翰·罗尔斯:《正义论》,何怀宏等译,中国社会科学出版社1988年版,第12页。

　　⑤　[美]博登海默:《法理学——法律哲学与法律方法》,邓正来译,中国政法大学出版社2001年版,第288页。

性,以及法律适用上的无差别性。

　　然而,正义理念中所体现的自由与平等的内涵,都体现了正义关注个人利益的倾向,虽然它是正义的基本因素之一,但并非正义的全部内涵。"我们必须得出这样一个结论,即每个社会秩序都面临着分配权利、限定权利范围,使一些权利与其他(可能相抵触的)权利相协调的任务。'共同福利'或'共同利益'这一术语是一个不无用处的概念工具,它意味着在分配和行使个人权利时决不可以超越的外部界限,否则全体国民就会蒙受严重损害。在个人权利和社会福利之间创设一种适当的平衡,乃是有关正义的主要考虑之一。"①可见,共同福利同样是正义价值所关注的,也是正义完整概念所不可或缺的。当然,共同福利是一个很宽泛的术语,"它可以指人们通常所说的公共政策,集体组织的善。……而另一方面,它也可以指由于坚守正确行为的标准——这在社区风气中得以表现——而带来的社会收益"②。所以,共同福利作为一种社会利益或者公共福祉,它与体现个人利益的自由、平等原则共同构成了正义的完整内容,两者在正义理念中的地位并无差别,任何以损害共同福利为条件,达到对个人自由、平等权利的满足都是非正义的。"如果人们在相互歧视或者在损害别人自由以提高自己尊严的行为中得到某种快乐,那么,对这些欲望的满足,我们也必须根据它们的强度或别的什么因素,把它们和别的欲望放到一起来加以审议和衡量。如果社会决定拒绝实行它们,或压制它们,这是因为它们对社会具有破坏性的倾向,以及能通过别的途径达到一种较大福利。"③基于正义完整理念的固有规定性,法律的根本价值实际上是一种个人利益(自由、平等)与社会利益相统一的正义价值。

　　由此看来,作为法律价值的完整统一体,是外在的秩序价值和内在的正义价值的统一。"秩序,一如我们所见,所侧重的乃是社会制度和法律制度的

---

　　① 〔美〕博登海默:《法理学——法律哲学与法律方法》,邓正来译,中国政法大学出版社2001年版,第298页。

　　② 〔美〕本杰明·卡多佐:《司法过程的性质》,苏力译,商务印书馆2000年版,第43页。

　　③ 〔美〕约翰·罗尔斯:《正义论》,何怀宏等译,中国社会科学出版社1988年版,第30页。

形式结构,而正义所关注的却是法律规范和制度性安排的内容,它们对人类的影响以及它们在增进人类幸福与文明建设方面的价值。"①两者在法律的价值结构中处于一种表里关系,正因如此,"在一个健全的法律制度中,秩序与正义这两个价值通常不会发生冲突,相反,它们往往会在一较高的层面上紧密相联、融洽一致。一个法律制度若不能满足正义的要求,那么从长远的角度来看,它就无力为政治实体提供秩序与和平。但在另一方面,如果没有一个有序的司法执行制度来确保相同情况获得相同待遇,那么正义也不可能实现"②。所以,秩序与正义在整体上存在一种互动与支持的关系,法律建立一种正义的社会秩序,同时正义也是一种有秩序的正义。然而,秩序与正义不总是一种相互对应和处于必然的联系之中的关系,有时具有相互分离性。一项法律确立了一种秩序,但这种秩序是非正义的。也就是这项法律是非正义的,解决两者的冲突很简单,人们可以不遵守法律甚至废除这种非正义的法律。罗尔斯指出:"一种理论,无论它多么精致和简洁,只要它不真实,就必须加以拒绝或修正;同样,某些法律和制度,不管它们如何有效率和有条理,只要它们不正义,就必须加以改造或废除。因此,每个人都拥有一种基于正义的不可侵犯性,这种不可侵犯性即使以社会整体利益之名也不能逾越。"③另一方面,违反一项法律的结果,使法律所具有的秩序价值丧失,但却可能符合或并未违反法律的正义精神;换言之,法律的秩序虽然丧失了,但法律所体现的自由、平等和共同福利的正义精神则未受到影响。这属于法律的秩序与法律的正义联系非必然性的主要表现。在这种情况下,违法行为的取舍问题,实际上就是法律的秩序价值与正义价值的选择问题。应该承认,这是一个并不困难的选择。法律的正义精神是法律的内在价值,是法律的一种根本性价值,弃秩序而取正义,是一种符合理性精神的法律价值选择。"一位法官或与

---

① ［美］博登海默:《法理学——法律哲学与法律方法》,邓正来译,中国政法大学出版社2001年版,第252页。

② ［美］博登海默:《法理学——法律哲学与法律方法》,邓正来译,中国政法大学出版社2001年版,第318页。

③ ［美］约翰·罗尔斯:《正义论》,何怀宏等译,中国社会科学出版社1988年版,第3—4页。

实施法律有关的其他机关决定,有序的连续性在某个特定案件中必须让位于正义的强制性要求。在这种情况下,习惯上的法律普遍性在一个具体情形中就要被牺牲,以满足实现个殊性正义的需要。为了正义的利益而背弃或放宽既定规范的要求被认为是必要的,尽管秩序倾向于常规性和一成不变地苛守规则。"①

秩序即法律的形式让位于正义,除了正义在法律中的决定性价值以外,还在于法律自身的属性。遵循法律秩序的前提在于法律本身的稳定性和确定性,但事实上,法律本身却具有不确定性的因素。"在每个法律制度中,都有宽泛的和重要的领域留待法院或其他官员行使自由裁量权,以使最初含糊的标准变得明确,解决法律的不确定性,或者扩展或者限定由有效判例粗略传达的规则。"②所以,在司法过程中,法官不可能墨守这样一种模糊性和不确定性的法律,享有自由裁量的权力。波斯纳指出:"一个法律问题可能是确定的,同时也可能是不确定的,其确定在于有某个明确的规则涵盖了这个问题,而不确定在于法官并不一定要遵循规则。这就使得一条法律规则有点像一条自然法。……法律实际只是对在给定事实条件下法官将如何行为的预测,因为法官并不因为有这些规则就一定要做什么事。"③通过法官的自由裁量权,既可以推翻原有法律,也可在修正和补充的基础上发展法律。固守法律的秩序,不仅使法律难以推行,而且导致法律的僵化,阻碍法律的发展。相反,法律的正义价值则具有确定性,法律发展的源泉在于法律内在的正义价值。"法官在行使自由裁量权时,一般会提出理由——它不援引法规,但它确实求助于正义原则和政策。"④由此可见,对待违法行为的问题,实际上是一种法律价值的判断问题,违法虽然损害了法律的秩序,但如果并未违反或损害法律的正义精神,这一行为以及由这一行为而产生的结果仍然是可接受的,

---

① [美]博登海默:《法理学——法律哲学与法律方法》,邓正来译,中国政法大学出版社2001年版,第321页。

② [英]哈特:《法律的概念》,张文显等译,中国大百科全书出版社1996年版,第135页。

③ [美]波斯纳:《法理学问题》,苏力译,中国政法大学出版社2002年版,第60页。

④ [美]罗纳德·德沃金:《认真对待权利》,信春鹰、吴玉章译,中国大百科全书出版社1998年版,第17页。

并不因其违法而舍弃。在此情形下,违法行为违反的是法律形式上的秩序,但未违反法律的正义精神,这一行为本身从实质上讲并不违法。

二、证据程序法律规范的价值及其对非法证据取舍的影响

规范证据采集的程序法律规范的价值与一般法律价值相同,也具有确立秩序和维护正义的双重价值。证据程序法律规范的秩序价值表现为司法机关及其司法人员采集证据的程序和方法应遵循的规则和原则,即采集证据的程序有序性和方法适当性。无论言词证据还是实物证据,法律规范所要求的程序有序性表现为,采集这两类证据的主体具有合法性和适格性(有权的司法人员),采集证据前告知对方享有的诉讼权利和法律要求的相关事项,依法律规定的手续、地点、时间采集、固定和提取这两类证据等。采集证据方法的适当性则表现在获取这两类证据的方法限于法律允许的范围,未采用法律禁止使用的诸如刑讯、威胁、引诱、欺骗等非法方法。应该指出,这种秩序价值是证据程序法律规范的外在和形式上的价值。与此同时,证据程序法律规范的正义价值则表现为自由、平等的个人利益与社会利益相统一的价值。就言词证据(无论是被告人口供还是被害人陈述、证人证言)而言,法律尊重和保护提供证据主体的意志自由(任意性),这一主体的意志自由以被告人一定条件下的陈述拒绝权、自行辩护权及律师辩护权,被害人、证人享有作证选择权和豁免权为基本内容,这是法律正义价值中自由要素的直接体现。而对涉讼人尤其被告人陈述任意性的保护,又产生对警察侦讯行为的抑制作用和控方证明责任的增强,控辩双方某种程度的均衡与对等得以实现,这又是法律正义价值中平等精神的体现。就实物证据而言,有相当一部分实物证据是人所拥有和提供的,它们与涉讼人的利益尤其被追诉人的利益相关,法律对采集这类实物证据同样关注对人的意志自由、人身安全和人格尊严的维护以及运用这类证据可能对他人利益乃至程序正义产生的影响,这些都体现了实物证据的程序法律规范的正义价值取向。证据程序法律规范所具有的维护个人自由、平等利益的价值,由于体现了诉讼中对涉讼人尤其对被追诉人利益的关切,因而这种法律的正义价值属于一种实质意义上的程序正义价值,这是

对诉讼法律行为包括取证法律行为评价的基础。当然,法律的正义价值还体现在对社会利益的保护,这种社会利益实际上是法律对控制犯罪和维护社会安全利益关切的一种表现。因此,法律一方面保障取证过程中对被告人、其他涉讼人个人意愿(任意性)和相应诉讼权益的尊重,另一方面又需对他们的个人意愿及相应诉讼权益加以限制,以满足国家控制犯罪和维护社会治安的政策性需要。

从上述证据程序法律规范的双重价值看,与一般法律价值的判断无异,法律的正义价值是一种根本价值,也是最能体现证据程序法律规范的实质性价值。证据程序法律规范的秩序价值则是保障后一种价值实现的外在价值,在两种法律价值选择上也应坚持以法律的正义价值为重的原则,并在法律的正义价值之中适当平衡个人利益与社会的整体利益。据此,可以对证据的"非法性"作出如下判断:取证的非法性固然是对证据程序法律规范所确立的秩序的一种损害,但对法律秩序的损害并非意味对法律规范所具有的维护个人自由、平等利益(体现为被告人、其他涉讼人意志自由及其相应诉讼权益)和社会控制犯罪利益的正义精神的损害。如果取证的非法性并未使上述法律正义价值受损,或虽对法律的部分正义价值即个人自由、平等利益造成一定影响,但基于社会控制犯罪利益的考虑,并无损于法律正义价值的整体,那么非法取证本身是一种形式违法,而非实质性违法。一种非实质性违法的证据,实际上没有理由因为它的"非法性"而加以排除。就非法言词证据而言,现行司法解释和主流学派所持排除的态度显然是站不住脚的。虽然这种态度通过排除非法言词证据对法律价值表现了一种尊重,但实则是对法律的秩序或形式价值的尊重,由于欠缺对法律正义或实质价值的关切,不能认为是对法律价值的应有尊重。言词证据的"非法性"虽对调整言词证据的程序法律规范的秩序价值是一种损害,但并不意味对证据提供者意志自由和维护诉讼平等原则的法律正义价值的损害,因此,"非法性"本身并不能决定这类证据的取舍,在法律评判上起决定作用的是"非法性"对于法律正义价值的影响,虽非法但无损于法律的正义价值,该言词证据仍具有可采性。相反,对非法实物证据倾向采纳的态度,虽在学界无实质性的批判声音,但客观上也存在法律价值被虚化的倾向。实物证据固有的客观性以及与人联系的非紧密性，在人们的观念中其"非法性"对法律正义价值的影响相对于言词证据可能趋缓，甚至无碍，这可能是人们肯认该类证据而无法律价值评判之忧的原因。但尽管如此，因"非法"的性质和程度的不同，在实践中确也存在对法律正义价值损害的情形。所以，非法实物证据的取舍除基于其客观价值的衡量外，仍然存在一种法律价值的判断即"非法性"对法律正义价值影响状况的评判问题。如果"非法性"有损于证据程序法律规范的正义价值，尽管无损于证据的客观价值，该证据也不应采纳。

三、非法证据取舍的结论

基于以上对非法证据的两个重要因素（调整证据的程序法律规范的价值和刑事诉讼目标定位所决定的证据本体的价值取向）的分析，可以对非法证据的取舍问题得出以下结论。

结论之一，非法证据不因证据的"非法性"因素而被排除，"非法性"本身不是决定证据取舍的直接因素。由于规范证据的程序法律规范的根本价值在于程序正义价值（实质意义的程序正义），同时证据本体的真实可靠性（实体正义）又高于对证据的形式（法律形式）要件的要求，因而对于非法证据的取舍实际上是以证据获取的程序正义与证据本身所应具有的实体正义精神相统一为原则。换言之，决定证据取舍的根本因素在于证据的真实可靠性和对实质程序正义影响程度，这本身是证据能力的两个基本因素。相反，证据的"非法性"，在某种意义上只是证据法律评价上的一种"标签"，一种证据外部形态的反映，其与证据的真实可靠性和实质程序正义价值没有必然性联系，从而决定了证据的"非法性"与非法证据取舍之间联系的非必然性。由此也清楚地表明，法律性或合法性本身不是证据能力的一个当然因素，因为证据不因"非法性"被排除，也不因"合法性"就当然被采纳。在证据取舍上，其是否具有合法性并不是司法者应关切的问题，它的意义在于提供一种警示或提示，引领司法者对更深层的证据核心价值的关注。

结论之二，虽然证据的"非法性"并非证据取舍的直接因素，但又不能就此排除"非法性"对证据取舍的影响。由上述可见,证据取舍的关键因素在于考量其真实性和实质意义的程序正义价值,而这两个因素又可能受到证据"非法性"的影响。因此,非法证据的"非法性"是否对该证据的取舍产生影响,就需判明取证的"非法性"对这两个因素影响的确定性。如果这种判断是肯定的,就意味着证据的"非法性"对证据的取舍产生了影响,而且这种影响是决定性的,将导致非法证据的排除,否则证据的"非法性"就不受关注,也不会对其接纳产生障碍。当然,应该指出,非法证据因"非法性"导致证据的非真实性或对体现实质意义程序正义价值的损害而被排除,表面上看"非法性"与证据的排除有直接的因果关系,非法性本身似乎是证据排除的决定因素,但事实上对这类非法证据的排除,并非因为证据的"非法性",而在于证据的非真实性或有损法律的核心价值。因此,从这层意义上讲,证据的"非法性"始终并非是影响证据取舍的直接因素,证据的"非法性"成为判断影响证据真实性和实质意义程序正义价值的因素。

结论之三,在一定条件下,证据"非法性"的象征符号可能直接作为排拒这类证据的根据。具有典型性的非法证据,例如特定的刑讯逼供、以暴力相威胁等方法所获取的自白,由于自白的"非法性"具有典型性和严重性,有足够的理由断定这种非法对实质意义程序正义价值(作出陈述的任意性)的严重损害,有时也可判定其不具有真实性,因而这种非法自白将直接被排除。所以,具有特定符号意义的非法证据,它的"非法性"实际上引导人们对证据的法律核心价值可以作出直观的判断而排除非法证据,这种证据的"非法性"从经济学的角度看,就具有了实际运用的价值,而并非只是一种形式意义。

第二节　美国非法自白证据规则的定位

美国非法证据规则历经百年"沧桑",但其螺旋式或曲折发展过程的最终结果,是否真的确立了一种泾渭分明的排除规则,实际上在美国至今也未有一个明确的答案。

一、美国非法自白规则并非为一种排除规则

自白证据在证据体系中居于举足轻重的地位,对非法自白的处理,关乎整个非法证据规则的走向。学界一般认为,美国对非法证据实行较为严格的排除规则[①],而对非法自白则是排除的重中之重。这里,首先需明确的是,将美国非法自白的处理规则视为一种排除规则,实际上表明,美国对非法自白的排除是一种原则,而在此前提下,设置排除规则的若干例外,由此形成排除加例外的模式。但对美国非法自白规则的这一理解是一种"形而上"的,也许由于信息传递和处理上的不足,我们犯了一种简单主义的错误,对非法自白规则的复杂性和多样性缺乏理性认知。在此,有必要对美国非法自白规则作一全面、客观的阐释。

（一）非法逮捕所获自白的处理

非法逮捕属于缺乏正当理由或未按法定程序、方式对他人实施的逮捕。对于非法逮捕所获自白,在美国司法界被认为是毒树之果,在性质上视为非法自白。但对此非法自白是否加以排除,在美国并未有一个泾渭分明的规则,在做法上具有一定的不确定性。早在 1963 年王森诉美国一案(Wong Sun v. U.S.)中, 一案犯被非法逮捕后供出王森,王森被捕后,自愿作了自白。法官认为王森的供述虽是非法逮捕所生之毒果,但非法逮捕与自白之间的因果关系已被阻断,该自白的毒素已被减弱,故王森的自白可采。[②] 此案中,被告人王森的自白因毒素的减弱具有可采性并无异议,但直接从被非法逮捕的嫌疑人获取的自白是否具有可采性,可能才是问题的焦点。在 1979 年杜那威诉纽约州一案(Dunaway v. New York)中,被告人杜那威因一位囚犯的告密而被作为嫌疑犯带进警察局。杜那威对讯问并未提出异议和抗拒。美国联邦最高法院多数法官认为,对嫌疑人的逮捕因缺乏正当理由而属非法,这一非法

---

① 杨宇冠:《非法证据排除规则》,中国人民公安大学出版社 2002 年版,第 231—233 页。

② Peter Mirfield, *Silence*, *Confessions and Improperly Obtained Evidence*, Clarendon Press Oxford,1997, p.337.

逮捕所获自白(果实)已被不法性所污染,故而欠缺法律效力。但最高法院首席大法官伯格(Burger)及大法官兰奎斯特(Rehnquist)却持不同意见:被告既然自愿与警方合作,而在讯问之前警方也向其宣读了宪法保障之权利,因此,他的自白具备任意性,应视为有效证据。① 由此可见,在美国联邦最高法院内部,对于被非法逮捕的嫌疑人所作自白是否排除并未取得一致意见。值得注意的是,美国联邦最高法院就非法逮捕所获自白的取舍曾提出应考虑的几个因素:(1)逮捕和自白之间的联系程度(逮捕与自白作出的时间间隔);(2)介入两者的环境因素;(3)非法逮捕的目的和程度等。② 这表明,非法逮捕所获自白是否排除,法官享有根据逮捕与自白的联系程度等因素进行考量的余地,因而对非法逮捕的自白实际上并不存在一种明确的排除规则。还需注意的是,即使在有的案件中非法逮捕对后续的自白有所污染并影响其证据效力,但在美国又存在使非法逮捕合法化进而消除自白不可承认性的做法。例如,警方在非法逮捕后找到"独立证据",而且是以合法方式找到的,借此使原先的逮捕正当化,讯问具有合法性,自白也就具有可采性。③

(二) 延迟移送嫌疑人期间所获自白的处理

在美国,嫌疑人被逮捕后,应移交预审法官进行讯问,至于移送的期限,法律并未确定,但按例应立即移送,延迟移送被视为非法,延迟移送期间警察所获自白也就具有非法性。1943 年麦克奈诉合众国(McNabb v. United States)和1957 年马洛利诉合众国(Mallory v. United States)的两个案例中④,联邦最高法院以嫌疑人被延迟移送预审法官为由,裁定嫌疑人在移送前所作自白不可采,这两个判例所形成的规则此后称为著名的麦克奈—马洛利规则。其排除理由在于:该自白虽具备任意性及真实性的特征,但缺乏证据法

---

① Dunaway v. New York, 442 U.S.200(1979).

② Peter Mirfield, *Silence, Confession and Improperly Obtained Evidence*, Clarendon Press Oxford, 1997, p.337.

③ People v. Rogers, 52 N.Y.2d 527, 421 N.E.2d 491(1981).

④ McNabb v. United States, 318 U.S.332 (1943); Mallory v. United States, 354 U.S.449(1957).

则的文明标准即所谓的法律正当程序,故应予排除。然而,这一规则的贯彻并不顺利,法官内部的意见也不一致。瑞德(Reed)法官曾指出:不应对执法人员设置更加严格的技术性要求,增加被告逃避应受刑罚的机会。所谓文明的标准,也不能因为这些并未意图强制取供的疏失行为,就据以撤销原判决。① 美国有学者也认为,这一规则实质上要求警察应毫不迟延地将嫌疑犯移送预审法官,实际上剥夺了联邦官员讯问嫌疑犯的机会。在警方将嫌疑犯移送司法官员之前,即使有片刻的迟延,嫌疑犯自愿的自白也失去证据效力。正是基于该规则的弊端,加之规则本身非属联邦宪法性判例,对州法院不具有约束力,大多数州法院都排拒该规则的适用。② 即便在联邦系统,鉴于这一规则的推行对刑事侦查和犯罪控制有较大的阻碍,美国国会对这一规则也持反对态度。作为一种权力斗争的结果,1968 年国会通过的《综合刑法法案》(Omnibus Crime Act)明确规定:联邦法院不得以延迟移送被逮捕人为由认定自白无效,除非延迟时间达六小时以上。就特殊交通情况及该辖区司法官长所在位置衡量,只要出于正当理由而延迟移送,即使超过该项期间,自白仍有证据力。③ 该法案表明,警方在六小时以内移送或者有正当理由的延迟移送,所获自白都具有证据效力。这一法案实际上推翻了麦克奈—马洛利规则。至此,联邦案件中的自白不再仅因延迟移送问题而归于无效,因延迟移送而排除的自白范围实际上已大为缩小。

(三) 违反米兰达规则自白的处理

违反米兰达规则所获自白的排除被认为是美国非法证据排除规则最为典型的表现,但这也是最受争议的一项规则。在米兰达判例形成之初,克拉克大法官曾就这项规则可能产生的负面影响深感忧虑。他认为,这项规则的推行可能"完全推翻最高法院长期以来认为公正适当的,并且可以衡平个人

---

① McNabb v. United States, 318 U.S.322 (1943).
② State v. Folkes, 174 Dre.568, 150P. 2d 17 (1944); State v. Zukanskas, 132 Conn.450, 45A. 2d 289 (1945).
③ Omnibus Crime Act 1968, 18 U.S.C. § 3501.

权利及社会大众权利的传统询问规则"①。而并非少数派的大法官们对这项规则也持否定态度:"毫无疑问,最高法院这项新的规则将减少有效自白的数量。提醒嫌疑犯有权保持沉默……并且提醒他可以随时中止讯问,则必然会使讯问工作不能继续下去。而建议嫌疑犯找律师,甚至帮其找免费律师,这就根本不用再讯问了。"②正因米兰达规则过分注重对嫌疑人权利的形式意义上的保护而忽视警察侦讯乃至社会公共利益,在实践中该规则并未得到不折不扣的执行,对该规则适用上的限制也受到重视。除违反该规则的自白可作为弹劾被告人庭上所作辩护的证据外,在美国州司法系统,以例外的形式拒斥该规则的适用并不鲜见。在1978年美国人民诉瑞德尔(People v. Riddle)一案中,加州最高法院确立了阻却米兰达规则的三种情形:(1)情势紧急,而无其他手段可化解危机;(2)为了尽快救援处于生命危险之人;(3)侦讯者侦讯的主要目的及动机在于救人。以后该州发生的数个案件也照此办理。③即使在联邦最高法院,对米兰达规则的适用也非始终如一。1984年纽约诉苛纳尔斯一案(New York v. Quarls)中,警察为及时找到凶杀使用的枪支,未对嫌疑人给予米兰达警告即进行了讯问,最高法院以公共安全为由,不再适用米兰达规则,而采纳了嫌疑犯的自白。④在震惊世界的刺杀里根总统一案中,警察违反米兰达规则所获自白也被联邦法院采纳。对于上述在紧急情况或出于公共安全利益的考虑而弃用米兰达规则的情形,实际上预留了法官较大的自由裁量空间,也为法官根据实际需要舍弃米兰达规则提供了依据,因而不可将上述情形简单视为米兰达规则的例外。在当今美国法律界,对米兰达规则批评的声音越来越多,米兰达规则的命运究竟如何,确实很难预料,但至少限制和灵活运用米兰达规则是必然趋势。该规则确立的初衷,正如创制该规则的法官所言:"为了符合平等主义的要求,而非保护无辜者。"⑤也就是

---

① Miranda v. United States, 384, U.S.436 (1966).

② Miranda v. United States, 384, U.S.436 (1966).

③ People v. Riddle, 83 Cal.App.3d 563, 148 Cal.Rptr,170 (1978).

④ Lawrence S.Wrightsman, Saul M.Kassin, *Confession in the Courtroom*, Sage Publication, Inc.,1993, p.31.

⑤ Miranda v. United States, 384 U.S.436 (1966).

说,该规则在于使贫者、未受教育者或非智者知晓自己的权利,以取得与富者、受教育者平等的地位。如果该规则的目的出自于此,那么在个案中嫌疑人已知晓自己的权利,并有足够的理智,仅因对米兰达规则程序上的违反(未告知嫌疑犯权利)也就没有理由否定该自白的可采性。

(四) 暴力及威胁方法所获自白的处理

暴力取供也即刑讯逼供,严重损害他人的身心健康,造成口供不实,既违反程序正义,又损害实体正义,由此所获自白加以排除是美国法的基本原则。但总体上排除并非意味着绝对排除。暴力分为直接暴力和间接暴力两种形式。以直接暴力的形式逼取的自白加以排除具有确定性,但也存在绑架案中为拯救他人生命而使用暴力的例外。以间接方式使用暴力如多个侦讯者对嫌疑犯轮番式的疲劳讯问,或不给衣穿,不准喝水、吃饭等而获取的自白是否排除,就具有较高的不确定性和灵活性,需要法官根据案内各项情势(如嫌疑犯对该暴力方式的忍受力、察觉力以及不当方法的严重程度等)作出决断。① 威胁方法取供也存在两种形式:一是以暴力相威胁。在美国,警方明示或暗示地以剥夺嫌疑犯生命或伤害其身体相威胁,逼取他人自白的,该自白无效,但也存在为拯救被绑架人生命而采用威胁方法的例外。二是以非暴力的威胁方式获取的自白。如威胁以重罪起诉或从重处罚,威胁使其丧失既得利益或使其家人受到牵连等,如果直接导致对他人精神上的强制,其所作自白将加以排除。② 但在美国司法实践中,对于警方下列的侦讯方式所获得的自白仍具有效力:第一,告诉嫌疑犯,警方无论如何将发现案件真相;第二,通知嫌疑犯处于被监禁的危险之中,可以讲他希望讲的事;第三,对嫌疑犯的陈述过程表现出无耐心;第四,给嫌疑犯留下侦讯人员认为其有罪的确定性印象等。③ 这些方法中或明或暗地含有威胁的性质。显然,威胁方式的多样性和

---

① Ashcraft v. Tennessee, 322 U.S.143 (1944).

② Lynum v. Illinois, 372 U.S.528 (1963); Rogers v. Richmond, 365 U.S. 534 (1961).

③ Lawrence S. Wrightsman, Saul M. Kassin, *Confession in the Courtroom*, Sage Publication, Inc., 1993, p.81.

威胁程度的不同,也决定了自白效力的可变性,因而,不可否认法官在这一问题上保有较大的自由裁量的余地。

(五) 引诱或许诺方法所获自白的处理

在学理上,一般认为,相对于避免不利结果而言,一个人对于一项积极的结果更具有主动性和负有责任。许诺作为一种积极结果的导向,对一个人的影响较之威胁更具有正面性和积极性,由其产生的自白对嫌疑人精神自由的限制更小。在陪审团看来,许诺较之威胁对自白的可信性影响较小[1],因此,除警察许诺免除处罚或减轻处罚之下所作自白需考虑排除外,其他诸如提供嫌疑人更多的个人舒适或满意的生活,或者为嫌疑人的自白保密等并不影响自白的效力。[2] 由此可见,许诺所产生的自白是否排除,实际上在于许诺对嫌疑犯诱惑力的大小,也即触及嫌疑人切身利益的程度。在美国司法实务中,各种许诺下的自白是否最终排除,实际上需综合案内其他情势加以判断。这里有两点需考虑:一是据以定罪的其他证据本身的强弱。若其他有罪证据较强,被告人被定罪的风险大,许诺的影响对嫌疑犯意志力的冲击自然加大,对该自白的排除更具有合理性。二是引诱导致错误自白的可能性大小。美国有法官认为,并不是只要有诱惑的意味,就必须认定所获自白无效,只有侦讯者的诱惑可能造成不实自白的,才有必要宣告自白无效。[3]

(六) 欺骗方法所获自白的处理

在英美等国,欺骗实际上是警方侦讯的一种技巧,其与侦讯本身具有不可分割的联系。联邦法官在谈及侦讯的性质时曾指出:"侦讯对嫌疑犯来说,无疑会造成一些不便及不悦。然而,这些都比不上被逮捕、被拘禁、住所被搜查、在法庭上受审,以及其他种种令人感到更为不便或不悦的事情,而这些事

---

[1] Lawrence S. Wrightsman, Saul M. Kassin, *Confession in the Courtroom*, Sage Publication, Inc., 1993, pp.105-106.

[2] Lawrence S. Wrightsman, Saul M. Kassin, *Confession in the Courtroom*, Sage Publication, Inc., 1993, p.80.

[3] State v. Nunn, 212 Ore. 546, 321 P.2d 356 (1958).

情只要有适当的理由,有拘捕令,有起诉状就有可能发生在一个完全无辜的人身上。社会为了法律秩序必然要付出相当的代价,而平和的侦讯根本就不是法律的黑暗处。"①这段话说明,在刑事侦讯过程中,适当令人不便或不悦的欺骗、诈伪的技巧是必要的,这种方法的运用并未超越平和的侦讯方式之外,也并不足以诱使嫌疑犯作出错误的自白。正因如此,在英美等国,就一般而言,欺骗本身并非为导致自白不可采的不当方法之一。1969 年法兰昔尔诉柯普(Frazier v. Cupp)一案中,美国联邦最高法院裁定侦讯者向嫌疑犯谎称其他共犯已认罪而获得的该嫌疑犯自白有效,其理由在于,虽然对嫌疑犯的误导与其自白的产生有关,但并不因此违反任意性的要求而否定其证据效力。②对于侦讯者以谎称嫌疑犯指纹被发现,他人指认其犯罪或凶杀案被害人仍活着等手段骗取自白的行为,美国许多州法院也持宽容态度,除非欺骗手段确已导致自白的虚假性。③

　　上述对美国非法自白处理上的"全景"展示,虽然并未穷尽美国非法自白处置的全部情形,但仅此足以给人留下美国非法自白处置上复杂多样性的印象,而非一种清晰可辩的非法自白排除规则的"图景"。从中可以看出,美国非法自白的处遇有以下几个鲜明特征:一是非法取供方法、程序上的复杂性决定了非法自白处置上的多样性和可变性。在美国,取供的非法性是一个非常广泛的概念,既有方法、方式上的非法性,如暴力、威胁、引诱等,也有程序上的非法性,如非法逮捕、延迟移送等;既有法律明文禁止的方法,也有其他不当之方法。由于非法取供方法、程序上的复杂性,实际上导致对非法自白处置上的多样性,很难用一种简单化的排除规则加以规范。二是非法自白处置上的矛盾性。由上可见,美国在非法自白的取舍上,经常陷入立法和司法、联邦判例与州判例、前后判例以及法官意见的矛盾与冲突之中。而这种矛盾与冲突,不仅增添了非法自白取舍上的不稳定性因素,实际上也极大压制了

①　Miranda v. United States, 384 U.S.436 (1966).

②　Frazier v. Cupp, 394 U.S.731 (1969).

③　State v. Cobb, 115 Ariz.484, 566 P.2d 85 (1977); State v. Cooper, 217 N.W. 2d 589 (Iowa 1974).

既有非法自白排除规则的适用空间和未来走向。三是美国非法自白取舍的实际结果,并未体现排除居于明显优势地位的特点。由于非法取供情形的复杂性和规范性文件及法官对于非法自白取舍的矛盾态度,除清晰可辨的非法方法如直接暴力、以暴力相威胁、对米兰达规则的实体性违反所获自白倾向排除外,其他非法自白的取舍实际上都具有不同程度的灵活性。有鉴于此,传统上将美国非法自白规则称之为排除规则,实际上是一种误解,因为这种理解将非法自白的排除视为原则,即所谓排除加例外的模式。但上述分析表明,美国非法自白并非因非法将原则上被排除,自白的非法性本身不是决定自白取舍的根本性因素,而非法性背后更深层的价值取向也许才具有决定意义。因而并不能将美国非法自白规则简单地称之为一种排除规则,非法自白的取舍有着固有的灵活性。就美国非法自白的实际处遇看,将非法自白的规则称之为一种非法自白的取舍规则或处理规则更符合实际。

二、美国非法自白取舍规则依据的原则

如前所述,在美国,除直接暴力、暴力相威胁、违反实体性米兰达规则所获自白的排除具有较强确定性外,取供非法方法的复杂性和可变性,决定了非法自白取舍的多样性,从而也导致了规范非法自白取舍规则的不确定性。美国联邦最高法院在 1961 年柯伦比诉康乃狄克(Culombe v. Connecticut)一案中,对自白的证据效力问题曾作过如下叙述:"对最高法院来说,根本不可能为了贯彻宪法第十四修正案之精神,准确地界定或提出特定的、总括一切的标准,以规范州政府司法人员获取自白能够做什么或不能做什么。没有单一的石蕊试纸可以用来检查每一个案件的询问过程涉及多少违宪成分;也没有哪一种交叉询问的方式被所有的法官都认为是不当的;也不是所有法官都赞同麦克奈案中要求在起诉后出庭声明时,必须没有非必要的延迟;同样,对在押嫌疑犯未宣读权利的效果,在法官之间也有不同的看法;也不是所有的法院都认为当在押犯还只是嫌疑犯时,警官禁止他和朋友或律师联系就一定是严重违法——虽然有数个州经过明确立法而如此要求。"[1]最高法院对自白

---

① Culombe v. Connecticut, 365 U.S. 568 (1961).

效力的这一叙述虽是在 1966 年米兰达规则确立前作出的,但实际上反映出美国对非法自白的取舍在标准掌握上的不确定性,这在米兰达规则确立之初的法官之争及以后判例对非法自白不同处理中也得到反映。既然非法自白取舍并未确立一个明晰的规则或标准,法官又需对非法自白的取舍作出决断。我们注意到,从美国司法史来看,除采取直接暴力等少数典型的非法方法所获自白依法排除外,对多数案件中非法自白的取舍,实际上在于法官根据案件的"全部情状",行使自由裁量的权力。因为取供的方法是否非法、非法的程度以及非法的危害等,都需要法官根据案情加以判断。法官的自由裁量本身是美国非法自白取舍规则中不可分割的一部分。

但法官的自由裁量权并非意味着法官的恣意。德沃金指出:"自由裁量权这个概念只有在相关的情况下才是准确的,这就是某个人在通常情况下根据特定权威设定的标准而作出决定的时候。"①可见,法官对非法自白取舍上的自由裁量,也需依据一定的标准或准则。这种标准非一个具体化的标准,而是一般标准或原则,既约束法官的自由裁量权,又不至于束缚其手脚。应该承认,法官对自白的自由裁量源于英国普通法,而普通法中自白取舍坚持自白的任意性(自愿性)原则。一般认为,自白的任意性原则主要适用于奉行普通法原则的英国,美国则强调正当程序即严格的自白合法性原则。但这实际上是对美国自白规则的一种误解。美国作为英美法系的主要国家,其证据制度包括自白规则深受英国普通法的影响是不争的事实。在 1884 年 Hopt v. Utah 一案中,联邦最高法院首次将普通法中任意性要求的规则确立为联邦证据法规则,它在解释一项自白不可采时指出:"当一项自白的作出是权力人采取减轻指控的引诱或威胁或许诺使被指控人产生恐惧或希望的手段获取的结果,那么在法律意义上就剥夺了被指控人的意志自由或基本的自我控制能力而作出了非任意性的自白。"②13 年后,在 Bram v. United Stated 一案中,联

---

① [美]罗纳德·德沃金:《认真对待权利》,信春鹰、吴玉章译,中国大百科全书出版社 1998 年版,第 51 页。

② John W. Strong, etc., *McCormick on Evidence*, 5th ed., Horn Books Eries West Group, 1999, p.216.

邦最高法院进一步重申了普通法上的自白任意性规则。① 从美国联邦法院及州法院的司法实务来看，自白的任意性及真实性原则一直稳固地沿用到 20世纪 40 年代，这之后美国司法领域至上而下推动正当程序的进程，特别是麦克奈—马洛斯规则及米兰达规则的推行，对过去联邦和州的判例中的便宜原则作出了一定修正。有学者认为自白规则已由过去任意性及真实性原则演变为任意性与"文明"的侦讯方式即合法性标准的统一。② 应该说，这一论断有着历史的局限性。诚然，正当程序的变革对美国传统自白任意性原则产生了一定冲击，但正当程序的变革实际上是美国司法历史中的一段插曲，其并未从根本上动摇自白任意性原则，这一古老的原则仍然是美国自白证据效力判断上的最基本原则。20 世纪后半叶，在非法自白的取舍上，美国绝大多数联邦和州判例及相关立法都贯穿了自白任意性这一主线。有关延迟移送的自白是否可采问题，在麦克奈—马洛斯两案中，虽法院认定自白不可采，但持反对意见的法官则指出："原来具有证据效力的证据，包含陈述及自白，不得仅因被捕人移送预审法庭或其他有权审判被控违反美国法律的官员有合理的延迟，就排除其证据效力。除非该项延迟将影响对该项陈述或自白任意性与否的判断。"③1968 年国会通过的《综合刑法法案》虽然废除了麦克奈—马洛斯规则，但延迟移送自白的可采性又须以任意性为限。④ 即便对于以暴力、威胁、引诱等方法获取自白的排除也主要在于这些自白获取上对被告人身体和精神上的强制性，而强制性又导致嫌疑人自白作出的非任意性。美国联邦最高法院强调，判断自白的证据效力，不是就被告接受讯问时的事实及情境去做心理推测，而是检验自白与事件，以决定相关的讯问过程对特定的被告是否造成心理上的强制力，才使他作出该项自白。⑤ 美国有的州甚至明

---

① John W. Strong, etc., *McCormick on Evidence*, 5ᵗʰ ed., Horn Books Eries West Group, 1999, p.216.

② McNabb v. United States, 318 U.S.322 (1943).

③ Hogan and Snee, "The Mc-Mallory Rule:Its Rise, Rationale and Rescue", 47 Geo.L.J.1 (1958).

④ See *Omibus Crime Act* 1968, 18 U.S.C. § 3501.

⑤ Gallego v. Nebraska, 342 U.S.55 (1951).

确将可能导致自白非任意性的各种非法方法加以细化，以此作为法官决定自白取舍的标准。① 另外，对于违反米兰达规则所获自白实行较严格的排除原则，其根本原因也在于，违反该规则对造成自白的非任意性有着更大的危险。因为嫌疑人在不知晓或被剥夺沉默权、律师辩护权的情况下，所作自白违背其真实意愿。但这里也存在违反米兰达规则的自白是否就一定导致自白非任意性而不可采的问题。尤其未宣读宪法性权利的程序性违反是否就一定造成自白的非任意性则是存在很大疑问的。《综合刑法法案》就明确指出，未宣读宪法性权利并不能自动地使自白失去效力，仍应就当时整体情状判断该自白是否具备任意性而定。②

　　由此可以认为，在美国，对于纷繁复杂的案情，以及由此产生的千变万化的非法取供行为，法官在自白取舍上的自由裁量始终并未偏离任意性这一普通法上的古老原则，对任意性的把握是法官有效行使自由裁量权的关键。当然，"任意性"实际上是一个难以操作的概念。因为它需要从嫌疑人的主观思想中作出推断，并且需关注其可信性和正当程序。③ 因此，在美国，任意性原则本身也是一种灵活性的原则，需要法官根据被告人的个体情况作出自己的判断，而不同法官在判断标准、尺度的把握上是不相同的。"美国各州的法院在区别自白的任意性和非任意性的方法上并不一致。某州法院也许认定某个特定自白具有任意性，而另一州的法院对同一项自白通常认定为非任意性。④ 美国法官在自白任意性掌握上的差别，表明法官对于自白的任意性问题实际上也存在相应自由裁量的权力，而这一自由裁量权并未使其对非法自白取舍的适当把握产生阻碍，相反是法官得以对非法自白灵活取舍的基础。因为"当法官运用自由裁量权的时候，我们就不能再说他受到准则的约

　　① Article 60.45, *Criminal Procedure Law*, Book 11-A, Mckinney's Consolidated Law of New York.

　　② See *Omibus Crime Act* 1968, 18 U.S.C. § 3501.

　　③ Lawrence S. Wrightsman, Saul M. Kassin, *Confession in the Courtroom*, Sage Publication, Inc., 1993, p.29.

　　④ See *Omibus Crime Act* 1968, 18 U.S.C. § 3501, p.36.

束了,而必须说他有个性地使用什么准则"①。也就是说,法官对非法自白取舍的自由裁量需以任意性原则或准则为依据,但这项原则在法官行使自由裁量权时,又需对其加以"个性化"的改造,使其适应个案中的不同自白的情形,以利于法官有效实施自由裁量的权力。应该看到,法官对于任意性原则的"个性化"改造,实际上使任意性标准能够根据案件的不同情况加以适当的调适。一方面,可以是对任意性程度的调适,如美国在有的案件中通过降低任意性的证明标准达到降低任意性程度的目的;另一方面,也可以虚置任意性原则。1991 年 Arizona v. Fulminante 一案中,美国联邦最高法院确立了自白可采性上的无损害规则,即如果非任意性的自白并非为定罪的唯一证据,该自白可视为"无害",被告人的定罪就可成立。② 这种对任意性调适的结果,使法官在非法自白的取舍上可能兼顾到自白对定罪的实际需要和实现实体正义的要求,从而有利于刑事司法的整体利益。

三、美国非法自白规则的宪法精神

在非法自白的取舍上,古老的自白任意性原则之所以具有生命力,并为美国所继受,并非是传统使然,而在于这一原则所具有的价值取向。美国联邦法院大法官斯提芬斯在评价这一原则时说:"这项普通法规则的设计主要是为防止不实证据的被采用。它建立于这样一种假设之上:受到威胁或其他压制方法的犯罪嫌疑人可能作出虚假自白以摆脱进一步的强制。因此,普通法规则的目的并非针对应予反对的侦查方法,而在于保护被告人免受错误的定罪"③。可见,普通法上的自白任意性原则的价值在于保障自白的真实可靠性。自白的任意性原则所具有的维护证据真实性的价值,体现了该原则维护实体正义的精神。但必须指出,虽然自白的任意性对自白的真实可靠性具有重要影响,但两者并不具有必然的因果关系,因为任意性的自白并不一定就

---

① [美]罗纳德·德沃金:《认真对待权利》,信春鹰、吴玉章译,中国大百科全书出版社1998 年版,第 55 页。

② See *Omibus Crime Act* 1968, 18 U.S.C. § 3501, p.50.

③ See *Omibus Crime Act* 1968, 18 U.S.C. § 3501, p.26.

是真实的自白,相反,自白的非任意性也非一定导致自白的虚假性。自白的真实可靠性除受制于外部环境对其任意性的影响外,自身的内部因素也起着重要作用。将自白的任意性原则建基于对自白真实性影响的价值评价之上,实际上导致自白任意性原则在价值判断上的不充分性,是一种对自白任意性原则价值的古老解说,主要存在于英国普通法的历史之中。而美国在秉承普通法传统的基础上,对这一原则却赋予了新的含义。

美国对自白任意性原则的理解实际上是与宪法的正当程序原则相关联的。在 1961 年 Cu Lombe v. Connecticut 一案中,弗兰克特大法官坦言:"最终的标准是任意性。自白本质上是其自由和无约束选择的结果吗? 如果是自愿作出的,自白可以作为对其不利的证据。如果他的意志已被压制,他的自我决定的能力已受到根本的损害, 运用他的自白就侵害了正当程序。"① 显然,在美国,对非任意性自白的排除,并非基于一种对该自白非真实性的原始评价,而在于非任意性自白的运用侵害了正当程序。自白作出的非任意性以及对该自白的运用都是对公正、公平、诉讼主体地位均衡的正当程序目标的侵害。正当程序原则载入美国宪法第十四修正案,属于一项宪法性原则,对自白任意性规则的违反,实际上也就违反了宪法性规定。对此, 在 1986 年 Colorado v. Connelly 一案中,最高法院的说明更为直白:自白反映了被告人基本的自由和无约束的选择。官方的强制行为必然意味着自白属于违反宪法第十四修正案正当程序精神的非任意性的结果。缺乏这一本质,一种因私下的强制或公然的精神损害而很少或未反映自由选择的自白的展示将必然产生联邦正当程序任意性的问题。② 由此可见,美国自白任意性原则虽是对英国普通法自白任意性原则的继受,但又超越了该原则,集中体现了自白规则的正当程序精神,并上升为美国对非法自白取舍的宪法性依据。

当然,正当程序有形式意义与实质意义之分。形式意义的正当程序在于诉讼活动的方式、方法、手续上的严格法律规范性;而实质意义的正当程序则

---

① John W. Strong, etc., *McCormick on Evidence*, 5th ed., Horn Book Series West Group, 1999, p.217.

② See *Omibus Crime Act* 1968, 18 U.S.C. § 3501, p.217.

要求诉讼活动过程对涉讼人尤其被追诉人的切身利益即被追诉人在未有诉讼安全保障下不被治罪利益的有效保障。显然,美国非法自白取舍上所坚持的正当程序精神并非一种形式意义的正当程序原则,因为自白的非法性本身不足以排除该项自白,相反体现为一种实质意义的正当程序原则。非法自白取舍的标准在于自白的任意性原则,而自白的任意性反映了诉讼中对被指控人自主、平等意志和利益的尊重和维护,这正是实质正当程序的基本特征所在。

美国自白的任意性原则旨在追求实质正当程序的目标。但如前所述,自白的任意性属于人的精神领域,具有相当的抽象性和隐蔽性,其本身也需正当程序的形式要件加以关照。应该看到,实质意义的正当程序在于对被指控人诉讼切身利益即对其基本诉讼权利的保护。其中与自白任意性关联最为密切的基本诉讼权利,非美国宪法第五修正案规定的任何人不受强制自证其罪权利莫属。这项宪法性权利不仅是美国正当程序的典范,实际上也是自白任意性得以外化的一种载体:充分尊重和维护被指控人的该项权利,也就保障了自白的任意性;如果侵犯或剥夺这项权利,必将有损于自白的任意性。所以,非法自白取舍上的任意性标准,归根到底在于取供的非法性是否侵犯了宪法第五修正案被指控人不受强制自证其罪的权利。可见,美国非法自白取舍的任意性这一较有弹性的标准,实质上以宪法第五修正案的权利保障原则确立下来,使其更具有可操作性,而且鲜明地体现了非法自白取舍的宪法性特征。

美国在非法自白取舍上所实际奉行的宪法第五修正案的权利保障原则,实际上透视出美国对非法自白取舍所持的程序与实体利益并重的务实态度,对其司法实践中非法自白取舍的形式主义倾向是一种严重的冲击。这里,以对米兰达规则的冲击尤为突出。美国大法官布恩兰和马歇尔曾指出:"与旨在防止警察的非法行为的排除规则不同,米兰达规则的要求在于保障嫌疑人对我们的刑法重要组成部分之一的不受强制自证其罪特权的行使。"[1]可见,

---

① Peter Mirfield, *Silence, Confession and Improperly Obtained Evidence*, Clarendon Press Oxford, 1997, p.335.

米兰达规则的设置,实际上是一种保证嫌疑人有效行使该项权利的一种辅助性措施,其本身并非是司法追求的目标,而是实现嫌疑人权利的手段。通常,米兰达规则与宪法第五修正案的利益具有一致性,坚持米兰达规则实际上也就维护了被告人宪法第五修正案的权利。但两者也有冲突的一面,尤其在严格执行米兰达程序规则的情形下, 两者冲突甚重:一是米兰达规则适用的前提在于嫌疑人被拘禁并被有权机关讯问。如果嫌疑人未被拘禁或未以讯问的形式获取自白,而是其自愿到警察局接受问话,则不适用该规则,所获自白有效。但在实践中确有非监禁调查中强制取供而违反宪法第五修正案的情形。二是对米兰达规则的程序性违反即未宣读宪法性权利(包括沉默权和律师辩护权),但实际上在讯问过程中嫌疑人所作自白具有完全的意志自由,宪法第五修正案的权利并未受到实质性侵害。如果因对米兰达规则的程序性违反导致自白的不可采,与宪法第五修正案的精神不符。三是只要向嫌疑人宣告宪法性权利并获嫌疑人弃权声明书,所获自白被视为合乎米兰达规则而具有可采性。但符合米兰达规则的形式要件,并不意味着嫌疑人的自白就具有任意性并切实保障了其宪法第五修正案权利的行使。由于讯问过程的可变性和嫌疑人作出自白的复杂性,在具体取供过程中并不能杜绝强制取供和违反第五修正案的现象。由此可见,在自白取舍上,对米兰达规则的遵循可能导致对宪法第五修正案的忽视乃至与之抵触,以致陷入非法自白取舍上的形式主义倾向。美国大法官怀特认为:米兰达规则的严格性提高了法庭对"黑字规则"的适用,而贯穿整个诉讼并决定米兰达规则的宪法第五修正案却考虑得很少。这一结果体现为非主流的美国司法模式的形式主义。① 米兰达规则与宪法第五修正案的冲突实际上表明在非法自白的取舍上,是固守米兰达这一形式主义规则,还是坚持以宪法第五修正案的权利是否被侵犯为原则的问题。显然,米兰达规则作为司法规则,效力低于宪法性规范,其以推动宪法第五修正案的实施为出发点,最终在某种程度成为落实宪法第五修正案权利的一种障碍,对其加以限制和调适以适应宪法原则的需要是不可避免的,

---

① Joseph D. Grano, *Confession*, *Truth*, *and the Law*, the University of Michigan Press, 1993, p.207.

这也是美国司法中对米兰达规则持不同意见甚至主张取消该规则的原因所在。所以,在非法自白的取舍上,尽管有诸多联邦和州法院的判例和立法可资运用,但美国宪法第十四和第五修正案始终是决定非法自白取舍的最高原则,也是我们探究美国非法自白规则的基本出发点。

纵观美国在非法自白取舍上的制度安排,由于非法取供方法的复杂多样性和判例法国家本身在规则操作上的可变性,实际上并未形成一种清晰可辨的排除加例外的运作模式,法官的自由裁量仍是非法自白取舍的基本路径。而法官在决定自白取舍上又奉行具有正当程序精神的任意性原则,并在实质上体现为对宪法第五修正案的遵循,从而确立了法官在非法自白取舍上的宪法原则。

第三节　英国非法证据排除规则的当代阐释

从广义上讲,非法证据泛指采用违法的方法所收集的一切言词和实物证据材料。尽管非法证据与被告人权益保护均有不同程度的联系,但对被告人合法权益能够产生实质影响的则是来源于被告人或与被告人有关的非法证据。故在国际范围内,非法证据实际上采取一种狭义界定的原则,其外延基本上被限制在两类证据:一是非法的自白证据;二是非法搜查、扣押所收集的实物证据。对这两类非法证据应如何处置? 其是否具有证据效力? 这是各国在刑事诉讼领域中所共同关注的问题。对此,不同的国家有不同的处理方法。

一、英国非法自白证据排除规则

违反法律的规定,以非法或不正当的方式采集的自白证据,在性质上属于非法自白证据。这种非法自白证据能否被法庭所采纳? 英国普通法对此确立的一项基本原则是:自白证据并不因其采集的方法和程序上的非法性而归于无效。自白证据的可采性以其具有的可靠性为基准。[①] 自白证据的可靠

---

① Peter Murphy, *Murphy on Evidence*, 6th ed., Blackstone Press Limited, 1997, p.234.

性首先表现为其真实有效性。英国学者在论及自白证据的可承认性时曾指出,法官所关注的是该证据与案件事实的相关性,而非证据的来源或产生的方法。① 这里讲的证据与案件事实的相关性则以证据的真实有效性为条件。不反映相关性的自白证据当然也无可靠性可言,从而也就不具有可采性。同时,自白证据可采性的另一层含义还表现在,这种证据的产生符合自由和自愿精神。②如果被告人的自白是非自愿作出的,即使该证据最终能够经过审判程序被认定为有证明价值的证据,也将因其采集的非自愿性而有损于证据的可靠性,从而不具有可采性。这里,自愿性是指证据提供者在自由意志支配下提供证据的真实意愿。然而,如何判断被告人自白证据提供的自愿性?1964 年帕克勋爵在审理凯利丝诉艰一案中强调,被告人的自白必须是未采取压制的方式获取的,才被认为是一种自愿性的自白证据。③ 可见,帕克勋爵明确将"压制"方法的有无作为衡量自白是否自愿的重要标准。在此基础上,同年修正的《法官规则》提出了一项适用于所有案件的普遍原则:自白证据可采性的一个基本条件是,该自白证据是自愿的,在某种程度上不是在受到威胁或引诱或被压制下获得的。④ 这一规定,将自白非自愿性标准的判断依据由"压制"方法扩大到威胁、引诱等方法,但在标准的掌握上仍是较为严格的。总之,在英国普通法和《法官规则》中,自白证据是否具有可采性完全取决于其真实有效性和证据提供者的自愿性。也就是说,获取自白证据方法的非法性只有导致了自白证据的虚假性或者取证主体因采取压制等非法方法导致了被告人自白的非自愿性,该非法自白证据才应加以排除。如果取证方法的非法性并无损于自白证据的真实性和证据提供者的自愿性,仅因取证的非法性是不足以排除这种非法自白证据的。

鉴于普通法和《法官规则》在规范非法自白证据排除上仍留有法官自由裁量的较大空间,司法界对非法自白证据在实际处理上并未取得统一,相互

---

① Peter Murphy, *Murphy on Evidence*, 6th ed., Blackstone Press Limited, 1997, p.85.
② Peter Murphy, *Murphy on Evidence*, 6th ed., Blackstone Press Limited, 1997, p.234.
③ Peter Murphy, *Murphy on Evidence*, 6th ed., Blackstone Press Limited, 1997, p.235.
④ Peter Murphy, *Murphy on Evidence*, 6th ed., Blackstone Press Limited, 1997, p.235.

矛盾的现象普遍存在,这种状况在一定程度上促成了 1984 年英国《警察与刑事证据法》的出台。这部法律在秉承英国普通法规则的基础上,对自白证据的处理规则,首次以正式立法的形式加以确立。该法第 76 条第 1 款明确规定:在任何诉讼程序中,被告人所作出的对己不利的自白,只要与诉讼中的争议事实相关,符合该法相关条款的规定,法庭不应排除该证据。① 这一规定进一步重申了普通法自白证据运用的一项基本原则:自白证据能否被采纳,关键在于其与案件事实是否具有相关性即真实有效性,而非在于获取方法是否合法。在保持自白证据真实性的前提下,因获取自白证据方法的非法性而导致自白证据的排除则是受到严格限制的。该法第 76 条规定了两种非法自白证据的排除规则:其一,该法第 76 条第 2 款(a)规定,控方向法庭提交的被告人的自白证据,如果属于采用"压制"方法获取的,该自白证据将不被允许向法庭提出。所谓"压制"包括拷打、非人道的待遇、以暴力相威胁的方法。②可见,行为人通过上述"压制"的非法方式获取的被告人自白证据,即便后来查证属实,也将加以排除。"压制"实质上是对被告人自由意志的侵犯,该款的规定无异于排除非自愿性的自白证据,与普通法非自愿性自白证据排除原则一脉相承。其二,该法第 76 条第 2 款(b)规定:根据被告人作出自白时的条件和环境,他所说的或所做的可能被认为是不可信赖的,该自白证据也应加以排除。③这一法条对作出自白时的条件和环境可能造成自白的不可信赖性的规定,其内涵不甚明确,需由法官根据案情加以判断。应该指出的是,这里讲的自白证据的不可信赖性,除了认为在如此条件和环境下可能造成自白的不实外,英国法官认为行为人采用性质严重的威胁、引诱等非法方法获取的被告人自白证据,也是不可信赖的。④ 因为自白的可靠性必须以自愿性为前

① Phil Huxley, Michael O'Connell, *Blackstone's Statutes on Evidence*, 4ᵗʰ ed., Blackstone Press Limited,1997, p.94.

② Phil Huxley, Michael O'Connell, *Blackstone's Statutes on Evidence*, 4ᵗʰ ed., Blackstone Press Limited,1997, p.95.

③ Phil Huxley, Michael O'Connell, *Blackstone's Statutes on Evidence*, 4ᵗʰ ed., Blackstone Press Limited, 1997, pp.94-95.

④ Peter Murphy, *Murphy on Evidence*, 6ᵗʰ ed., Blackstone Press Limited, 1997, pp.241-242.

提,而上述方法悖离了这一精神。例如,1987 年瑞诉福林一案中,警官在讯问前告知某被捕嫌疑人,其男友在过去的三年中与另一女子有染,该女子因涉嫌犯罪在警察局候审,关在隔壁房间。该嫌疑人向那女子证实了此事,遂感到被监禁此处非常痛苦,为了尽快离开警察局,其向警官就自己的罪行作了坦白,警官批准给予其保释。在审判中,法官以被告人的自白为证据认定被告人有罪,被告人则以自白的作出受"压制"为由向上诉法院提起上诉,要求认定自白无效。虽然上诉法院以未受"压制"为根据,倾向于驳回被告人的请求,但在上议院的干预下,最终认定警官取证违反了该法第 76 条第 2 款(b)项的规定,即采取了明显的引诱手段,导致了被告人自白的不可信赖性,而撤销了原判。① 当然,法官对这项规定的掌握是严格而有分寸的,它强调的是保护被告人的基本正当权益和起码的自愿性。

由非法的自白证据所衍生的其他证据即所谓的"毒树之果"是否加以排除,在英国普通法上并未形成一个通行的做法,法官对这一问题的处理也有较大的随意性。鉴于此,1984 年《警察与刑事证据法》在确立非法自白证据处理原则的同时,对于由非法自白派生的证据的处理也作了原则性的规定。按照该法第 76 条第 4 款(a)的规定,非法自白应该被全部或部分排除的事实,并不影响由该自白证据产生或发现的其他证据的可采性。②这就表明,非法自白证据的派生证据是否具有可承认性,并非由自白证据的非法性所决定,而需从该派生证据的本身情况来判断。如果该派生证据属实,不因产生该派生证据的自白证据的非法性而排除这种证据。

二、英国非法实物证据排除规则

所谓非法实物证据是指违反法律的规定,采用非法方法搜查、扣押而获取的各种物证、书证等实物证据。在英国,对这些非法实物证据的处理原则,与非法自白证据的处理总的来看是相同的,即在普通法上,非法实物证据获

---

① Peter Murphy, *Murphy on Evidence*, 6th ed., Blackstone Press Limited, 1997, pp.94-95.

② Phil Huxley, Michael O'Connell, *Blackstone's Statutes on Evidence*, 4th ed., Blackstone Press Limited 1997, p.95.

取方法的非法性本身并不导致该证据的排除,法庭同样关心的是该证据的真实性而非它的来源或产生的方式。例如,1955 年凯米诉瑞一案(刚果)中,警察在非法搜查嫌疑人的住宅中发现了弹药,该嫌疑人因此被指控在紧急状况下拥有违禁品。被告人向私诉委员会提出上诉,要求认定该证据因获取方法的非法而不可承认。葛丹德勋爵反对这一上诉,他认为:"按他们(指法官)的观点,被申请审查的证据是否可采纳,应考虑其与案件争议问题是否有联系。如果存在内在联系,它就具有可采性,法庭不关心该证据是如何获得的。"①如果获取的证据具有相关性即具有证明案情的能力,不能因取证方法的非法性而排除这种真实的证据。在英国法官看来,否定这种可承认的证据,是对实体正义的背叛。早在 1870 年简诉戴文斯案件中,法官曼蒂瑞认为,如果非法搜查的证据不能被用作指控被告人的证据,对司法活动将是一个危险的障碍。②他的意思也表达了对实体正义的关注。

这里,同样必须面对的一个问题是,在非法方法未损害证据真实性的情形下,如此的非法证据是否都是可承认的? 在这一问题上,非法自白证据的采用受到自愿性或任意性的限制。而非法实物证据也存在相应的限制,1966年瑞诉里斯特的案件中,法官对非法证据的运用曾作过如此叙述:在每个案件中,法官所具有的一个压倒一切的职责在于保证公正审判。如果在任何特殊案件中法官得出结论,尽管某个证据严格上讲是可采的,但一旦采纳,其偏见的效果最终使陪审团无法就案件的事实得出平心静气的观点,法官就应排除那个证据。③ 可见,非法证据即使是真实的(或可承认的),其运用若与审判的公正性相悖,也应加以排除。在普通法上,法官普遍享有的一项权力是,排除由控方提供的可采纳的证据,如果该证据的证明价值已被事实上的偏见思想对被告人可能造成的不利影响所削弱。④ 1978 年杰福瑞诉布莱克案件中,被告人被控犯有在公共场所盗窃三明治的犯罪,警察在未取得搜查证也

---

① Peter Murphy, *Murphy on Evidence*, 6th ed., Blackstone Press Limited, 1997, p.81.

② Peter Murphy, *Murphy on Evidence*, 6th ed., Blackstone Press Limited, 1997, p.81.

③ Peter Murphy, *Murphy on Evidence*, 6th ed., Blackstone Press Limited, 1997, pp.75-76.

④ Peter Murphy, *Murphy on Evidence*, 6th ed., Blackstone Press Limited, 1997, pp.74-75.

未获得嫌疑人许可的情况下,进入其房间进行搜查,却查出了大麻。这一搜查方法的非法性并不足以影响该实物作为相应指控证据的可采性,因为这一非法证据的运用不会影响对被告人公正审判的效果。但关于这一案件,英国大法官认为:如果该案属于另一种情况,即警察不仅未获得批准而进入他人房间,而且其欺骗或误导了他人,或采取压制或不公正的方法,或者其行为的方式在道德上是应受谴责的,法官就应运用其权力,将这一特殊证据排除于法庭审理之外。①采用上述方法获得的证据,是对被告人人身权利、自主权、隐私权等的严重侵犯,在法官看来,这种非法证据具有"偏见"的性质,使用这种"偏见"的证据将直接导致诉讼的"偏见"结果(对被告人的不公正)。因此,这种证据应加以排除。

应该看到,法官对非法证据采用的限制性条件的掌握,并未形成一个统一的规范,适用上弹性较大,仍然需要相对固定的法律形式使其具体化和定型化,故在上述普通法规则的基础上,英国 1984 年的《警察与刑事证据法》第78 条第 1 款又加以进一步明确规定:在任何程序中,对于起诉方向法庭所提供的证据,考虑到各种环境和条件,如果该证据的承认将产生与诉讼的公正性相抵触的效果,法庭可以拒绝承认该证据。② 该法所提及的证据获取的环境和条件实际是指证据获得的方式和方法;而诉讼的公正性则主要指对被告人审判的公正性。至此,英国以成文法的形式,确立了非法实物证据处理的总的原则:非法实物证据的采用足以导致对被告人审判的不公正结果,将排除该非法证据;反之,非法证据的采用不受影响。

该法所确立的非法实物证据排除的原则,实际上是英国非法证据处理的一项普遍原则,对非法自白证据的运用同样具有涵盖和包容作用。1984 年《警察与刑事证据法》第 76 条规定的以"压制"等非法方法获取的自白证据,因违背自愿原则而予以排除,实际上其真实内涵在于以这些非法方法获得的自白证据而加以采用,是对被告人审判公正性的损害。因为对被告人审判公

---

① Peter Murphy, *Murphy on Evidence*, 6ᵗʰ ed., Blackstone Press Limited, 1997, p.87.

② Phil Huxley, Michael O'Connell, *Blackstone's Statutes on Evidence*, 4ᵗʰ ed., Blackstone Press Limited,1997, p.96.

正性的前提是被告人在诉讼中活动的自主性、平等性和法律的充分保障性，而上述依非法方法获取的自白而加以采用，违背了这一公正性的要求。故非法自白证据是否加以排除，其实质同样以该非法自白证据的采用是否足以导致对被告人审判公正性的损害为标准。在 1980 年瑞诉桑格的案件中，参议院就自白证据的运用与公正审判的关系问题曾指出：法官只能以控诉证据的偏见性质导致对被告人公正审判的否定为理由决定排除可承认的控诉证据。[①]在法官看来，不合法或不适当的自白证据是否排除最终取决于取证方法的非法性所产生的证据的偏见性是否足以导致对被告人审判的不公正性。

从以上非法自白证据和非法实物证据在英国的处遇可以看出，英国对待非法证据总的指导思想是以非法证据能够获得最大限度的采用为原则。在英国，证据本身的非法性对证据的可采性不存在必然和直接的影响，法官所关注的是证据本身的证明价值和它对诉讼的正面意义。正如英国法官所说，法官的职责是保证案件的公正处理，对于警察的错误或违法行为，属于警察机构内部的纪律约束问题，而非法官的职责范围。[②]但必须清楚地看到，在非法证据总体适用或倾向于适用的原则下，英国普通法和 1984 年《警察与刑事证据法》又明确设置了两个限制性条件：第一，非法证据的可采性必须以该证据的真实性为前提。因证据的非法性导致了证据的不真实性，这种不真实证据的采用无疑是对被告人审判公正性的最大损害，该非法证据将加以排除。第二，真实性的非法证据的最终采用还须以不损害诉讼的公正性即对被告人审判的公正性为限。上述普通法和成文法均表明，非法证据的采用如果足以导致对被告人审判公正性的损害，该证据应加以排除；反之，证据的非法性则不影响该证据的可采性。

这里，是否构成对被告人审判公正性的损害是决定非法证据能否最终采纳的最为关键的问题。在非法证据的采纳对被告人审判公正性损害的衡量上，英国法律未作进一步的解释和规范，实际上属于法官根据案情加以裁量的问题，但法官裁量的作出仍有相应标准可循。笔者认为，有关对被告人审

---

① Peter Murphy, *Murphy on Evidence*, 6th ed., Blackstone Press Limited,1997, p.85.

② Richard May, *Criminal Evidence*, Blackstone Press Limited, 1990, p.238.

判的公正性问题,实际上是程序正义(或称正当程序)的问题。所谓程序正义是指法律在具体运作过程中所要实现的价值目标。[①] 这种价值目标有形式的价值目标和实质的价值目标之分。形式的价值目标是指置于诉讼过程中的一切行为或活动都应符合标准的法律规范,诉讼过程对法律程序规范的严格遵守就是一种程序正义价值的体现。这种程序正义可以称为形式意义的程序正义。而实质的价值目标则指诉讼程序对诉讼相关人的保护。因为"一项法律程序本身是否具有程序正义所要求的品质,要看它是否使那些受程序结果影响的人受到了应得的待遇"[②]。必须承认,在诉讼中受程序结果影响最大的人非被告人莫属。所以程序正义的实质价值目标在于保护被告人的切身利益,即被告人没有相应诉讼安全保障不应被定罪的利益。反映这种价值目标的程序正义,就是一种实质意义的程序正义。可以认为,以非法方法收集自白及其他证据并用于定案的做法,无论所产生的结果如何,都可看成是一种对程序正义的破坏。但很显然,在英国,这样一种形式与实质交织的程序正义,并非都是英国法律所保护的范围。在排除非法证据方面,上述英国法律所强调的是非法证据的采用对被告人审判公正性的损害。这就表明英国所保护的程序正义是一种实质意义的程序正义。因此,衡量非法证据的采用是否足以导致对被告人审判公正性的损害,说到底就是衡量非法证据的采用是否会导致对与被告人切身利益密切相关的实质意义的程序正义的损害。在英国,衡量这一实质意义的程序正义所受到的实际影响,则可以细化地以取证方法的非法性是否已导致对被告人基本诉讼权利的侵犯为标准。因为对被告人诉讼保护的实质在于对被告人基本诉讼权利的保护。对以损害被告人基本诉讼权利的非法方法收集的证据加以采用,实际上意味着被告人在缺乏诉讼有效保障的前提下被不公正地定罪,无疑是对这一实质意义的程序正义的损害。英国非法自白证据排除规则中所确认的排除以"压制"方法所收集的自白证据,实质上在于"压制"方法的采用因违背自愿原则而侵犯了被告人反对自证其罪的基本诉讼权利。正如英国参议院认为:"适用于自白或

---

① 陈瑞华:《刑事审判原理论》,北京大学出版社 1997 年版,第 54 页。
② 陈瑞华:《刑事审判原理论》,北京大学出版社 1997 年版,第 54 页。

犯罪后从被告人获得的其他证据的排除决定,在实质上是以反对自证其罪规则不被损害为最大限度的。"①而对采用性质严重的欺骗、威胁、引诱的非法方法收集的自白证据加以排除,则以对被告人沉默权或律师帮助的知悉权或在场权的侵犯为条件。例如嫌疑人未被告知享有律师帮助权,在律师未在场的情况下,警察讯问了嫌疑人,嫌疑人因此提供了自白证据。在法官看来,该证据属于隐瞒真相的情况下所获得的,侵犯了被告人法律帮助的知悉权和律师在场权,应加以排除。其理由是,如果律师在场,被告人可能不会作出自证其罪的回答。② 而英国大多数非法实物证据的收集和采用本身并不构成对嫌疑人切身利益或实质权利的威胁或侵犯,故非法实物证据排除的情况是不多见的。但必须指出,嫌疑人"在被人巧妙地进行哄骗的情况下交出来的证据,是不可以采证的"③。英国法官对此的解释是:"应排除的是通过不公平地诱导取得的证据,而不是非法搜查取得的证据。因为刑法的基本理论是沉默权。"④

在英国,非法证据的处理规则实质上是一种程序正义与实体正义价值冲突的选择。由于这一非法证据的处理规则体现了非法证据倾向采用的思路,或许使人感到这一证据规则实际上是以牺牲程序正义为代价而保护实体正义。但事实并非如此,英国法律同样重视保护程序正义的价值。在英国,虽然非法证据的处理体现了最大限度采纳的精神,但对采纳的非法证据又加以相应条件的限制,实际上使最终采信的非法证据经过了两道工序的"过滤":一方面,这一非法证据以具有真实性或证明价值为前提,确保了对被告人最终审判的结果符合实体正义的要求;另一方面,该非法证据的最终采用又须坚持不损害实质意义的程序正义为原则。因此,在英国,某一非法证据如果既保证了实体正义的实现,又维护了实质意义程序正义的精神,那么,仅仅因证据采集在方法上的非法性即有违形式上的程序正义的要求,是没有任何理

① Peter Murphy, *Murphy on Evidence*, 6th ed., Blackstone Press Limited, 1997, p.86.
② Richard May, *Criminal Evidence*, Blackstone Press Limited, 1990, p.238.
③ 宋英辉:《刑事诉讼目的论》,中国人民公安大学出版社 1995 年版,第 288 页。
④ 宋英辉:《刑事诉讼目的论》,中国人民公安大学出版社 1995 年版,第 229 页。

由将其拒之于法庭之外的。这里,形式上的程序正义与实体正义的利益权衡中,显然实体正义的利益大于保护形式上的程序正义的利益。因而,我们可以得出这样的结论:英国非法证据的处理规则实际上兼顾了程序正义和实体正义的双重利益,表现为在不损害实质意义的程序正义的前提下,采用具有证明价值的非法证据;而且在程序正义和实体正义的利益发生冲突之时,以程序正义的利益优先为原则,即非法证据的采用足以导致对实质意义的程序正义的损害,法律以保护实质意义的程序正义为首要目标,而排除这一非法证据。

第四节　我国非法证据排除规则的理论探索

一、我国非法证据排除的理论之争及其评价

我国非法证据的排除纳入正式立法,直到 2012 年修正后的《刑事诉讼法》才得以完成。在这之前,这一问题一直以来都是我国司法界和学术界最具有争议性的问题。当然,对非法证据的处理也有趋于一致的地方:采集证据方法的非法性导致证据的虚假性或不真实性,该非法证据应被排除在诉讼之外。因为这种非法证据的采用,既违反了实体正义之精神,又背离了程序正义的原则,排除非法不实证据是包括英国在内的西方法治国家的证据规则中所确立的首要原则。因此,我国关于非法证据取舍争论的真正焦点集中于具有真实性的非法证据,能否因采集证据方法的非法性而排除这种证据。在整个 20 世纪 80 年代,围绕这一问题的争论,实际上提出了三种不同的主张:第一种主张为"否定说",即非法证据无论真实与否,均不具有证据能力,应一律加以排除。其理由在于,刑事诉讼法明确规定了严禁刑讯逼供和以威胁、引诱、欺骗以及其他非法的方法收集证据。并推论出使用非法证据材料将会助长违法行为,后患无穷。[①] 第二种主张为"肯定说",即认为凡是属于真实的证据材料,即使采用非法方法获取的,也应加以采用。因为我国刑事诉讼

---

① 陈一云主编:《证据学》,群众出版社 1983 年版,第 79 页。

法强调实质真实原则,只要对发现实质真实有益的材料就应加以采用,而不因收集证据方法的非法性而影响证据的可采性。① 第三种主张为"折衷说",②主要有两种意见:一是将非法获得的口供与实物证据加以区别,前者应一律加以排除,后者不因采集证据的非法性而排除这种证据,只要查证属实就应采纳;二是非法证据原则排除,但应设若干例外情形。拆衷说的这些观点都强调根据具体案件中证据的不同属性和特点采取灵活的对策。

进入 20 世纪 90 年代,随着学界对此问题争论的深入,"否定说"和"肯定说"观点的极端性和片面性所决定的这两种学说的不科学性日渐凸显出来,逐渐为学界所摒弃,而将视点集中于"折衷说"上。现今学界大多数学者都接纳这一学说,但在此基础上又加以适当的"改良",这种"改良"后的"折衷说"主要可归纳为三种观点:一是非法方法收集的证据,无论是口供还是实物证据,原则上应加以排除,但应有若干例外。原则上排除非法证据的理由在于切实保障诉讼参与人的权利,抑制非法取证行为,树立司法公正形象等,而排除的例外则出于诉讼均衡价值观的考虑。③ 二是非法口供与非法实物证据加以区别。该说认为,我国首先应排除非任意性(即非自愿性)的自白,在此基础上对任意性的非法自白加以适当排除。对于非法实物证据,则应一律加以排除,但强调在排除非法搜查、扣押所获的实质证据之后,对被告人应慎重处置,即排除非法证据,并不影响其他证据的效力。④ 三是非法言词证据(主要指口供)一律排除和非法实物证据的原则排除。在排除非法实物证据原则下,设立犯罪行为严重危害国家安全、社会利益等若干例外。⑤

上述我国目前非法证据处理"拆衷说"的三种观点,虽然在对非法证据的处理方法上有一定区别,但基调是一致的:对非法方法收集的口供和实物证据,都倾向于或原则上加以排除,而只在限制的条件或口供与实物证据排除的侧重点上有所不同。笔者认为,这种非法证据的排除观点,实际上是对以

---

① 戴福康:《对刑事诉讼证据质和量的探讨》,《法学研究》1988 年第 4 期。
② 徐益初:《对口供的审查和判断》,《北京政法学院学报》1982 年第 3 期。
③ 宋英辉:《刑事诉讼目的论》,中国人民公安大学出版社 1995 年版,第 24 页。
④ 李心鉴:《刑事诉讼构造论》,中国政法大学出版社 1992 年版,第 279—294 页。
⑤ 左卫民、刘涛:《非法证据排除规则的确立与完善》,《法商研究》1999 年第 5 期。

美国为代表的非法证据排除规则的"青睐"和认可。这种美国式的非法证据排除的主导思想十分明显,非法证据因其采集证据的非法性,将直接影响其证据的可采性,并被纳入法庭排除的视野。这一非法证据排除规则强调较为完整和彻底的程序正义精神,对于抑制司法人员的诉讼违法和侵权行为,确保诉讼公正,张扬司法民主、法治精神,无疑是有益的。但这样一种理想化的非法证据处理模式,必须有与之相适应的理想化的法治环境和条件为依托。笔者认为,我国的司法现状对于这种证据规则的接纳存在两种排斥因素必须加以注意:其一,司法队伍业务素质和法律意识落后于司法法治化的要求。司法法治化强调司法机关执法活动的规范化和程序化,这是现代文明国家法治化的基本前提,排除非法证据于诉讼之外正是司法法治化的必然要求。改革开放以来,随着大量高层次的法律专门人才的引入和在职司法干部不间断的岗位轮训和深造,我国司法队伍的文化层次总体上有了较大提升,但也必须注意的一个倾向是,司法队伍的文凭提高了,相应的法律素质和法律意识水平并未得到根本改善。司法者整体素质的这一现状与现行司法体制的某些弊端交互作用,导致实际工作中违法行为的存在,其中表现在证据收集上,除刑讯逼供这种典型的非法行为受到较有效遏制外,不同程度的威、诱、指、骗供及不合法的搜查、扣押等现象仍然存在。如果遵循非法证据原则排除的规则,无异于大量非法证据被排除在诉讼之外,其结果是相当一部分案件因缺乏充分的证据而无法追诉或因对非法证据的重新"加工"而延误处理,从而降低案件处理的效能。其二,我国有限的司法资源不足以支撑全面意义的非法证据排除规则的实施。我国目前仍处于经济发展的持续阶段,国家财政对司法业务的支持是有限的,这就决定了我国司法领域中人力、物力和财力等司法资源的有限性。怎样有效利用有限的司法资源发挥最大的司法效益是司法界首先必须解决的问题。在坚持非法证据原则排除的规则下,大量真实但非法的证据被弃用,一方面造成对获取该证据资源的浪费,另一方面为了获得案件的最终处理,将不得不进行重复或另行的调查取证工作,增大人力、物力、财力的投入,进一步加剧司法资源的无谓消耗。这种做法显然与我国司法资源的有限性是极不适应的。而且,必须注意的是,这种证据排除规则虽不是一种绝对的、极端化的程序正义至上主义,但其实施中仍体现了一种对程序正义倾斜的思想,甚至为保全形式上的程序正义而不惜牺牲实体正义,这种做法所付出的代价过于高昂。实际上,美国在采取非法证据排除规则的实践中,已经感受到了这一规则的弊端,在具体的司法判例中,有过对这一规则的动摇倾向。

二、关于非法证据排除规则的思考

必须承认,实质意义上的程序正义精神也是我国诉讼价值目标的根本所在,我国学者所强调的非法证据的禁用,其出发点也在于采集证据方法的非法性对于实质意义的程序正义即对被告人获得公正审判的损害。如果非法证据的采用并未导致被告人实际利益的损害,而仅因证据的非法属性将其排除于诉讼之外,实质上是以牺牲实体正义的沉重代价维护程序正义的表面光环,与程序正义的精神实质是相悖离的。故以不违背实质意义的程序正义为底线的非法证据的采用,在我国应是一种合理的诉讼价值选择。

有人或许认为,非法证据的采用虽可设置限制性条件避免其对实质意义的程序正义的损害,但这种做法将是一种对非法取证行为的肯定,势必导致法律价值观念上的错位,以至于在事实上助长乃至鼓励非法取证行为。正如有学者所言,"既要砍毒树,又要吃毒果"①,两者自相矛盾。笔者认为,对非法行为结果的肯定,并不必然地推导出对非法行为的肯定。行为和结果虽是相互联系的,但又有自身的独立价值。对非法取证行为予以否定在态度上应是明确的,但对非法行为的否定,并非一定要通过对非法行为所产生的结果的否定来实现。在对非法行为的结果即非法证据加以采纳的同时,完全可以单独对非法行为予以否定评价。这种否定评价,可以通过言辞教育的方式,对违法者进行说服和矫治,也可以是法律的制裁措施。对于一般的非法行为,可按照《中华人民共和国警察法》《中华人民共和国检察官法》和《中华人民共和国法官法》的规定予以处分。对于构成犯罪的,可根据刑法的有关规

---

① 李心鉴:《刑事诉讼构造论》,中国政法大学出版社 1992 年版,第 269 页。

定,以刑讯逼供罪、非法拘禁罪、非法搜查罪和非法侵入他人住宅罪等论处。通过上述一系列法律和非法律的措施,足以表明法律对于非法取证行为的应有态度,而且使司法人员的取证行为能够真正回到正确的法律轨道上来,严格依照刑事诉讼法和其他法律的规定完成取证工作。

从目前来看,我国非法证据的采用对实质意义程序正义的损害,在标准的掌握上较英国更严,非法证据运用所受的实际限制也更小。但着眼于长远,也应适当赋予被告人诸如沉默权、反对自证其罪权及律师的在场权等权益,以推动对被告人审判公正利益更加充分的保障。笔者认为,我国在坚持非法证据总体适用的原则下,目前对这一非法证据排除标准的掌握主要从以下几个方面考虑:第一,以暴力强制的非法方法实施的取证行为,如采用刑讯逼供的方法收集嫌疑人(被告人)的口供;在非法搜查、扣押时使用暴力强行扣留他人物品或搜身并造成他人人身伤害的,采取上述暴力或变相暴力的方法收集证据,不仅违背了犯罪嫌疑人(被告人)的真实意愿,而且是对犯罪嫌疑人(被告人)在诉讼中人身安全这一最基本人权的侵犯,其破坏了整个程序正义的前提和基础,当然应排除这些非法证据。第二,犯罪嫌疑人(被告人)辩护权的损害情况。按照我国刑事诉讼法的规定,犯罪嫌疑人(被告人)享有为自己进行无罪或罪轻辩护的基本诉讼权利,这一权利可由其自行行使,也可由律师等代为行使。犯罪嫌疑人(被告人)不知晓自己的这一权利,司法人员则有义务向其说明。如果司法人员未告知其这项权利而使犯罪嫌疑人(被告人)在不知晓的情况下作了有罪陈述,或犯罪嫌疑人(被告人)提出的律师帮助的要求,在予以满足之前进行了讯问并获得了其坦白,无疑剥夺或损害了犯罪嫌疑人(被告人)的辩护权。如果该口供加以采用,其产生的后果是犯罪嫌疑人(被告人)将承担受到刑事追究的风险,这种做法违背了实质意义的程序正义即保障被告人公正审判的要求,该非法证据当然应予排除。第三,证明责任的倒置。按照我国刑事诉讼法的规定,证明被告人有罪的责任归于控诉一方,被告人不负证明责任,更不承担证明自己有罪的责任。以非法方法获得的嫌疑人(被告人)有罪陈述,成为起诉的主要证据,表明控方的指控是以不合法的手段取得被告人帮助的情况下完成的,实际上使被告人承受了证明自己有罪的责任,相反,控方却推卸了这一证明责任。这种证明责任的倒置现象,突出地反映了被告人在无诉讼安全保障之下,被不公正地进行了审判,从而违背了实质意义的程序正义的精神,这种非法证据应予排除。

第四章　非法证据排除规则生成方式的困境与出路

在我国刑事司法领域,非法证据排除规则被视为保障被追诉人基本人权和维护司法公正的重要法律规范,但在司法实践中这一证据规则并未得到有效适用。其中一个重要原因在于,我国并未建立起一个系统完备且具有可操作性的非法证据规则体系。现行非法证据排除规则仍主要来源于司法实践,出自不同司法系统,并呈现效力位阶多元的规范体系,笔者将其称为以司法规范为主导的非法证据排除规则,其具有以下几个基本特征:一是非法证据的排除首先由司法解释和其他司法性规范加以规定。非法证据排除规则虽是 2012 年修改后的刑事诉讼法正式加以确立的,但在此之前相当长的不同历史时期,最高人民法院和最高人民检察院在司法解释及其他司法规范性文件中,或在与国务院其他职能部门联合发布的司法规范性文件中,就已对非法证据的排除作出了相应规定。其中,1998 年《最高人民法院关于执行〈中华人民共和国刑事诉讼法〉若干问题的解释》中有关非法言词证据排除的明确规定①,是我国最早以司法解释的名义确立的非法证据排除规则。二是司法解释及其他司法规范的规定居于主导地位。在对非法证据排除的规范中,以司法解释及其他司法规范性文件的文本形式出台的力度、规模和频率,以及持续发布的时间跨度是最大的。具体表现为,涉及非法证据排除的司法解释和

---

① 1998 年《最高人民法院关于执行〈中华人民共和国刑事诉讼法〉若干问题的解释》第 61 条规定,严禁以非法的方法收集证据。凡经查证确实属于采用刑讯逼供或者威胁、引诱、欺骗等非法的方法取得的证人证言、被害人陈述、被告人供述,不能作为定案的根据。

其他司法规范性文件数量多和形式多样、新旧文本共处的时间跨度长；司法规范的内容既包括排除的整体性和实体性规范，也包括排除的程序性操作规范；参与制定和出台非法证据排除规范的主体多元，包括最高人民法院、最高人民检察院、国务院相关职能部门，甚至全国人大法工委等。三是刑事诉讼法确立的非法证据排除规则以司法解释和其他司法规范为依据。2012年修改后的刑事诉讼法确立的非法证据排除规则，就其形式和内容与2010年最高人民法院、最高人民检察院、公安部、国家安全部、司法部出台的《关于办理刑事案件排除非法证据若干问题的规定》基本一致，一般认为，该法典确立的非法证据排除规则来源于司法规范性文件的规定。四是非法证据排除规则的发展和完善由司法解释及其他司法规范推动。自1998年最高人民法院确立这项证据规则以来，非法证据的排除在如下方面均有一定程度的发展和完善：排除对象从对非法言词证据的排除，扩展到包括对实物证据在内的所有非法证据的排除；非法属性的界定从方法或手段的非法延伸至程序性非法，从而进一步扩大非法证据排除的范围；完善排除的实体规则的同时，也逐渐重视排除的程序规则的构建；排除的模式上在坚持法定强制性排除原则之下，也确立对瑕疵证据裁量性排除的原则等。上述非法证据排除诸多方面规范的完善，主要是通过司法解释及其他司法规范性文件的出台和实施加以推动的，而非是由刑事诉讼法的规定实现的。

所以，从非法证据排除规则确立和发展的上述四个基本特征来看，我国现行非法证据排除规则实际上是较典型的司法实践性规范，而非一种真正意义上的法典化规范。由于这一证据规则并非是正统法典化文本的产物，与传统正式法律规范相比，在法律价值理念、基本制度的整体一贯性和融通性，乃至形式和内容的严谨要求等方面，存在相应的不足，以至直接影响了非法证据排除规则在司法实践中适用的效果。然而，以司法规范为主导的非法证据排除规则生成的结构性困境是什么，由此导致的排除规则体系构建的缺陷是什么？我国非法证据排除规则立法模式又如何选择？需要加以具体分析和探讨。

第一节 司法规范主导形成的非法证据
排除规则的结构性问题

非法证据的排除是当代中国践行司法公正价值的重要举措,但与我国传统刑事司法注重打击犯罪的价值取向存在一定冲突,且实践中存在排除的具体操作难题,刑事诉讼的正式立法并未将其作为重点规范的对象,从而客观上推动了以司法规范形式为主导的非法证据排除规则的形成和发展。然而,非法证据排除规则的司法规范化生成方式,也带来该证据规则整体结构性的诸多弊端。

一、非法证据排除规则的不稳定性

我国非法证据排除规则经过较长时期的发展和演变,有关非法证据排除的对象、范围、标准和操作程序等规范已初步加以确立,但就整体来看,非法证据排除规则并未形成一体化且具有稳定性的规范:一是非法证据排除的术语表达不同。在现有司法规范性文件中,非法证据排除的用语存在一定差异。例如,1998 年《最高人民法院关于执行〈中华人民共和国刑事诉讼法〉若干问题的解释》(以下简称《解释》)第 61 条规定:"凡经查证确实属于采用刑讯逼供或者威胁、引诱、欺骗等非法的方法取得的证人证言、被害人陈述、被告人供述,不能作为定案的根据。"该条中"不能作为定案的根据"的用语,可以理解为该类证据不具有证据能力而加以排除,也可理解为不具有证明力而不能作为最终的定案根据,前者属于证据能力规则的范畴,后者则是证明力规则的内容。2010 年"两高三部"联合发布的《关于办理刑事案件排除非法证据若干的规定》(以下简称《排非规定》)第 2 条规定:"经依法确认的非法言词证据,应当予以排除,不能作为定案的根据。"该条在"不能作为定案的根据"之前加入"应当予以排除"的字眼,对排除的语义表达较之前更为明确。但在2017 年"两高三部"联合发布的《关于办理刑事案件严格排除非法证据若干问题的规定》(以下简称《严格排非规定》)中,却以文件标题的形式使用"严格排除非法证据"术语。此后直至 2020 年最高人民法院《关于适用〈中华人民共和国刑事诉讼法〉的解释》第四章第九节才以"非法证据排除"的标题,对非法证据排除的用语作出了更为准确的表述。

所以,以司法规范为主导确立的非法证据排除规则前后使用了"不能作为定案的依据""严格排除非法证据"和"非法证据排除"等三种不同用语,显然,它们语义的精神内涵是不同的。严格排除非法证据与一般性排除非法证据的用语,在排除的程度和掌握的标准上是不同的,从上述司法规范性文件规定的具体内容上反映出相应的差别。非法证据排除的用语不同,反映出以司法规范形式确立的非法证据排除规则在形式上的不稳定性。

二是非法证据排除规则缺乏稳定的文本形式。其一,非法证据排除的规范出自不同的主体。既有最高人民法院、最高人民检察院、公安部等各自执行或适用刑事诉讼法解释中对非法证据排除的规定,也有上述公安司法机关以及其他国家行政机关联合出台的有关非法证据排除的专门性规定。出自不同机构的排除规则代表不同机构的立场,体现其不同的利益倾向,其规范内容也有所不同。有学者将司法系统各自出台非法证据排除规则的现象视为不同利益博弈的形式,认为"当这些不同的机构在刑事司法系统中处于不同立场时,他们的解释立场、解释策略、解释方法以及解释范围也随之发生重大变化"[1]。所以,非法证据排除规则出自不同机构本身是对非法证据排除的多维度规制,反映出非法证据规则的不稳定性。其二,非法证据排除规则表现形式的多样性。从非法证据排除规则的文本生成样态来看,既有中央司法工作指导意见的规定,也有全国人大对刑事司法领域专门活动的决定;既有最高人民法院、最高人民检察院和公安部适用刑事诉讼法的解释或规定中将其作为一部分加以规定的,也有以单一司法规范形式加以确立的,如 2010 年的《排非规定》、2017 年的《严格排非规定》等。同时,在"两高"司法解释中,出现后文本覆盖前文本、单一司法规范又可取代司法解释的局面,而对前后不同的单一司法规范文本也未进行统一明确的废止、补充和修正的整理工作。非法证据排除规范文本的多样性和多元化特点,一定程度上与司法实践

---

[1] 吴洪淇:《非法言词证据的解释:利益格局与语词之争》,《法学家》2016 年第 3 期。

发展变化的具体情况相适应,但也表明这类证据规则本身缺乏前后照应和一贯性,反映了以司法规范为主导生成的非法证据排除规则不成熟和不稳定的特点。

三是文本内容的变化较大。与我国刑事诉讼法对非法证据排除较为一致且明确的规定不同,有关非法证据排除规则的司法规范发展中,非法证据排除规则呈现急剧变化的特征。就非法证据排除的对象和范围来看,20 世纪90 年代"两高"的刑事司法解释,将排除的非法证据限于言词证据范畴,2010年的《排非规定》扩展至非法实物证据的排除;早期司法解释和单行司法规范文件对非法的范围限定为非法方法和手段这一较典型的非法属性,现行"两高"的司法解释已延伸至程序性违法的范围;2017 年的《严格排非规定》在对一般非法方法和程序性违法证据排除的基础上,又增加非法拘禁获得的供述以及重复性口供的排除。就非法证据排除的一般标准来看,已由过去以刑讯等非法形式为特征的口供加以排除,变为对他人产生肉体和精神难以忍受的疼痛和痛苦而不得已作出陈述的排除;在刑讯方法的掌握上除典型刑讯外,又增加冻、饿、晒、烤和疲劳讯问等间接刑讯方式,从而确立对非法口供的法律拟制的排除。[①]

总之,以司法规范为主导的非法证据排除规则生成方式,无论是非法证据排除用语表达的不同,还是排除规则司法规范文本类型的多样化,以及非法证据排除的范围、标准的扩大和发展,均体现了非法证据排除规则实际处于不断的变化和调整之中。有学者以我国非法言词证据排除从最低限度的痛苦规则到法律拟制和重复自白排除的变化为例,认为在如此短暂的时间里汇聚如此剧烈的变化,从某种意义上说明我国的非法言词证据排除范围的变化并不是渐进式改良的产物,更多的是剧烈改革的产物。[②] 而产生上述变化的原因既有司法实践所处历史阶段的任务和目标的不同,也有不同机构所代表的利益和价值观差异所起的作用。非法证据排除规则本身成为对非法证

[①]　陈瑞华:《非法证据排除规则的适用对象——以非自愿供述为范例的分析》,《当代法学》2015 年第 1 期。

[②]　吴洪淇:《非法言词证据的解释:利益格局与语词之争》,《法学家》2016 年第 3 期。

据排除的多维度规制,反映出非法证据排除规则的不稳定性。

二、非法证据排除规则的价值取向和标准的多元性

以司法规范主导确立的非法证据排除规则,不仅使非法证据排除的称谓、文本的形式和内容等产生不稳定的倾向,而且也表现出非法证据排除规则的价值取向和基本标准的差异性和多元性。

第一,以正当程序为基础的较为理性的价值取向和准则。从 1998 年最高人民法院司法解释对非法证据排除规则的确立,到 2010 年《排非规定》出台前,是非法证据排除规则从无到有的初创时期。随着正当法律程序理念对我国刑事诉讼法律文化的影响,非法证据排除规则得以初步确立,但非法实物证据并未被纳入排除范围,且对非法言词证据排除的标准仍加以严格掌控。在这一时期,除 2001 年 1 月和 2006 年 7 月最高人民检察院分别发布的《关于严禁将刑讯逼供获取的犯罪嫌疑人供述作为定案依据的通知》和《关于在审查逮捕和审查起诉工作中加强证据审查的若干意见》等少数司法规范性文件外,并没有对非法证据排除的进一步具体规定,而司法实践中排除非法证据的案例也十分罕见。1998 年最高人民法院确立非法证据排除规则之后的第二年发生的杜培武杀人案,一审和二审中被告人的辩护人均已提出侦查阶段存在刑讯逼供现象,要求排除刑讯获取的口供,但两级法院均未启动非法口供的调查程序,更无对这一口供的排除。由此可见,我国非法证据排除虽以正当程序理念为基础,但对非法证据的排除仍是审慎的。

第二,正当程序与惩治犯罪适度结合的价值取向。进入 21 世纪以来,我国司法实践中陆续出现的佘祥林、赵作海等若干有影响的冤假错案,均与刑讯逼供获取的口供定案有着直接关系,司法界开始对排除非法证据加以重视。出于维护实体公正、保证实体裁判的可靠性需要,2010 年的《排非规定》和《关于办理死刑案件审查判断证据若干问题的规定》(以下简称《死刑规定》),表现出司法公正与有效惩治犯罪适度结合的价值取向:一方面,鉴于司法实践中出现的冤假错案,通过对以刑讯等方法获取的口供,采用暴力、威胁等方法获取的证言、被害人陈述加以排除的规定,保证上述言词证据运用的

可靠性,实现实体裁判的公正。同时,《排非规定》第 14 条又规定,物证、书证的取得明显违反法律规定,可能影响公正审判的,应当予以补正或者作出合理解释,否则,该物证、书证不能作为定案的根据。对于有实际证明价值的实物证据符合上述条件的排除,表明《排非规定》对诉讼程序公正价值的坚持。另一方面,上述司法规范性文件确立的非法证据排除规则又需维护有效惩治犯罪的基本价值要求。这一精神主要是通过对非法证据排除的适度限制加以体现:其一,对于非法言词证据的排除,主要针对刑讯等非法方法获取的口供,暴力、威胁等方法获取的证言和被害人陈述等证据,有学者将这一有限的排除规则限缩为"痛苦规则"[①]。对其他非法方法获取的言词证据则由裁判者加以裁量排除。其二,对非法实物证据的排除设定较高的排除门槛。根据《排非规定》第 14 条的规定,非法实物证据的排除需符合违反法律规定、可能影响公正审判并不能予以补正或合理解释等三个条件。其三,对程序性违法取得的言词证据并未纳入排除范围。尽管《死刑规定》第 13 条、第 17 条和第 20 条对违反法律程序获取的证人证言、被害人陈述和被告人供述等言词证据应加以排除,但对于一般刑事案件的程序性违法言词证据并未纳入排除范围。

第三,偏重于正当程序价值的要求。2010 年以来,随着司法领域逐渐推动的促进司法公正的各项体制、机制改革,历史案件的复查和冤假错案平反已成为常态化工作,这一时期平反的冤假错案不仅量大,且影响巨大。如内蒙的呼格案、杭州的张氏叔侄案、于英生案和李怀亮案等,对我国司法系统的公正形象产生较大的负面影响,而这些案件在事实认定上的颠覆性差错,与侦查阶段取供中采取的刑讯等非法手段存在直接联系。在 2013 年中国共产党十八届三中全会上,司法公正成为一个重要议题,会议形成的决定中明确提出严格实行非法证据排除规则。作为对中央提出的非法证据排除基本精神的回应,2013 年先后出台四个重要司法规范性文件:公安部《关于进一步加强和改进刑事执法办案工作切实防止发生冤假错案的通知》,中央政法委《关于切实防止冤假错案的规定》,最高人民检察院《关于切实履行检察职能防止

---

① 龙宗智:《我国非法口供排除的"痛苦规则"及相关问题》,《政法论坛》2013 年第 5 期。

和纠正冤假错案的若干意见》和最高人民法院《关于建立健全防范刑事冤假错案工作机制的意见》。2017 年 6 月 20 日"两高三部"出台《严格排非规定》。由此以司法规范性文件的形式出台的相应非法证据排除规则,主要精神在于加大非法证据排除的力度,实行更为严格的非法证据排除规则。例如,最高人民法院《关于建立健全防范刑事冤假错案工作机制的意见》第 8 条将对刑讯逼供获取口供的强制性排除基础上,对于采用冻、饿、晒、烤、疲劳审讯等非法方法获取的口供,在规定的办案场所外讯问取得的供述,以及未依法对讯问进行全程录音录像取得的供述等程序性违法获取的口供也加以排除。又如《严格排非规定》第 4 条和第 5 条将非法口供的排除范围扩大至采用非法拘禁等限制人身自由方法获取的口供以及非法的重复供述。有学者认为,"我国确立非法证据排除规则直接动因并非以更为人道方式对待被追诉者的'法律道德责任'……而是对重大冤假错案的难以接受,或者说为了避免实体错误"①。尽管上述非法证据排除规定的起因在于加强对刑讯逼供和非法取证的源头预防,以避免冤假错案的产生②,但排除的非法证据也非一定是虚假和不实证据,而更是因为非法取证"严重侵犯当事人的人身权利,破坏司法公正"③。所以,上述司法规范性文件有关非法证据排除的规定,在保障裁判结果可靠性、维护实体公正的基础上,更为强调实现保障人权,维护程序正义价值的基本要求。

由司法系统制定的非法证据排除的司法规范,能够灵活机动地反映司法实践不断变化的现实情况,并成为贯彻刑事政策的有效手段,非法证据排除规则的基本价值取向也符合诉讼文明和国际刑事司法标准的基本要求,但上述不同时期制定的司法规范具有不同的倾向性规定,反映出我国非法证据排除规则基本价值取向和标准的易变性和多元性特征。

---

① 闫召华:《"名禁实允"与"虽令不行":非法证据排除难研究》,《法制与社会发展》2014年第 2 期。
② 吴洪淇:《非法言词证据的解释:利益格局与语词之争》,《法学家》2016 年第 3 期。
③ 全国人大常委会法制工作委员会刑法室:《关于修改〈中华人民共和国刑事诉讼法〉的决定条文说明、立法理由及相关规定》,北京大学出版社 2012 年版,第 56 页。

三、多样化非法证据排除规则的前后矛盾

由于以司法规范为主要生成方式的多样化非法证据排除规则,出自不同立场的司法机关,文本出台的时间跨度长,并受不同时期司法政策的影响,其本身存在以下多种冲突和矛盾:第一,"两高"司法解释与公安部规定之间的矛盾。"两高"的司法解释不仅在非法言词证据和实物证据排除的对象和范围以及排除的标准上是完全一致的,而且排除的语言表述也相同。公安部的《公安机关办理刑事案件程序规定》(以下简称《公安规定》)第71条有关非法证据排除的规定,虽沿袭了刑事诉讼法第56条的内容,却与"两高"司法解释存在明显区别:其一,对非法口供的排除范围加以限缩,即主要对刑讯方法获取的口供加以排除,而未扩大到对非法拘禁等限制人身自由而取得的口供以及非法重复口供等的排除。其二,对刑讯或暴力及威胁方法没有确立"两高"司法解释规定的"使犯罪嫌疑人遭受难以忍受的痛苦而违背意愿作出的供述"的判断标准。其三,补充增加了电子数据和视听资料等两项实物证据作为排除的范围。总体上看,相较于"两高"司法解释的规定,《公安规定》体现出对非法证据排除的谨慎态度,"希望可以将非法证据排除范围限定在最小的限度内"[①]。这显然与公安机关侧重打击和控制犯罪的立场有着密切关系。

第二,司法解释与其他司法规范性文件之间的冲突和矛盾。从非法证据排除规则的发展来看,"两高"司法解释以及《公安规定》中对非法证据排除的规范,与有关该类证据规则的其他司法规范性文件的规定处于相伴跟进和交织融合的发展过程之中。不仅"两高"司法解释与《公安规定》之间对非法证据的排除存在不同规定,而且司法解释与其他司法规范性文件也出现相互矛盾和冲突的现象。例如,"两高"司法解释与仍然有效的2013年最高人民法院《关于建立健全防范刑事冤假错案工作机制的意见》(以下简称《防范冤假错案意见》)存在明显区别:其一,对刑讯逼供获取的口供排除,"两高"司法解释确立了刑讯需达到的使犯罪嫌疑人遭受难以忍受的痛苦而违背意愿作出的供述的标准;而《防范冤假错案意见》并未确立刑讯的排除标准,而是进一

---

① 吴洪淇:《非法言词证据的解释:利益格局与语词之争》,《法学家》2016年第3期。

步对变相刑讯的情形作出例举式规定,即采用冻、饿、晒、烤、疲劳审讯等方法获取的口供加以排除。应该说,"两高"司法解释有关刑讯方法获取的口供排除赋予了司法者一定的裁量权,排除范围更大。其二,对程序性违法取得的口供和证言,根据《防范冤假错案意见》第 8 条的规定,未按规定在办案场所进行讯问,或者未在讯问过程中进行全程录音录像,或者有合理理由怀疑讯问中采用非法方法的,由此获取的口供应加以排除;但在"两高"司法解释中并无此规定。因而《防范冤假错案意见》的规定扩大了非法口供的排除范围。

第三,同一制定主体前后司法解释及其他规范性文件之间的冲突和矛盾。以司法规范主导的非法证据排除规则的生成方式,产生的另一个现实问题是,出自同一主体的司法解释及其他司法规范文件前后之间也存在一定的冲突和矛盾。其一,司法解释前后之间的矛盾。现行"两高"司法解释(2021年最高人民法院《关于适用〈中华人民共和国刑事诉讼法〉的解释》和 2019 年最高人民检察院《人民检察院刑事诉讼规则》)与 2012 年"两高"司法解释的规定存在明显差异。以最高人民法院的司法解释为例,根据现行司法解释第123 条的规定,使被告人遭受难以忍受的痛苦而违背意愿作出的供述是作为衡量采取刑讯或变相刑讯方法达到排除标准加以规定的;而 2012 年司法解释第 95 条规定的使被告人在肉体上或者精神上遭受剧烈疼痛或者痛苦的方法,迫使被告人违背意愿供述的,则是作为与刑讯或变相刑讯方法并列而需对非法口供加以排除的情形,2012 年司法解释扩大了非法口供排除的范围。但现行司法解释第 123 条和第 124 条又明确将以暴力或者严重损害本人及其近亲属合法权益等相威胁的方法,非法拘禁等限制人身自由的方法获取的口供,以及非法的重复性口供等,纳入排除范围;而 2012 年司法解释则无明确规定。其二,其他司法规范性文件前后的排除规定也存在明显差别。2013 年最高人民法院的《防范冤假错案意见》与 2017 年最高人民法院参与制定的《严格排非规定》排除的非法口供有重复和交叉,均明确规定刑讯或变相刑讯获取的口供加以排除,但后者将典型的威胁方法、非法拘禁等限制人身自由方法获取的口供,以及对非法重复性口供纳入排除范围,而前者将讯问地点不合法以及讯问过程未按规定进行全程录音录像产生的口供加以排除,两者排除的范围仍各有不同。

四、司法规范对刑事诉讼法的突破

现行刑事诉讼法确立的非法证据排除规则是对 2010 年《排非规定》的重复规定,其以司法规范性文件为依据本就不同寻常,但更为重要的是,对于刑事诉讼法确立的非法证据排除规则,现行司法解释对刑事诉讼法多有突破之处。

第一,非法方法范围存在一定冲突。根据"两高"司法解释的规定,采用殴打、违法使用戒具等暴力方法或者变相肉刑的恶劣手段,使犯罪嫌疑人遭受难以忍受的痛苦而违背意愿作出的供述,应加以排除。实际上是对刑讯方法获取的口供的排除,并确定刑讯方法的"痛苦"认定标准,同时对于采用以暴力或者严重损害本人及其近亲属合法权益等进行威胁的方法,使犯罪嫌疑人遭受难以忍受的痛苦而违背意愿作出的供述,也应加以排除。也就是说,"两高"司法解释确定的非法口供的排除明确限定为刑讯和典型的威胁方法获取的口供,而不包括其他非法方法。但《刑事诉讼法》第 56 条则是规定刑讯等非法方法,至于除刑讯之外其他非法方法实际应由司法者裁量决定,但应不限于威胁方法。所以,现行司法解释对非法方法的规定实际上限缩了口供排除的范围。

第二,对排除特殊情形的一定突破。根据"两高"司法解释的规定,采用非法拘禁等非法限制人身自由的方法收集的供述,以及非法重复性供述应加以排除,但刑事诉讼法中对此并未纳入排除范围。非法拘禁可以是刑事诉讼中的非法监视居住或取保候审,也可是更为严重的非法逮捕或拘留等剥夺人身自由的措施,还可以采用除刑事诉讼强制措施之外的其他限制人身自由的措施,因而对于采用上述非法限制或剥夺人身自由的措施而获取的口供加以排除,明显扩大了非法口供排除的范围,表明现行司法解释对非法口供排除的严厉态度。而对于重复性口供虽确定了排除的例外情形,但又反映出司法解释对取供过程合法性更严格的要求。上述司法解释有关非法口供的排除规定,虽具有无可争辩的合理性和正当性,但又是对现行刑事诉讼法的突破,司法规范性文件的实际立法功能替代了其解释功能。

第三,非法证据排除新类型的确立。就非法言词证据的排除而言,刑事诉讼法仅就刑讯、暴力、威胁等非法方法获取的被追诉人的供述、证人证言和被害人陈述等言词证据加以排除;而最高人民法院现行司法解释则在此基础上,将非法言词证据的排除扩大到程序性违法的范畴。最高人民法院《关于适用〈中华人民共和国刑事诉讼法〉的解释》第 94 条和第 95 条分别规定四种和三种讯问程序性违法获取的供述的强制性排除和讯问笔录瑕疵不能补证或作出合理解释的裁量性排除;该司法解释第 89 条和第 90 条分别规定四种询问程序性违法获取的证言强制性排除以及五种询问程序违法的证言不能补证或作出合理解释的裁量性排除。上述司法解释对取证程序违法的言词证据排除,并无正式的立法依据,司法解释不仅扩大了非法证据的排除范围,而且以程序违法的排除确立了一种新的排除类型,可以认为是对刑事诉讼法的一种根本性突破。

源自于不同主体和不同阶段的多样化司法规范所确立的非法证据排除规则,带来了非法证据排除规则的不稳定、排除价值取向和标准的多元、排除规则的前后矛盾,以及对刑事诉讼法的突破等诸多结构性困境,产生的最终结果在于法律规范体系效力关系的混乱,并在很大程度上促使司法机关实践中适用司法规范惯性的形成。由于上述司法规范确定的非法证据排除的范围更广,排除的实体性和程序性规范也更为具体明确,可能导致司法实践中以司法规范作为排除非法证据的基本依据,刑事诉讼法则成为一种摆设而被束之高阁,非法证据的排除难以真正形成稳定而协调一致的整体化规范,从而影响合理而可操作的非法证据排除规则体系的建构。

第二节　司法规范主导形成的非法证据排除规则自身体系建构的缺陷

以司法规范形式为主导确立的非法证据排除规则,由于本身出自不同司法主体及其代表的不同司法立场,加之不断变化的刑事司法政策对排除非法证据提出的不同阶段性要求等,不仅产生了非法证据排除规则的诸多结构性问题,而且客观上难以建立一种相对稳定的、价值取向及适用标准相对统一的排除规则体系。具体而言,这一非法证据排除规则自身体系建构存在以下主要问题。

一、非法证据排除的基本理念和原则欠缺

以司法规范形式确立的非法证据排除规则,主要解决司法实践中由冤假错案产生的较为突出的司法不公问题,并未确立较为稳定的基础规范。

(一) 没有树立非法证据排除规则的基本理念

非法证据的排除涉及犯罪控制与人权保障、实体公正与程序正义的两种不同理念或价值取向的碰撞和冲突。对非法证据倾向排除的立场,反映出对人权保障和程序正义价值理念的维护和尊重;相反,则体现司法犯罪控制和实体公正价值理念的维护和追求。在现行司法规范主导的非法证据排除规则中,并未清晰反映我国非法证据排除规则遵循以保障人权和程序正义为主,抑或犯罪控制和实体公正为重,还是强调人权保障与犯罪控制、程序公正与实体公正两种价值取向的协调和统一。从我国过往针对非法证据排除制定的司法规范特点来看,文本种类多、数量大、推出持续时间长,既有"两高"司法解释及公安部规定,也有"两高"单独出台和联合其他国家部委制定的非法证据排除专门司法规范性文件。对非法证据的排除既趋于规范性,也更加体现出严厉的精神,反映出非法证据排除规则的价值理念对人权保障和程序正义价值的重视。但从司法规范的具体规定来看,我国非法证据排除规则仍属于以采纳为原则、排除为例外的规则[1],其间接反映出犯罪控制和实体正义的价值理念。从理念合理性的角度看,对于犯罪控制与人权保障需要在非法证据排除中加以协调和平衡,毕竟建立于"政府不应从它自己的错误中获益"

---

[1]　马明亮:《非法证据排除规则的结构性困境——基于内部视角的反思》,《现代法学》2015 年第 4 期。

这种"收益导向"的人权保障理念①,与"有罪的人比无辜的人获益更多是不正当的"②的犯罪控制理念同等重要。上述非法证据排除的相互矛盾的价值理念产生于不稳定和多样化的司法规范之中,因而也难以通过这类司法规范的完善加以有效解决。

(二) 没有确立非法证据排除规则的基本原则

以多样化司法规范形式确立的非法证据排除规则,虽然规范内容和容积不断增大,但对非法证据排除具有根本指导意义的基本原则并没有确立,这也是以司法规范形式确立的排除规则不稳定、易变和多元化的一个重要原因。

1. 没有确立法定排除与裁量排除相结合原则。在我国司法规范性文件中,尽管法定排除仍需司法者的裁量,但裁量排除并未作为一项重要原则加以确立,司法者实际上难以通过自由判断对非法证据作出取舍。在非法证据排除中,由于立法对非法的范围和程度难以做到穷尽规定,"在处理非法和不当取得的证据问题上,自由裁量方法似乎是最适当的方法"③。没有裁量排除作为法定排除的重要补充,不能不说是现行司法规范的一个重要缺陷。

2. 比例性原则是空白。比例性原则不是对司法公正价值的宏观把握,而是权衡案件、证据本身的多元因素与违法的比较,决定对非法证据的排除与否。例如,《澳大利亚证据法》第 138(3) 条规定了法院在进行这种权衡时所要考虑的因素,包括但是不限于该证据的证明价值,该证据在程序中的重要性,相关犯罪、诉因或者抗辩的性质以及程序标的的性质,不当行为或者违法的严重性,该不当行为或者违法行为是故意的还是疏忽造成的,在不从事不当行为或者违反澳大利亚法律行为的情况下获得证据的难度等。④ 按照通常的

---

① 陈虎:《程序性制裁之局限性——以非法证据排除规则为例的分析》,《当代法学》2010年第 2 期。

② [美]阿希尔·里德·阿马:《宪法与刑事诉讼——基本原理》,房保国译,中国政法大学出版社 2006 年版,第 50 页。

③ 王进喜:《澳大利亚〈1995 年证据法〉的立法技术及对普通法的变革》,《比较法研究》2013 年第 3 期。

④ 参见王进喜:《澳大利亚〈1995 年证据法〉的立法技术及对普通法的变革》,《比较法研究》2013 年第 3 期。

话语表达,可以表现为该项案内证据是否不可或缺,以及获取该项证据的难易程度;该案涉嫌犯罪的性质及其严重程度;非法取证行为的性质及严重程度;非法取证是故意还是善意;等等。在非法证据排除中,上述排除考虑的因素是相对能够有效判断和掌握的具体因素,体现了排除决定对实体公正与程序公正合理的权衡,但在已有的司法规范性文件中缺乏该项引导性规定。

3. 欠缺其他若干指导性原则。例如,有关非法言词证据排除为主、非法实物证据排除为辅的原则,虽在我国司法规范性文件中似乎对非法实物证据的排除提出了更高的排除条件,甚至有学者提出法律规范排除倾向上体现了言词证据排除的"三突出"特点①,但这一规定并非是对非法实物证据排除设定了更高条件,而是赋予了司法者更大的裁量权,与英美法系对其提出的善意取得、必然发现等更为苛刻的条件是不同的。因而可以认为,我国司法规范中并未明确强调非法言词证据排除为主的指导原则。又如,有关实体性违法排除为主、程序性违法排除为辅的原则,在我国司法规范中,由于没有确立言词证据的程序性违法作为一种补充排除的原则,导致程序性违法的强制性排除和裁量性排除,与非法方法获取的言词证据排除有着同等重要的地位,不仅对现行法典结构产生冲击,也欠缺排除的必要性和可行性。

二、非法证据排除的基本标准和尺度仍缺乏合理性和可操作性

非法证据排除的标准和尺度包含证据取舍的基本价值和理念,能够统摄类型化的非法证据排除,是裁判者可以有效和合理操作排除规则的重要前提。在世界范围内,非法证据尤其是非法供述排除的公认核心标准在于,被追诉人作出供述的非任意性。英国桑赖尔勋爵在阐述普通法的这一原则时曾指出:"这是长久以来确立的一项规则……没有哪项被告人的陈述可承认作为证据,除非显示它是一项自愿的陈述,在此意义上该陈述不是由政府通过利用使被告人产生偏见的恐惧或者有利的希望获取的。"②英国 1964 年《法官规则》和 1984 年《警察与刑事证据法》将被告人口供的任意性标准作为一

---

① 龙宗智:《我国非法口供排除的"痛苦规则"及相关问题》,《政法论坛》2013 年第 5 期。

② Peter Murphy, *Murphy on Evidence*, 6ᵗʰ ed., Blackstone Press Limited, 1997, p.235.

项法律规则作了明确规定。美国自 20 世纪 40 年代以来,司法中对口供排除标准的掌握,尽管不同时期存在不同的特点和一定程度的变化,但始终并未偏离口供任意性这一普通法上的古老原则,并以联邦宪法第五修正案不受强制自证其罪原则和第十四修正案被告人受正当程序保护的权利原则作为重要依据。① 而在德国的非法证据排除规则适用中一个最为重要的评判尺度是,取供方法是否侵犯了被指控人决定和确认自己意志的自由"或者"伤害被指控人的记忆力、理解力。②

作为统领西方主要法治国家非法证据排除所依据的任意性标准,其实质在于确保证据的可靠性。英国证据法学家墨菲认为,"普通法承认,一项口供如果是自由并自愿提供的,就具有可靠性。如果被强迫或强制作出,口供的可靠性也许将受到致命的损害,正当法律制度的尊严本身也将受到侵害"③。当代美国证据法学家华尔兹教授认为,"确保陪审团远离不可靠的口供是支持任意性规则的另一项价值。长期以来,避免肉体上的痛苦或获得某些被许诺的好处,不是出于有罪的良心而作出的任意性口供是不值得信赖的"④。当然,任意性的口供不一定就是真实的口供,而口供的非任意性也不一定产生不可靠的口供,强调口供的任意性更在于维护正当程序价值的需要。"任意性要求能够鼓励消除警察的实际做法。人们认为,即使一个被怀疑有罪的嫌疑人也应该获得合理的文明待遇,不适当的侦讯技术的使用与文明的待遇不一致。"⑤坚持排除的任意性标准,能对警察不法侦讯产生抑制作用,促进对被告人人格尊严和人身权利的保障,体现任意性的社会民主和伦理道德价值。⑥

在以司法规范为主确立的我国非法证据排除规则中,关于非法口供的排

---

① John W. Strong, etc., *McCormick on Evidence*, 5th ed., Horn Book Series West Group,1999, p.216.

② 闫召华:《"名禁实允"与"虽令不行":非法证据排除难研究》,《法制与社会发展》2014年第 2 期。

③ Peter Murphy, *Murphy on Evidence*, 6th ed., Blackstone Press Limited, 1997, p.235.

④ Jon R. Waltz, *Criminal Evidence*, Nelson-Hall Company/Chicago,1975, p.222.

⑤ Jon R. Waltz, *Criminal Evidence*, Nelson-Hall Company/Chicago,1975, p.222.

⑥ 牟军:《自白制度研究——以西方学说为线索的理论展开》,中国人民公安大学出版社2006 年版,第 296 页。

除,要求刑讯(包括变相刑讯)等非法方法达到"使犯罪嫌疑人遭受难以忍受的痛苦而违背意愿作出供述"的程度。这里的"违背意愿作出供述",可认为是对非法口供确立了一种任意性排除标准,但这一标准实际上存在几个问题:其一,违背被追诉人意愿不是以裁判者根据案情和个人情况裁量的结果,而是以使犯罪嫌疑人遭受难以忍受的痛苦为依据。这一衡量依据没有从权利保障、诉讼价值等制度设计中考虑,反而需要通过非法方法加以衡量。其二,任意性标准只适用于对刑讯、威胁方法的判断,而不能作为其他非法方法(引诱、欺骗等方法)的判断依据,即使其他非法方法获取的言辞证据产生非任意性结果,这类证据也不属于排除范围。其产生的结果是,"法律明文列举的行为被视为非法取证行为,而那些没有被列入法律条件之中的行为却可能被视为一种合法行为"[①]。多样化和多主体制定的司法规范对非法证据排除的理念、价值取向、排除的侧重点之规定不同,实际上难以形成一种真正适用于不同诉讼阶段和不同诉讼主体的排除标准和尺度。

三、非法证据排除规则的结构合理性和技术手段欠缺

司法规范为主的非法证据排除规则生成方式,不仅难以调和排除的基础性规范和统一性排除标准,而且也因司法主体自身的条件和司法规范本身的临时性和应景性特点,导致非法证据排除的结构合理性以及技术手段的欠缺。

(一) 非法证据排除的空间范围不合理

非法证据的排除是对取证和证据运用过程合法性和正当性的一种有效监督,是司法最终决断证据取舍命运的环节。因而非法证据的排除应由作为中立裁判者的法院通过公正的审判活动加以处置,而非由证据实际收集和制作者的侦查机关,以及依赖于侦查活动收集的证据提起公诉的检察机关自行排除。这既是对非法证据有效排除的必然要求,也是司法规律的应然体现。但以司法规范为主导形成的非法证据排除规则,既有人民法院在审判阶段作

[①]　陈瑞华:《非法证据排除规则的适用对象——以非自愿供述为范例的分析》,《当代法学》2015年第1期。

为中立者适用的非法证据排除规则,也有在侦查和起诉阶段由侦查机关和检察机关对自行收集、制作以及作为公诉证据适用的排除规则。侦查和检察机关对自行收集和运用的所谓非法有罪证据材料加以排除,实际上是对自身侦查和起诉活动的一种自我否定和设障,存在司法的逻辑悖论,非法证据排除实施的合理性和可行性存在疑问。但这一排除规则结构的不合理性源自于由多样性司法主体制定的司法规范性文件本身所形成。

（二）非法证据排除的法律依据解释性说理不明

一般而言,非法证据排除的内在机理遵循如下逻辑:证据形成和收集过程存在非法行为(无论是证据收集中采用的方法违法,还是证据形成程序的违法)——非法行为产生相应的损害结果(包括对实体正义和程序正义的损害结果),其中程序正义的损害表现为个人利益或权利的侵害——损害结果达到刑事诉讼法所无法容忍的程度。由此可见,非法证据排除内在机理的核心不在于非法取证行为本身,而是这类非法取证行为所产生的实际危害结果。非法取证行为对实体正义的损害结果表现为对证据可靠性和真实性价值的损害。从实践情况看,非法行为产生证据证明价值的损害并非是常见结果,而非法行为产生的更为普遍的结果是对程序正义的损害。具体表现为非法取证行为对被追诉人基本诉讼权利的侵害。在我国,对采用刑讯方法获取的口供排除的最根本原因,"不是因为这种行为给犯罪嫌疑人、被告人带来了生理上或精神上的疼痛或痛苦,而是因为它侵犯了犯罪嫌疑人、被告人的基本权利。法律排除刑讯逼供获得的供述,本质上是排除以侵犯基本权利的方法获得的供述"[1]。而刑讯行为所侵害的权利当然包括他人的人格名誉权、健康权乃至生命权等实体性权利,在西方法治国家更包括他人的不受强制自证其罪权。而其他非法取证行为影响或侵害的权利,包括律师辩护权、诉讼救济权、诉讼知情权以及实质性律师辩护权等。然而,我国多数司法规范中确立的非法证据排除规则,侧重于对非法方法和情形的列举、框定,而未明确规

---

① 易延友:《非法证据排除规则的立法表述与意义空间——〈刑事诉讼法〉第 54 条第 1 款的法教义学分析》,《当代法学》2017 年第 1 期。

定排除的根本依据在于取证的非法对他人基本人权的侵害,从而影响了排除标准的具体把握,更反映出排除的法律解释正当性和法理性的不足。

(三) 没有确立非法证据排除的例外情形

从语义的解释来看,非法证据排除规则是对非法证据要具备什么条件、在什么情况下排除,以及如何具体排除确立的标准,因而排除非法证据是该规则的主要功能。但从技术合理性角度来看,法律规范在确立需排除的非法证据的同时,也应设定非法证据排除规则适用的例外情形。我国刑事诉讼法及"两高"司法解释对于非法实物证据的排除包含了例外的精神。根据《刑事诉讼法》第 56 条、最高法《关于适用〈中华人民共和国刑事诉讼法〉的解释》第126 条和最高检《人民检察院刑事诉讼规则》第 70 条的规定,对于收集的物证、书证不符合法定程序,可能严重影响司法公正的,应当予以补正或者作出合理解释;不能补正或者作出合理解释的,对该证据应当予以排除。从中可见,非法实物证据不符合法定程序,可能严重影响司法公正的,是应加以排除的;但如果能够加以补正或作出合理解释则不予排除,补正或作出合理解释实际上是非法实物证据排除的一种例外。"瑕疵证据补正规则由于规定了'不予排除'的情形,相当于例外情形并在实质层面充任例外法则。"[1]又如,根据最高法《关于适用〈中华人民共和国刑事诉讼法〉的解释》第 124 条和最高检《人民检察院刑事诉讼规则》第 68 条的规定,对实质性非法的重复口供原则上予以排除的同时,同样确立了不予排除的两种例外情形。然而,上述排除的例外规定相对于非法证据排除本身仍显"势单力薄",尤其对于非法口供排除,实际存在多种例外情形需要加以关注。例如,被告方收集的非法证据不属于排除范围,因为"非法证据排除规则仅为约束国家权力而设置,与普通公民的行为无关"[2]。但在相关的法律规范中需要加以具体明确规定。又

---

[1] 马明亮:《非法证据排除规则的结构性困境——基于内部视角的分析》,《现代法学》2015 年第 4 期。

[2] 易延友:《非法证据排除规则的立法表述与意义空间——〈刑事诉讼法〉第 54 条第 1 款的法教义学分析》,《当代法学》2017 年第 1 期。

如,被告方与公诉方就非法口供排除达成弃权的合意,以及因案件的特殊性质等,也可设定相应的例外情形。应该指出,排除例外情形的规定是在实践中反复运用和提炼的产物,加之排除的例外属于较为细化的例举式的规定,这一排除的例外情形更适合由司法解释及其他司法规范性文件加以规定。

第三节　我国非法证据排除规则生成
方式的改革思路

由上可见,以司法规范形式为主导的非法证据排除规则生成方式,导致排除规则整体性结构的诸多问题,并直接作用于非法证据排除规则之内部,产生其自身体系建构的系统性缺陷。然而,对于非法证据排除规则结构性和自身体系中存在的诸多问题,并非通过绝对的法典化立法方式就可解决。法典化的立法实际上要求某一领域存在相对稳定的法律文化传统,以及法律规范的长期积累和延续。非法证据排除规则是一种外来法律制度,在我国既无根基,也无法律文化传统。我国刑事诉讼法总体上是较弹性的法律样式。"成文法典者,使法律成为结晶体者也,虽其光彩璨然,外观美丽,而不具生育发达之活力,失其伴于社会需要之伸缩力。"①非法证据排除规则是实践性更强的操作性规则,需要应对司法实践不断发展变化之现实情况,较为原则且弹性有余的刑事诉讼法难以适应司法实践变化之需。从现实角度上看,刑事诉讼法典实际上也难以对非法证据排除规则作出细化规定,因为对非法证据排除规则作出的任何系统而具体规定,必然导致刑事诉讼法典结构和篇章布局的失衡。所以,综合性而非单一性的非法证据排除规则生成方式仍是较稳妥的选择,即采取以法典确立的总体指导思想、基本原则和标准为基础,以司法解释的技术性规定和指导性案例具体情形列举等相结合的规范模式较为适当。

---

① ［日］穗积陈重:《法典论》,李求轶译,商务印书馆 2014 年版,第 18 页。

一、法典的规范

刑事诉讼法作为一种典型的法典形式,虽强调其适当的刚性特点,但总体上对非法证据排除的规定仍是一种较原则性和整体性的规定。"真正的法典可以被定义为具有综合性、结构系统性、先发性,并阐明了所适用之原则的立法规定。其先发性在于其取代了该领域的所有其他法律,仅在法典另有规定时除外。其系统性在于其所有部分构成了一个连贯的、完整的一体。其综合性在于其具有足够的包含性与独立性,使其能够以相对自足的方式适用。"①刑事诉讼法作为法典对非法证据排除的原则性和整体性规定,不仅是法典本身属性所决定的,而且对于保持非法证据排除的指导思想和方向的一致性和可靠性,为具体排除规范提供权威性依据,减少非法证据排除标准和实施上的争议,以及为非法证据排除规则预留空间等是有利的。

从域外证据法确立的经验来看,法典对非法证据排除的规定始终较为笼统和原则。例如,《美国联邦证据规则》第 402 条"关联证据的一般可采性"明确规定,"所有具有关联性的证据均可采用,但美国宪法、国会立法、本证据规则,以及美国联邦高等法院根据立法授权确立的其他规则另有规定的除外"②。可见,美国联邦法律对证据可采性只是一种原则性规定,对于不可采的非法证据及排除情形主要由法院的判例加以确立。澳大利亚 1995 年证据法的核心内容集中于证据可采性问题的第三章。这一部分开始于基本规则,即所有具有相关性的证据都具有可采性,该法另有规定者除外。③ 同样反映出基本法律规范对不可采证据的一种原则性规定。

在我国,对于非法证据排除的体例、指导思想、基本原则,以及排除的非法证据范围和判断的基本标准等,可以在刑事诉讼法中作出一般性规定。例

---

① 转引自王进喜:《澳大利亚〈1995 年证据法〉的立法技术及对普通法的变革》,《比较法研究》2013 年第 3 期。

② 《美国联邦刑事诉讼规则和证据规则》,卞建林译,中国政法大学出版社 1996 年版,第 105 页。

③ 王进喜:《澳大利亚〈1995 年证据法〉的立法技术及对普通法的变革》,《比较法研究》2013 年第 3 期。

如,非法言词证据排除中最为典型的刑讯方法获取口供的排除,刑事诉讼法可对"刑讯逼供"的内涵作出抽象的揭示,伴之以对"刑讯逼供"以外的其他非自愿供述的具体列举,两者相互补充,这是我国非法证据排除规则未来的立法方向。[①] 刑讯的内涵实际上是刑讯判断的基本标准,可以将作出任意性陈述作为一种基本标准加以掌握。刑事诉讼法对上述非法证据排除的原则性规定,既可成为制定其他司法规范的基本依据和边界,也可为刑事诉讼法排除规则的进一步发展预留空间。

二、司法解释及其他司法规范性文件的规范

根据最高人民法院《关于司法解释工作的规定》和最高人民检察院《司法解释工作规定》的规定,"两高"司法解释及其他司法规范性文件可对法律实施中具体运用法律的问题作出规定。"两高"司法解释及其他司法规范性文件主要对法律实施的具体问题作出规定,但限于法律实施中的关键性问题、较成熟问题以及技术操作问题等的规定较妥。以非法证据排除为例,司法解释及其他司法规范性文件可就以下问题作出规定:其一,非法证据排除的主体权属界定。"两高"司法解释可就非法证据排除解释权属主体,以及可以联合发布的非法证据排除规定的权属主体以及约束效力作出具体规定。其二,对非法证据排除具体范围和大致标准的规定。根据刑事诉讼法有关非法证据排除的原则性规定,明确划定各自司法主体非法证据排除的范围,主要是对非法证据排除的非法方法具体范围和典型的程序性违法情形等方面加以明确规定。根据司法解释及其他司法规范性文件适宜于规范较为成熟、易于掌握的内容来看,涉及程序性违法的情形应作为规范的重点。程序的明确性,不会产生"量"的问题,而且程序法事实往往要求在卷宗中留下相应的记录,证明的难度大为降低。[②] 例如,应当同步录音录像而没有同步录音录像或

---

① 参见陈瑞华:《非法证据排除规则的适用对象——以非自愿供述为范例的分析》,《当代法学》2015年第1期。

② 吴宏耀:《非法证据排除的规则与实效——兼论我国非法证据排除规则的完善进路》,《现代法学》2014年第4期。

者同步录音录像不完整的供述;拘留、逮捕后,没有及时将犯罪嫌疑人送交看守所期间获得的供述,或者在送交看守所后违法提讯而获得的供述;对于未成年犯罪嫌疑人适格成年人不在场时讯问获得的供述等,应明确规定加以排除。[①] 其三,排除非法证据的程序性规范。2010 年以来,非法证据排除程序具备了大体稳定的框架结构,从非法证据排除的启动、初步审查、庭前会议、正式调查、裁判方式,一直到针对非法证据排除问题的救济途径,我国法律已经确立了一系列具有可操作的程序规则。[②] 这些非法证据排除的程序规定,在我国"两高"司法解释,尤其最高人民法院的非法证据排除的规程中,均有明确具体规定。这些程序规定较为稳定一致,主要涉及非法证据排除的技术性问题,对证据本身的价值及诉讼结果并无实质影响,可以由司法解释及其他司法规范性文件加以规定。

三、指导性案例的规范

将指导性案例作为非法证据排除的一种规范形式,与非法证据排除的多样性和不断变化的特点是相适应的:其一,指导性案例可以将排除的条件和标准加以细化,能够适应司法实践不断变化发展的具体情况,对非法证据排除做到具体和及时应对;其二,对非法证据的排除建立在前列类似案例规则而非一般性标准基础上,排除与否更有可靠性和准确性,实现同案同判的形式正义,减少不必要的争议;其三,通过案例积累可以形成较大的案例库,非法证据排除的情形和条件更为系统和全面,可为非法证据的排除提供更为直接的依据。

就指导性案例对非法证据排除的规范而言,具体表现为两个方面:一方面,以个案的形式对非法证据排除的具体情形加以确立,从中提炼排除的具体条件和标准。有学者指出,在未来的指导性案例中,最高人民法院可以将涉及非法证据排除的问题制定"裁判要点",从而对"非自愿供述"的外延作出

---

① 吴宏耀:《非法证据排除的规则与实效——兼论我国非法证据排除规则的完善进路》,《现代法学》2014 年第 4 期。

② 陈瑞华:《非法证据排除程序的理论展开》,《比较法研究》2018 年第 1 期。

更为具体的列举,这种发展非法证据排除规则的方式要比司法解释来得更为灵活和及时。① 由于不同指导性案例可以积累不同的非法证据排除具体情形,排除可掌握的范围更明确,条件也更细化,排除规则实施更具可操作性。另一方面,指导性案例也是确立非法证据排除例外情形的最佳形式。"通过指导性案例,由法院结合具体个案,以动态的侦查行为而不是以呆板证据类型为对象,在判决书中形成判断非法证据与瑕疵证据的客观、外在判断标准,审慎、精致地发展例外法则。"②非法证据排除的例外情形是非法证据排除过程中出现的特殊情形,从英美法系排除例外的判例主导做法来看,例外情形不仅需要谨慎把握,而且只有在个案处理中才得以真实而具体呈现,而非制定法及司法解释可加以系统规定来解决。例如,出自于非法供述获取的其他证据材料作为可采纳证据的例外情形,需要具有可靠性保障、自愿性矫正和关联性阻断等不同的条件③,但判断这些条件的存在,又需通过个案呈现的具体情形加以细化和分解。所以,指导性案例是可演绎排除例外情形的最佳方式。

当代我国非法证据排除规则以司法规范形式为主导的生成方式,是我国刑事司法体制和政策共同作用的结果,在我国其他法律关系调整的领域同样存在这一特征。然而,以司法规范形式确立的非法证据排除规则,既带来该证据规则相应的结构性困境,也在相当大程度上导致该证据规则自身体系建构的缺陷,从而影响非法证据排除规则在实践中的有效实施。从上述分析可知,我国非法证据排除规则的内涵和外延、形式和内容的整体协调一致体系的确立,以及在实践中的有效推行,关键一环在于对非法证据排除规则的法律规范形式的重构,由此需要协调刑事诉讼法、司法解释(包括其他司法规范性文件)和指导性案例三者之关系。刑事诉讼法可成为司法解释和指导性案

---

① 陈瑞华:《非法证据排除规则的适用对象——以非自愿供述为范例的分析》,《当代法学》2015年第1期。

② 马明亮:《非法证据排除规则的结构性困境——基于内部视角的分析》,《现代法学》2015年第4期。

③ 孔令勇:《非法证据排除的"例外模式"——重复供述排除规则的教义学展开》,《法学家》2019年第6期。

例的基本依据和具体指引,司法解释和指导性案例的运用可以进一步丰富和
细化刑事诉讼法有关非法证据排除的精神内涵和基本标准,成为司法者处理
个案的可操作的基本依据。但无论是司法解释还是指导性案例,均不应超越
或取代刑事诉讼法对非法证据排除确立的基本原则和总体标准,三者协调一
致、良性互动是非法证据排除规则有效合理实施的根本保障。

第五章　非法证据排除规则的适用：基于非法自白排除的分析

第一节　我国非法自白排除规则的历史发展

随着我国刑事司法领域正当程序法律理念的形成和发展，公正与效率并重的司法体制和制度改革的逐步推进，非法证据排除规则尤其非法自白排除规则得以逐渐确立和发展起来，这一过程是相对漫长和充满变化的过程。对于我国非法自白排除规则的立法和实践问题，笔者以两个阶段为线索展开分析。

一、非法自白排除规则的初步确立时期

即 1979 年《中华人民共和国刑事诉讼法》颁布后到 20 世纪 90 年代后期"两高"司法解释出台止。改革开放新时期的刑事诉讼立法以 1979 年颁行的《刑事诉讼法》和 1996 年修正后的《刑事诉讼法》为标志，虽然前后两次刑事诉讼立法跨跃时间较长，但对有关非法证据的规定，两部法律具有一致性。1979 年《刑事诉讼法》第 32 条和 1996 年修正后的《刑事诉讼法》第 43 条均规定："审判人员、检察人员、侦查人员必须依照法定程序，收集能够证实犯罪嫌疑人、被告人有罪或者无罪、犯罪情节轻重的各种证据。严禁刑讯逼供和以威胁、引诱、欺骗以及其他非法的方法收集证据。"可见，法律从正面意义强调收集证据（包括自白）的合法性和正当性，反对并禁止采用非法方法收集各种证据，态度非常鲜明。然而，对证据采集的这种禁止性规定，是一种对"未然"的非法方法收集证据的警示和预防，但对于"已然"的非法方法收集的证据如

何处理,从两部法律通篇的内容看,即便是原则性的规定也是空白。所以,从法律的规定中可以作出如此判断:法律禁止非法取供,但对于非法行为所产生的结果即非法自白,并不禁止或反对使用。虽然对非法自白的取舍因无法律明确规定,因而不属于法律范畴问题,而是实践问题,但正是法律对非法自白等证据所采取的暧昧态度,实际上致使大多数非法自白或有瑕疵的自白都畅行无阻地在法庭上运用。这种情况在 20 世纪 80 年代尤为突出。当时在重实体轻程序的固有观念影响下,查明事实、打击犯罪是刑事司法的第一要务,在司法人员意识中并无非法自白、非法证据的观念,更无对非法自白排除的意识。当然,到 20 世纪 90 年代,随着刑事程序的正当性逐渐受到关注,保护被告人的正当诉讼权益也成为司法机关工作的一项内容。尤其是 1996 年修正后的刑事诉讼法对被告人的诉讼权利、地位作了相应补充规定,并对侦控机关的权力进行适当调整和规范,在司法实践中非法自白开始作为一个问题提出来,司法机关也开始反思对于非法自白等证据的应有态度,并与被告人的人权保护及程序的正当性相联系。然而,即使在这段时期,司法机关对于非法自白的取舍问题,实际上并未提到制度和规范的层面,仍然是思考、言论多于具体的行动,排除非法自白的案例虽不能说绝对没有,但也是极少的。综上可见,从 1979 年《刑事诉讼法》颁布到 20 世纪 90 年代末"两高"司法解释出台之前的历史时期中,非法自白等证据在立法上的默许和实践中运用的通行无阻是这一阶段非法自白处理的基本特征。更准确地说,非法自白无论在法律上还是实践中都以采纳而非排除为原则。

如果说在 1979 年刑事诉讼法颁行之初,法治建设刚起步,当时刑事诉讼法的重心在于制度重建所面临的众多其他问题,最初的刑事诉讼法未对非法自白等证据的取舍作出制度性安排是可以理解的,也是符合当时客观条件的,但是自该法颁布以来,学界已开始呼吁确立这一非法证据排除规则,并展开了较热烈的一系列讨论。早在 1982 年徐益初先生在《北京政法学院学报》上发表的题为《论口供的审查和判断》一文就对非法自白的取舍提出过自己的思想。他认为,应区别以非法手段取得的口供与物证材料。前者无论真实与否,均应予以排除。因为若将其作为证据,就等于承认非法取得的口供也是合法的,而非法逼取的口供,虚假的可能性极大;后者与口供不同,不会因收集程序和方法违法而改变其性质,只要侦查证据属实,就应予以肯定其证据能力。① 徐先生的观点被学界称为一种折中观点,根据笔者掌握的资料判断,这可能是最早一批探讨非法证据取舍问题的论著。1983 年高等学校法学试用教材《证据学》对非法证据的取舍则坚持全盘否定说:采用刑讯逼供、威胁、引诱以及其他非法方法收集的证据材料,不能作为定案根据,否则就会助长违法行为,后患无穷,也难以保证证据的真实性。② 80 年代其他学者的论著如戴福康的《对刑事诉讼证据质和量的探讨》、崔敏主编的《刑事证据理论研究综述》等③,对非法证据(包括非法自白)的取舍都曾有过观点鲜明的探讨和阐述。进入 20 世纪 90 年代,学术界对这一问题的讨论,又有进一步发展④,在舍弃绝对排除说和"绝对采纳说"的同时,对原有折中说加以适当改良,这种改良后的折中说尽管又可分为几种不同观点⑤,但是对非法自白取舍

---

① 徐益初:《论口供的审查和判断》,《北京政法学院学报》1982 年第 3 期。

② 巫宇甦主编:《证据学》,群众出版社 1983 年版,第 70 页。

③ 例如戴福康先生坚持"真实肯定说",认为应把非法手段与证据区别开来,对其违法行为可视情节轻重予以处理追究,但非法取得的材料若与案情相关,仍可采用为证据;崔敏先生主编的《刑事证据理论研究综述》一书中又提到另一种观点,即采取非法手段取得的材料只是一种线索,使这种线索转化为刑事证据,须依法定程序重新取证和查证。这实际上属于违法排除说的观点。以上观点转引自宋英辉:《刑事诉讼目的论》,中国人民公安大学出版社 1995 年版,第 237—238 页。

④ 相关论著参见田书彩等:《违法取得的证据材料的证据能力初探》,《法学研究》1990 年第 4 期;宋英辉:《刑事诉讼目的论》,中国人民公安大学出版社 1995 年版,第 241—242 页;李心鉴:《刑事诉讼构造论》,中国政法大学出版社 1992 年版,第 279—294 页;左卫民、刘涛:《非法证据排除规则的确立与完善》,《法商研究》1999 年第 5 期;等等。

⑤ 这一时期的"折衷说"大致可归纳为三种观点:一是非法方法收集的证据,无论是口供还是实物证据,原则上应加以排除,但应有若干例外。原则上排除非法证据的理由在于切实保障诉讼参与人的权利,抑制非法取证行为,树立司法公正形象等,而排除的例外则出于诉讼均衡价值观的考虑。二是非法口供与非法实物证据加以区别。该说认为,我国首先应排除非任意性(即非自愿性)的自白,在此基础上对任意性的非法自白加以适当排除。对于非法实物证据,则应一律加以排除,但强调在排除非法搜查、扣押所获的实物证据之后,对被告人应慎重处置,即排除非法证据,并不影响其他证据的效力。三是非法言词证据(主要指口供)一律排除和非法实物证据的原则排除。在排除非法实物证据的原则下,设立犯罪行为严重危害国家安全、社会利益等若干例外。上述三种观点,实际上基调是一致的:对非法收集的口供和实物证据,都倾向于或原则上排除,只在限制的条件或口供与实物证据排除的侧重点上有所不同。参见牟军:《英国非法证据的处理规则与我国非法证据取舍的理性思考》,《法律科学》2000 年第 3 期。

的研讨仍在继续,而且渐显深入。应该说,学界自20世纪80年代以来围绕非法证据取舍问题的讨论,传递的有关对这一问题的态度、观念和理论观点,对立法和司法界本应有所触动,而且司法界在非法证据的具体运用中面临的实际问题也会反馈到立法界。然而,1996年修正后的刑事诉讼法,尽管对正当程序的其他问题(如律师介入诉讼时间、被告人辩护权的行使、审判中的对抗式模式的导入等)有所关注,但对非法自白等证据在取舍上应作何处理,仍然未作相应规定。也就是说,学界对非法证据取舍的关注实际上并未对立法产生影响,这其中的原因是什么?

必须承认,非法自白(包括其他非法证据)的取舍实际上是立法和司法者必须面对的一个问题,全盘地肯定非法自白的可承认性,或者绝对地排除非法自白都是非理性的。应该看到,随着非法证据排除观念的形成以及学界对非法证据取舍的理论探讨,立法者在思想和观念上对于非法自白的排除也不可避免地存在相应的理性认知,但在立法中又未能将这种排除的理性思想贯彻在制度设计之中。对非法自白立法上予以接纳的态度,实际上引发人们探寻这一现象背后现实因素的思考。这里,非法自白的排除存在一种应然与实然的矛盾与冲突,而实然的因素在这一矛盾冲突中占据了上风。

第一,我国现实刑事司法关注于"求真务实"。传统理论认为,我国刑事立法对非法自白的默许以及在司法中对非法自白的一律采用,是我国刑事法治偏重惩治犯罪、忽视被告人权益保护的体现。应该承认,这是导致非法自白排除规则难以确立的一个因素。但如果从更深层次的思想观念来看,又在于人们对结果的重视,而对方式、方法及行为过程的忽视。自白作为定案证据,而且是重要的证据,关键在于保证其真实可靠性,对其坚持"求真务实"的态度。自白真实可靠性是自白最高的合理性和合法性,运用真实的自白不仅让司法人员感到放心,而且也感到安心。故因自白的非法性而加以排除是不必要的。

第二,非法自白在现实司法中加以排除不具有可行性。对非法自白的排除既使是一定范围内的排除,也需与我国的司法现状相适应。很显然,提出非法自白排除的方案首先面对的是司法现状中的两个重要制约因素:一是司法队伍业务素质和法律意识落后于司法法治化的要求。我国社会的法治基础还相对薄弱,人们的法律知识量虽有一定增加,但对法律谈得多,做得少,全民的法律意识和法治观念并未有效树立。这一法治状况必然反映在司法队伍的建设之中。应该指出,司法队伍的学历层次、法律知识水平在20世纪90年代以来有较大提升,但相应法律素质和法律意识水平却未得到根本改善,尤其是负责对被追诉人侦讯的公安队伍的一些人员素质还有待提高。这一执法现状与现行司法体制的某些弊端交互作用,可能导致实际工作中违法行为的发生。如果考虑对非法自白加以排除,势必众多的非法自白将可能纳入排除的范围,或许有排除侧重点的不同,但如何设置排除范围实际上难以确定,这是立法者在决定非法自白取舍上的一个重要忧虑。二是与较低执法水平状况相适应的司法现实是司法资源的有限性。① 怎样有效利用有限的司法资源发挥最大的司法效益是司法界首先必须解决的问题。将真实但非法的自白(被排除的自白也许不在少数)弃用,一方面造成对获取该证据资源的浪费,另一方面为了获得案件的最终处理,将不得不进行重复或另行的调查取证工作,增大人力、物力、财力的投入,进一步加剧司法资源的消耗。在其他条件不变的情况下,获取其他证据的司法成本要比取得自白的成本更高,而自白证据的价值又明显高于一般证据。所以,司法资源的投入是双重的,而所获收益(定案)则是较低的。这是立法者不愿考虑对非法自白排除的现实原因。

第三,非法自白的排除并不能从根本上防范司法人员的违法现象。人们普遍存在的一个共识是,对非法方法获取的证据加以排除,既是对违法行为的一种否定性评价,也是对违法者的一种制裁,使其认清违法取供行为将产生的法律后果。因此,通过对非法证据的排除,能够使司法人员在取证中规范自身的行为,加强纪律约束,防止非法取证行为的再次发生。然而,立法者需要考虑的是,对非法自白的排除,是否真的能够防范司法人员的违法?应

---

① 全国每年用于司法机关(包括公、检、法、执行等机构)的司法经费大致为15亿元人民币,但用于监狱的经费就占8亿元人民币左右,而剩余7亿元人民币分配到全国各级司法机关的经费实际上是十分有限的。数据来源于刘家琛:《刑事司法制度改革报告》,2002年诉讼法学年会。

该看到,排除非法自白以矫正司法人员的违法行为,这是一种被动、消极的措施。司法人员长期以来养成的工作作风和行为方式并非靠对非法自白的排除就能改善,因为造成违法行为的原因是多种多样的,既有自身素质问题,也有历史传统问题,还有司法资源、工作条件等客观环境的限制问题(很多非法取供行为都具有省事、方便的特点)。尚需指出的是,我国司法程序的一个突出特点是,公安与检察分工负责,相互独立,公安机关负责侦查,检察机关负责起诉。"公安机关普遍存在着这样一种观念:只要将案件侦破完毕,其余的追诉工作也就由检察机关去做了。于是,在法庭审判过程中,负责侦破案件和实施鉴定的公安人员极少有出庭作证的,负责支持起诉的检察人员很难获得公安机关的继续支持和配合。"①应该看到,大多数非法取证行为都发生在公安机关侦查阶段,鉴于警、检两机关的工作体制,公安机关一般不介入起诉活动,对检察机关的追诉活动并不担负相应的直接责任。因此,法庭对非法自白的排除,只对检察机关的起诉活动产生影响,而对公安机关以及侦查人员则不会产生直接的连带效应,从而通过对非法证据的排除以约束警察取证行为的合法化,实际上难以收到应有的效果。

从上述三个基本因素中,我们大致能够判断在 20 世纪 90 年代末前,我国立法及司法对待非法自白排除持冷漠态度的一些现实性原因(实然因素),而这些原因的存在,对我国以后非法自白的取舍及操作实际上也在继续发挥着影响。

二、非法自白证据排除规则的发展和进一步完善时期

即 1998 年最高人民法院和最高人民检察院司法解释发布以来。1998 年 9 月最高人民法院发布的《关于执行〈中华人民共和国刑事诉讼法〉若干问题的解释》第 61 条规定,凡经查证确实属于采用刑讯逼供或者威胁、引诱、欺骗等非法的方法取得的证人证言、被害人陈述、被告人供述,不得作为定案的根据。1998 年 12 月最高人民检察院颁布的《人民检察院刑事诉讼规则(试行)》第 265 条第 1 款也规定,以刑讯逼供或者威胁、引诱、欺骗等非法的方法

---

① 　陈瑞华:《刑事诉讼的前沿问题》,中国人民大学出版社 2000 年版,第 279 页。

收集的犯罪嫌疑人供述、被害人陈述、证人证言，不能作为指控犯罪的根据。显然，最高司法机关以司法解释的形式填补了刑事诉讼法在非法证据取舍规范上的空白。虽然"两高"的司法解释不同于全国人大的立法，不属于正式的法律规范，但该司法解释对司法人员处理非法证据具有法律约束力，因而这种司法规则或实践规则同样是一种法律规则，由此可以认为我国非法证据（言词证据）排除规则实际上已经确立。当然，基于非法证据的取舍由法庭最终作出决定的事实，最高人民法院非法证据规则的司法解释属于一种标准的、更具司法规则性质的司法解释，而最高人民检察院的司法解释则对检察机关的起诉起作用，"充其量属于检察机关对于侦查机关在收集证据方面提出的要求，属于检察机关为确保指控的成功而采取的必要措施"①。

最高人民法院确立的非法证据（包括非法自白）排除规则，从表面上看是对原有刑事诉讼法的一个重要补充，因为严禁刑讯逼供或以威胁、引诱、欺骗等非法方法收集证据，也是刑事诉讼法的基本原则。以司法解释的形式将法律规定的非法方法获取的证据加以排除，则是对刑事诉讼法这一基本原则在逻辑上的自然延伸。然而，正如笔者所言，对非法证据的默许是刑事诉讼法乃至司法的本意，以司法解释形式确立非法证据排除规则实际上是反传统的。最高司法机关对待非法证据的这种新的姿态，并非意味着原有固守非法证据容许原则的根基发生了变化，而是基于对现实情况的考虑。自 20 世纪90 年代后期，随着司法改革的深入，司法机关对司法效率有较高的期望值，由于追求办案的效率，在实践中违法取证的现象愈演愈烈。这种较混乱的司法现状有损司法机关公正的形象，有必要从制度上采取相应措施予以遏制，非法证据排除规则是这种措施之一。但在笔者看来，非法证据排除规则的确立，更重要在于，司法者对于非法取证所产生的证据不实的一种深切忧虑。从排除非法证据的侧重点看，主要是排除刑讯方法所获口供，而刑讯所产生的口供有着固有的不可靠的风险性。所以，杜绝不实证据的采用是非法证据排除规则确立的一个重要因素，从司法解释中排除的非法证据范围限于言词证据而非实物证据的规定中，就可看出司法者对非法言词不可靠性的担忧。

---

① 陈瑞华：《刑诉中非法证据排除问题研究》，《法学》2003 年第 6 期。

从最高人民法院的司法解释看,有关非法自白的排除规则有两个显著特点:一是非法自白的范围广泛。按照该司法解释的规定,既包括刑讯所获自白,也包括采用威胁、引诱、欺骗方法所获自白,同时还可以是解释未列举的其他非法方法所获的自白。解释界定的非法自白范围的广泛性,表明排除的非法自白范围也具有广泛性。二是非法自白排除的程度。按照该解释规定,应理解为一律或必须排除,即只要是解释所规定的非法方法获取的自白,就应当排除,不存在法官灵活自由裁量的权力。由此可见,现行司法解释所确立的非法言词证据的排除规则,实际上是一种全面性的、强制性的排除规则,这与过去立法和司法对待非法证据完全接纳的态度完全相反。应该说,我国法律界对于非法证据(言词证据)取舍的态度,已由一个极端走向了另一个极端。

由于前述我国长期存在的司法机制中深层次的矛盾问题并未得到解决,对非法言词证据绝对化的排除规则在司法实践中实际上很难推行。这种排除规则受到现实司法人员自身素质、观念及司法资源的制约,不仅威胁、引诱、欺骗等一般非法方法所获自白并未被法院排除[1],即便是以刑讯手段所逼取的口供,在现实司法实践中真正被排除的也很少。2001 年最高人民检察院下发《关于严禁将刑讯逼供获取的犯罪嫌疑人供述作为定案依据的通知》,进一步重申各级人民检察院必须严格执行《人民检察院刑事诉讼规则》第 265条排除非法证据的规定,"发现犯罪嫌疑人供述、被害人陈述、证人证言是侦查人员以非法方法收集的,应当坚决予以排除,不能给刑讯逼供等非法取证行为留下任何余地"。该通知既是最高人民检察院表明对排除刑讯等非法方法获取证据的态度,实际上也是现实司法中刑讯等方法取证现象严重、非法证据并未得到有效排除的一种反映。

进入 21 世纪以来,随着旨在实现司法职业化和专业化目标的司法权优化配置、法院员额制等改革的持续推动,以及对一部分有影响的冤假错案的平

---

① 中国政法大学杨宇冠教授曾在"两高"司法解释颁布后,对北京、河北、山西、河南、吉林、辽宁等地区部分公安机关、检察机关和法院的执法人员作过调查,未发现任何一起案件因为陈述是威胁、引诱或欺骗所获而被排除。参见杨宇冠:《非法证据排除规则研究》,中国人民公安大学出版社 2002 年版,第 251 页。

反,对规范司法和公正司法的要求更为迫切,由此促进了我国非法证据排除尤其是非法自白排除规则的进一步完善。2010 年"两高三部"出台的《排非规定》将排除的非法证据从非法自白扩大至非法实物证据范畴,但对非法自白的排除又突出对刑讯手段的排除。2012 年新修改的刑事诉讼法首次正式确立上述司法规范性文件规定的排除规则。2013 年最高人民法院《关于建立健全防范刑事冤假错案工作机制的意见》、2017 年"两高三部"《严格排非规定》以及"两高"关于执行刑事诉讼法的司法解释等,又进一步将非法自白的排除拓展至以下范围:一是对于非法拘禁期间取得的自白,以及实质违法的重复性自白;二是对于羁押的犯罪嫌疑人在羁押场所外讯问获取的自白,讯问时应录音录像而未录音录像获取的自白;三是讯问时违反法定程序获取的自白等。上述规定的变化和发展,反映出立法和司法规范对非法自白的排除在规范化的基础上,实施的力度更大、措施更为严厉。

从上述我国非法自白取舍在立法和司法中的发展演变过程来看,从早期对非法自白等证据全盘接纳的做法,90 年代后期对法定非法自白等证据一律排除,到当今进一步扩大非法自白排除的范围,表明立法和司法增强了对非法自白加以矫正的力度。但这些举措实际上都是一种对非法自白等证据在取舍上的非理性态度,前者过于囿于中国的现实情况(属于文化、传统、司法现状的因素),而后者则是属于超现实的做法,并未顾及我国司法中所固有的深层矛盾等诸多因素。现今我国非法自白排除规则的实际运行,并没有取得预期效果,实践中非法自白排除的比率仍很低。所以,探寻我国非法自白等证据取舍上的演变过程,并对其背后的成因作出判断,目的在于为我国非法自白处理规则的设计寻求一种在传统与现代、理性与现实之间的平衡点。

第二节　我国非法自白排除规则
确立的学界主张及评价

一、非法自白排除的形式主义学说

我国非法自白规则究竟应如何设计? 本书第三章有关非法证据规则的

基本理论，也是我国非法自白规则设计的基本依据，其要义在于，非法自白的取舍，并非以自白的"非法性"本身为依据。详言之，自白非法性的表现状态、特征、性质、程度等形式要件不是决定非法自白取舍的基本依据。自白非法性背后所包含的法律价值取向以及对自白本体价值的关注才是一种根本性的依据，即自白的任意性和真实性的价值是非法自白取舍的根本性依据。应该承认，自白非法性的形式特征（非法的状态、性质、程度）在一定程度上能够反映自白任意性和真实性受影响的状况，但自白的非法性与自白的任意性及真实性之间本身不存在因果关系，以其非法性特征为依据决定自白的取舍本身是片面的。

从最高人民法院和最高人民检察院的司法解释来看，在非法自白取舍的态度上，其主导思想不仅反映在对以非法自白为主的非法言词证据法定排除，而且排除的依据是一种典型的形式主义特征。详言之，只要以解释所规定的刑讯、威胁、引诱、欺骗等非法方法获取的自白就应排除，自白的非法性决定了自白的应排除性，尽管非法性的范围有一定限制。在学术界，非法自白取舍在标准和依据判断上的形式化特征也很突出。首先，关于刑讯所获自白的问题。有的学者在设计非法自白排除规则的具体步骤中，认为刑讯之口供应当一律排除。① 刑讯是各种非法取供方法中最严重的一种，将刑讯所获自白作为首要排除对象无可厚非，但主张一律排除则是有疑问的。这里，涉及对刑讯的内涵和外延的理解问题。传统上将以直接暴力的形式逼取口供视为刑讯逼供，但这是一种典型的刑讯逼供。在严格意义上，对被讯问者不人道的待遇，有损人格尊严的对待以及对其精神的折磨（如疲劳式讯问、挨饿、受冻等）也属于刑讯，却是隐性暴力的刑讯方法，这类刑讯方法本身也存在程度上的差别，以刑讯的名义排除这类自白，则是缺乏细致考虑的。其次，有关威胁、引诱、欺骗方法所获自白取舍的问题，在学术界同样存在取舍的形式化倾向。有学者认为这类方法所获自白是否排除，关键在于这类方法的性质，即是否属于合法。"对于威胁、欺骗、引诱要看程度的轻重，如果在法律和政策允许的范围内进行的威胁、欺骗、引诱，则所取得的言词证据不必排

---

① 杨宇冠：《非法证据排除规则研究》，中国人民公安大学出版社2002年版，第250页。

除,如果不符合法律和政策的,或者情节过于恶劣的威胁、欺骗、引诱所得的言词,则应当排除。"①显然,以取证方法的合法性与否及程度的状况决定言词证据(包括自白)的取舍,应该说,这是非法自白取舍的一种典型的形式主义特征。将威胁、引诱、欺骗方法分为合法与非法本身存在逻辑上的错误。威胁、引诱、欺骗方法就性质而言,是一种非法的或不正当的方法,而且即便威胁、引诱、欺骗的方法具有所谓的"合法性",这些方法对自白品质(任意性及真实性)可能有的影响也不能视而不见,而自白的品质较自白的法律属性对自白的取舍更具有实质意义。

二、非法自白排除的类型化主张

另有学者在非法证据排除规则的设计上,又提出与上述不同的方案,即将非法证据分为三类:一是违反宪法的证据;二是一般的非法证据;三是技术性的违法证据。②"违反宪法的证据"指通过明显侵犯公民的宪法性权利而获取的非法证据。宪法性权利包括公民的人身自由、健康、生命、财产、隐私等实体性权利,也包括犯罪嫌疑人、被告人的辩护权等程序性权利。如果侦查人员在侦查讯问过程中实施了侵害公民上述宪法性权利的行为,并获取了据以指控被告人犯罪的证据,这种证据应被视为最严重的非法证据(典型的例子有以拷打、肉体折磨、精神折磨等刑讯行为逼取的被告人供述等)。"一般的非法证据"则指侦查人员的行为没有明显违反宪法,但侵害了公民的一般实体性权利和程序性权利,构成了一般意义上的违法取证行为。如侦查人采取威胁、引诱、欺骗等方法获取的被告人供述,非法延长传唤或拘传的时间而获取的供述等。"技术性的非法证据"指侦查人员以没有侵害任何一方权益的违法行为获取的证据,即所谓无侵权之违法证据。如侦查人员对犯罪现场进行勘验、检查时,没有让见证人到场;在讯问证人时没有让证人签名等。该学者认为,对于违反宪法的证据,应建立"绝对排除"的规则,也就是毫无例外地、没有任何自由裁量余地的排除;而对那些"一般的非法证据",则建立"自

---

① 杨宇冠:《非法证据排除规则研究》,中国人民公安大学出版社2002年版,第258页。
② 陈瑞华:《刑诉中非法证据排除问题研究》,《法学》2003年第6期。

由裁量的排除"规则,也就是由司法裁判者根据这种违法行为的严重程度和
危害后果,作出排除或者不排除,部分排除或者部分不排除的结论;至于所谓
的"技术性的非法证据",由于所涉及的是技术性的违反法律程序,而并未造
成某一方利益受到侵害,因此原则上不必为裁判者所排除,其证据的可采性
不会因其技术性的违法而受到影响。①

　　上述非法证据(包括非法自白)取舍规则的方案,实际上也是一种典型的
以证据的"非法性"特征作为非法证据取舍标准的方案。如果从非法自白的
角度进行划分,实际上这类非法证据的分类可以表述为以刑讯等方法所获自
白(违宪性证据),威胁、引诱、欺骗等方法所获的自白(一般的非法证据)和程
序性违法所获的自白(技术性的非法证据)三类。从非法证据排除规则的设
计来看,是以获取证据的非法方法的严重程度及可能产生的危害后果对非法
证据(自白)作出取舍的。

三、对现今学界非法自白排除主张的评价

　　以自白获取的非法行为特征及其严重程度为标准并不能真正有效解决
非法自白的取舍问题,这种制度安排仍然是一种形式化的、较为生硬的规则
设计。就违宪性的自白而论,我国宪法所确立的公民基本权利非常广泛,既
包括人身自由、健康、生命、财产、隐私等实体性权利,也包括嫌疑人、被告人
的辩护权等程序性权利,只要侦查人员在取供上侵害了嫌疑人的这些权利,
无论情节、程度如何,实际上都是违宪行为,那么由此产生的非法自白是否就
应一律排除? 显然,排除的绝对化并不符合司法实际。即便是刑讯这类违宪
的典型行为,正如笔者所言,也存在程度上的差别,并不能完全排除法官的自
由裁量权。对于"一般的非法证据",一般非法的概念本身是含混不清的,哪
些行为属一般非法,哪些行为属于严重违法(或者违宪),标准是什么,划分的
依据又是什么,这些实际上并不清楚。因此在这种情况下将所谓一般非法证
据完全交法官自由裁量并不妥当。例如,威胁是一般非法,但如果属于以暴
力相威胁是否还是一般非法? 显然,以暴力相威胁所获自白属于法定应排除

---

　　①　陈瑞华:《刑诉中非法证据排除问题研究》,《法学》2003 年第 6 期。

的范畴,将其交法官自由裁量显然不妥。应该承认,有关威胁、引诱、欺骗等方法所获自白的取舍,确实存在法官自由裁量的问题,但在英美等国,典型的威胁、引诱方法所获自白则是法定应加以排除的范围,考虑的着眼点不是法官的自由裁量,而是以排除为原则。所以,对威胁、引诱、欺骗等方法所获自白不加区别地完全交法官自由裁量的做法,可能导致排除标准贯彻的不统一。另外,关于技术性的非法自白问题,如果接纳这类技术性非法的自白,必须以非法性对被讯问者利益无损害为限。如讯问时侦查人员人数不符合法定人数,但不至损害被讯问人利益的;又如讯问的具体方式上,是问答式的,还是自然陈述式的,只要没有指供、引供、暗示的意味,都属于对被讯问者无损害的技术性违规。但有些讯问中的技术性违法,实际上不能认为是无害的,如讯问笔录未交被讯问人核对和签字;讯问的时间、地点的选择等,本身有可能对被讯问者的精神、思想以及陈述内容的真实性产生影响。因此,技术性的非法自白并不能笼统地认为都是无害的,以至于可以原则上接纳。

如上所述,我国非法自白规则的设计,在于寻求传统与现代、理性与现实之间的平衡点。上述非法自白取舍的形式主义特征,因偏重于非法自白的外在属性,则既缺乏合理性,又不符合实际。对非法自白取舍平衡点的把握,实际上需要对非法自白的任意性和真实性这一内在属性加以关照。非法自白的取舍以自白任意性和真实性为标准,也许是一种较为中庸的、符合实际的解决之道,既体现了对自白的一种本源认识,符合非法自白取舍的程序正义与实体正义相结合的精神,而且自白任意性的掌握又为法官留有根据现实情况自由裁量的余地,因而也是更为科学和合理的。当然,有关自白真实性问题的判断,只是一种初步的而非实质性的判断,自白实质上的真实性问题需要在法庭对自白证明力的判断中加以解决。

第三节　我国非法自白排除规则设计的基本思路

一、非法自白排除的两种基本路径

以自白的任意性为标准,借鉴英美等国在非法自白取舍规则上的经验,并结合我国现实的司法状况,笔者认为,我国非法自白排除规则的设计也应采取两种基本路径。

(一) 非法自白法定排除的路径

对于以刑讯、暴力相威胁的方法,以及采用特定的威胁、引诱方法①所获自白,以刑事诉讼法或司法解释的形式加以排除。这实际上是对典型非法自白的法定排除。这种做法体现了我国对非法自白排除的重点,而且便于司法者操作。这类典型非法方法的采用,通常导致自白作出的非任意性,因此这种法定排除的规则实际遵循了自白取舍的任意性标准。有人也许认为,这种非法自白的法定排除的标准,也是一种以自白的非法性特征作为自白取舍的标准。但这里需指出的是,这种法定排除的模式,同样不具有绝对性,在立法设计上,对于上述典型的非法自白应是原则上排除,或者称为一般排除,而非绝对的强制性排除。在法定排除的模式下,留有法官一定的自由裁量空间。例如对于刑讯,如果侦讯人员采用直接暴力的形式逼供应予排除理所当然,但对于变相或间接暴力(如多次轮番询问、受冻、挨饿等),则应由法官综合该案的具体情况,以该刑讯方法是否导致自白作出的非任意性为依据对自白作出取舍。又如特定的威胁、引诱方法所获自白,虽然原则上排除,但在个案中因被询问者的个人情况及案内其他条件的不同,法官仍有依据自白的任意性标准进行自由裁量的必要。所以,我国确立的非法自白法定排除的方案,实际上体现为法律对这类非法自白的一种态度和倾向,但并不意味着法官不折不扣地僵化遵循排除规则。应该说,强调法律的原则性与适度的灵活性的结合,与我国当前司法现状和司法资源的有限性是相适应的。

(二) 非法自白取舍的自由裁量路径

除上述获取自白的法定非法方法以外,其他所有非法或不当方法所获自

---

① 这里的威胁方法主要是指以重罪起诉、从重或加重处罚,泄露被追诉者隐私,对被追诉者亲属采取追诉等方法相威胁;引诱主要指以轻罪起诉,从轻或减轻处罚,提前释放等方法进行引诱。这些威胁、引诱方法的运用,会导致被询问者作出的自白非任意性风险增加,应该为法律首要考虑的排除对象。

白的取舍,都应由庭审法官根据案件的具体情况进行自由裁量,而自由裁量的依据在于自白作出是否具有任意性。笔者不赞成对这类非法方法作出分类,将所谓的程序性、技术性的非法行为从非法方法中分离出来,对其宽容对待;也不赞成将非法方法以轻重程度、危害后果进行划分,以图找出应排除的重点非法方法。无论这些非法方法表现形态、程度、后果如何,也无论它们是实体性违法还是程序性违法,非法自白取舍的标准都是一个,即自白的任意性。自白任意性标准的判断对于我国法官既是排除自白一种新的思维方式,也是对法官作出合理判断的一种挑战。自白的任意性属于被询问者的一种主观心理状态,本身具有抽象性和模糊性,法官的判断实际上有一定难度。在英美等国,对自白任意性与否的判断,可以细化为侦讯人员的取供行为是否导致了对被询问人沉默权、律师辩护权等基本诉讼权利的损害为标准。在美国,法官可以直接依据宪法第五修正案(有关沉默权的规定)和第六修正案(有关律师辩护权的规定)的规定,决定非法自白是否排除,操作上更为便利。我国法律对犯罪嫌疑人、被告人的沉默权并无规定,在侦查阶段辩护律师也无讯问犯罪嫌疑人时的在场权,法官对自白任意性判断的渠道和手段有局限性。但是,法官仍然可以根据侦讯人员的非法行为的状态(特征、性质、程度、情节)和被询问人的个体状况(年龄、生理状况、智力和精神状况等)并结合案内的其他情况(询问的环境、时间、地点、条件等)作出综合性的判断。也许法官对自白的任意性判断可能比较初级,也可能并不到位,但相对于仅以自白的非法性的外部特征所作出的一种逻辑性的判断,显然更为合理,也更加贴近案件的客观实际。

英美两国非法自白取舍规则所依据的自白任意性标准,在历史上和现实司法的运用中,都存在高低的调节空间,以适应司法的价值取向和案件的具体情况。应该承认,在我国非法自白取舍中,无论是法定排除路径中法官对非法自白取舍的自由裁量,还是在其他非法自白的自由裁量路径中,法官对自白任意性标准的掌握都应允许具有相应的灵活性,尤其在我国初步推行自白的任意性标准时期,更应强调自白任意性标准的可调节性。其不仅表现在法官可以根据案件和被询问者的不同情况以及法官个人对自白任意性标准的认识加以灵活掌握,而且更重要还体现在根据国家的刑事司法政策(诉讼的价值取向)和我国司法的实际情况,加以自觉的调节。就我国目前的司法实际情况看,最为突出的问题是司法人员(尤其公安人员)法律素养和法律意识水平不高,执法中存在一定的违法情况,以及与此相关的司法资源的有限性问题,因而导致非法自白的排除与司法现状的尖锐冲突。鉴于此,在坚持实施既定的非法自白取舍规则的同时,考虑到当前的司法现实情况,将自白的任意性标准适当放宽是有必要的。通过对自白任意性标准的放宽,可以适当增大非法自白的运用量,这种做法既坚持了非法自白取舍的任意性原则,也与我国司法的实际情况相吻合。

　　同时,国家不同历史时期和发展阶段的刑事司法价值取向是不同的。如果在某个时期社会治安状况不佳,控制犯罪成为刑事司法主要价值取向,非法自白的任意性标准也可根据政策的需要而适当放宽;反之在社会治安稳定时期,人权保障和控制犯罪的价值需兼顾,自白的任意性标准则应掌握适度。另外,根据案件的具体情况,在非法自白的取舍上还存在舍弃自白任意性标准的情况,只要自白具有证明价值,即便是非任意性的自白也可采用。在英美等国,对于使用暴力或以暴力相威胁获取的自白,出于解救人质的需要,可以无视自白的任意性要求而采纳该自白。美国联邦最高法院通过相应的判例还确立了自白可采性上的无损害规则,即如果非任意性的自白并非为定罪的唯一证据,该自白可视为"无害",被告人的定罪就可成立。① 因此,在我国也不排除法官在非法自白取舍上背离自白任意性原则的例外。当然,对自白任意性标准的调节抑或舍弃,应持慎重态度,如果对自白任意性标准随意调节或舍弃,实际上将使已建立起来的自白任意性原则缺乏意义。但法官如何对自白任意性标准加以调节,调节到何种程度,在何种具体情况下可以舍弃自白的任意性,则是解决非法自白取舍上的一个难点。这不仅是法官自由裁量的问题,同时也是司法积累经验的问题。

---

① Larwrence S.Wrightsman, Saul M. Kassin, *Confession in the Courtroom*, Sage Publication, Inc.,1993, p.36.

二、非法自白排除应解决的几个法律和实践问题

我国非法自白规则是一种全新的法律规则,这一规则在我国的有效推行,实际上需要解决旧体制和制度遗留下来的诸多问题。我国非法自白规则相当程度建基于法官自由裁量之上,这要求贯彻司法责任制的原则。然而现行司法体制下,法院本身的审判工作受到多方面的干扰,在法院内部承办案件的法官也受到院庭长批案制以及审委会对重大、疑难案件讨论决定的影响,法官对非法自白取舍自由裁量权的行使实际上受到这种司法体制的限制。同时,法官队伍自身的业务素质、法律意识水平以及对待非法自白的传统观念,对非法自白取舍规则的有效推行也是一种阻碍,法官对非法自白取舍自由裁量的驾驭本身存在困难。所以,我国非法自白规则的真正确立和有效推行,从宏观上就需克服这种司法体制、传统观念以及法官队伍实际现状的影响。除此之外,在微观或技术的层面上,还存在非常突出的制约因素,而这些技术性和制度性问题的解决相对于宏观问题的解决更容易,对非法自白规则的有效推行也能起到直接的推动作用,所以,在此笔者更为关注对这些技术性问题的解决。

(一) 法律明确赋予犯罪嫌疑人、被告人不受强制自证其罪权的问题

我国非法自白取舍规则的核心在于自白的任意性原则,即以自白作出是否具有任意性作为非法自白取舍的标准。自白的任意性与自白主体享有的沉默权存在内在联系,因为自白的任意性实际上是自白主体作出自白的一种自由选择权的体现。因此,剥夺自白主体的不受强制自证其罪权必然导致自白作出的非任意性;相反,自白的作出则具有任意性。然而,我国法律并未赋予嫌疑人、被告人该项权利,相反《刑事诉讼法》第 120 条规定:犯罪嫌疑人对侦查人员的提问,应当如实回答。这表明包括犯罪嫌疑人供述在内的对侦查人员提问的回答属于犯罪嫌疑人应承担的法律义务。这一规定反映两个事实:一是因犯罪嫌疑人负有的回答提问的义务而否定了犯罪嫌疑人的意志自

由。这意味着法律不尊重嫌疑人自白作出的任意性,因而非法自白取舍所依据的自白任意性标准就无从产生,也缺乏基础。法庭对非法自白的取舍可能只关注自白真实性问题,自白作出的任意与否并不影响自白的可承认性。二是根据《刑事诉讼法》第 120 条的规定,犯罪嫌疑人负有供述的义务,既然是义务就具有强制性,犯罪嫌疑人拒绝供述,司法人员可强制其作出供述。法律的这条规定为侦讯人员采取刑讯、威胁、引诱、欺骗等方法获取口供实际提供了心理和事实上的依据。如果仅就刑讯、威胁、引诱、欺骗等方法的性质上看,属于非法的或非正当的方法,《刑事诉讼法》第 52 条也规定,严禁刑讯逼供和以威胁、引诱、欺骗以及其他非法的方法收集证据。但《刑事诉讼法》第 120 条的规定,又暗示采用上述方法的允许性。显然,法律的这两条规定是自相矛盾的。《刑事诉讼法》第 120 条的规定客观上成为助长侦讯人员实践中采用上述非法方法的因素之一。由上可见,因《刑事诉讼法》第 120 条的规定导致非法自白的任意性规则丧失确立的基础,而且对以刑讯、威胁等强制取供方法的定性难以界定,由此影响非法自白本身的认定。因此,我国非法自白取舍规则的确立和有效推行,在技术层面上有赖于取消《刑事诉讼法》第 120 条有关犯罪嫌疑人对侦查人员的提问应当如实回答的规定,并在刑事诉讼法乃至宪法性文件中,明确确认犯罪嫌疑人、被告人的陈述的意志自由权益。

(二) 慎重对待"认罪认罚从宽制度"

根据《刑事诉讼法》第 120 条的规定,侦查人员在讯问犯罪嫌疑人的时候,应当告知犯罪嫌疑人享有的诉讼权利,如实供述自己罪行可以从宽处理和认罪认罚的法律规定。显然,在侦查阶段,对于自愿作出自白的犯罪嫌疑人,通过这项制度可以获得具有法律保障的最终从轻处罚的结果,对于被追诉人实体利益的保障是有利的。但如果从我国非法自白规则有效推行的角度看,整体上的认罪认罚从宽制度本身与非法自白规则存在内在冲突,尤其在公诉案件的侦查阶段,侦查人员讯问犯罪嫌疑人时向其告知认罪认罚从宽的规定,更可能面临对非法自白规则的直接冲突。我们所界定的非法自白包括以威胁、引诱以及欺骗等方法所获自白,这类非法自白被纳入取舍考量的范围之内。应该说,认罪认罚从宽制度如果作为一种取供手段加以运用,在性质上就可能出现变化。将认罪认罚从宽的规定告知犯罪嫌疑人,意思是告诉犯罪嫌疑人,只要交代罪行即作出供述(自白),可以对其考虑从宽处罚,在本质上属于一种不当的引诱行为。在英美等国,以从宽处罚或从轻指控为诱饵而获取自白的方法,属于严重的引诱方法,由此而获得的自白被法庭排除的可能性很大。在我国,以认罪认罚从宽制度为手段获取嫌疑人的供述,又因侦讯人员无最终的案件实体处理权(包括量刑权)而可能使已认罪的犯罪嫌疑人最后不能获得量刑上的从宽,如果出现这种结果,实际上又表明侦讯人员隐瞒了事实真相而欺骗了犯罪嫌疑人。因此,认罪认罚从宽制度在侦查阶段的推行,确有以引诱乃至迷惑性质的手段获取自白的现实情况。我国《刑事诉讼法》第56条不仅将这些方法界定为非法方法,而且严禁以这些方法收集证据。然而,根据认罪认罚从宽制度的精神实质,侦查人员的这一引诱等行为又具有法律上的允许性或合理性,所谓引诱等产生的非法自白并不属于应考虑排除的范围。显然,这一制度与法律的规定本身是相冲突的,与自白的任意性和真实性原则更有一种内在的矛盾。所以,侦查阶段认罪认罚从宽制度的运用,实际上对我国非法自白规则的推行是一种冲击。有鉴于此,有必要对于该项制度的适用加以调整。笔者认为,认罪认罚从宽制度不宜作为侦查阶段获取犯罪嫌疑人供述的手段推行,将这一制度规定作为一种取供手段加以运用,由此获取的供述也应考虑作为法庭排除的范围。但在审查起诉和审判阶段,被告人自愿认罪认罚的,并自愿作出有罪供述,检察官有权提出从轻处罚的量刑建议,人民法院可以根据检察官的这一量刑建议,对被告人作出从轻处罚的裁决。

(三) 建立我国非法自白规则的判例制度

非法自白规则本身是一项法律规则,立法机关以刑事诉讼法或者刑事证据法的形式加以确立,使其具有严格的法律形式和系统、明确的规范内容,是非法自白规则得以有效实施的保证。但又需注意的是,非法自白规则既是一种法律规则,又是一种实践性规则,它的突出特点在于赋予法官自由裁量的权力。因此,完全以成文法的形式对非法自白规则加以规范,不仅难以包容和反映具体案件中的全部情况,而且对法官的自由裁量权的行使也产生阻碍,最终影响非法自白规则实施的有效性。所以,对非法自白的取舍,既需以既定的成文法规则为基础,又应允许法官在实践中超越这种成文法规则,或灵活运用既有的规则,以为法官的自由裁量预留空间。当然,法官对非法自白取舍所行使的自由裁量权并非意味着法官的恣意。美国学者德沃金指出:"自由裁量权这个概念只有在相关的情况下才是准确的,这就是某个人在通常情况下根据特定权威设定的标准而作出决定的时候。"①在我国目前法官队伍整体职业素养和业务水平不高的现实情况下,法官对非法自白的取舍所行使的自由裁量权相对而言风险就更大,而引导和规范法官自由裁量权的行使就更为重要。实际上德沃金所强调的法官在行使自由裁量权时也应遵循一定的准则或标准,就是对法官的一种有效约束,而这种准则或标准可以理解为法官在实践中所积累起来的判例所形成的规则。这种判例规则的实践价值和可操作性则是成文法规则所不具备的。卡多佐曾指出:"立法者在估量总体境况时不为任何限制所约束,他对境况的规制方式完全是抽象的,而法官在作出决定时所看到的是具体的案件,并且参照了一些绝对实在的问题,他应当遵循我们的现代组织的精神,并且,为了摆脱危险的恣意行为,他应当尽可能地使自己从每一种个人性的或其他产生于他所面临的特殊境况的影响中解脱出来,并将他的司法决定基于具有一种客观性质的某些因素之上。"②由法官根据案件客观性质的某些因素所作出的判决,并以此而形成的司法判例规则,相对于成文法规则,对于法官在具体案件的处理中更具有可模仿和参照的价值。这也是规范法官自由裁量权的一种有效途径。所以,在我国非法自白规则的构造中,法院尤其上级法院对非法自白取舍裁决所形成的判例规则实际上是不可或缺的。在实践中有意识地积累判例规则,并运用

---

① [美]罗纳德·德沃金:《认真对待权利》,信春鹰、吴玉章译,中国大百科全书出版社1998年版,第51页。

② [美]本杰明·卡多佐:《司法过程的性质》,苏力译,商务印书馆2000年版,第75页。

于非法自白案件的实际处理之中,应当成为人民法院的一项工作制度。当然,重视非法自白取舍上的判例制度并不意味对成文法规则的轻视,这里存在如何协调成文法与判例法的关系问题。一般而言,非法自白的成文法规则主要是一种原则性并有弹性的规则,是对非法自白规则基本框架的搭建,它所规范的内容以非法证据的范围、取舍原则、裁判机制、举证责任的分配、司法救济机制的建立等为妥。① 而具体的取舍范围、取舍考虑的因素、自白任意性的判断方法、典型非法自白的排除等问题则属于判例规则所要解决的。

---

① 陈瑞华:《刑诉中非法证据排除问题研究》,《法学》2003 年第 6 期。

第六章　当代刑事证人制度的
解析与建构

第一节　刑事证人制度基础问题的比较分析

一、刑事证人的基本范畴

无论在何种国度的司法体制下，证人就其实质而言都是指因了解案件情况而向法定机构（主要是法庭）作出陈述或提供证言的人。证人"对案件情况的了解"，不仅是证人作证的基本条件，而且应该是世界各国证人的共同本质特征之所在。但证人这一体现其实质内涵的基本特征的一致性，是否意味着各国在证人的范围即外延上也是一致的？就我国和英美法系国家的情况而言，虽证人的内涵相同，但证人的外延却存在较大差别，也就是说，了解案件情况的人是否都属于证人的范畴，则存在明显不同。在我国，证人的定义坚持一种狭义理解的原则，证人系了解案件情况的普通诉讼参与人，诉讼中的直接利害关系人和其他具有特定身份的诉讼参与人被排除在证人之外。我国《刑事诉讼法》第50条将刑事证据分为八种类型，证人证言是作为一种独立的法定证据加以规定的。证言的独立性决定了证人的独立性，即证人是独立于当事人及其他特定的诉讼参与人之外的普通证人。刑事案件的当事人包括犯罪嫌疑人、被告人和被害人中，多数直接经历和知晓案件整个过程，对案件情况更有发言权，当然应就该案情况作出陈述。但因与案件的利害关系，他们就案情作出陈述具有特殊性，其身份非普通证人，而始终是犯罪嫌疑人、被告人和被害人这一特定身份。故根据《刑事诉讼法》第60条的规定，此类诉讼当事人作出的陈述,或属于犯罪嫌疑人、被告人的供述和辩解,或归于被害人陈述,而非证人证言。在共同犯罪案件中, 共犯之间不能互为证人也是一项既定的原则。某一共犯对另一共犯所犯共同犯罪行为的检举或辩解, 由于在特定案件中其身份的确定性,这种检举和辩解仍属于犯罪嫌疑人、被告人的供述和辩解。相反,同案被告人已作出结案处理,不论对其是否追究刑事责任,都不再是本案的被告人,可以以证人对待。① 在我国,具有专门知识的人即鉴定人,能够就案件的专门性问题提出鉴定意见或作出鉴定报告。鉴定人实际上是对案件的这一未知专门性问题提出具有证言作用的专业意见,但因其所解决的案件专门问题,不是一般证人所能认识和解决的, 故鉴定人仍不被看作证人,而属于一种具有特定身份的诉讼参与人。

在英美法系国家,有关证人的定义并无明确的法律规定,法学界也未曾有过完整的诠释。但从其法律对证人范围的界定和证人作证规则的具体要求上看,证人的含义实际上坚持一种粗放不定的原则,主要特点是将证人的外延扩大化。应该指出,英美法系证人泛指了解案件情况,并依照法律的程序规则向警官、检察官、法官或陪审团提供证据和作出陈述的一切诉讼参与人。显然,只要一个人了解该案情况,并在诉讼各阶段,尤其在法庭上合法地陈述其所了解的情况,或提供所掌握的证据,该人将被视作证人,而是否与案件有特殊的利害关系或者属于特定的诉讼身份,则不影响作为证人的这一属性。具体而言,刑事诉讼中的证人除了解案情的普通证人外,犯罪嫌疑人、被告人和被害人等与案件有特殊利害关系的人也属证人之列。英国 1898 年《刑事证据法》第 1 条规定:"一个被指控犯罪的人在诉讼各阶段将是一个有能力的辩护证人, 不论他是单独被控告, 还是与任何共犯一同被指控共同犯罪。"②这一规定表明,被告人(包括犯罪嫌疑人)可以作为证人为其辩护利益提供证据或作出陈述。同时,被告人也是一个为同案犯辩护或者控告同案

---

① 参见陈光中主编:《我国刑事诉讼的理论与实践问题探讨》,法律出版社 1987 年版,第81—82 页。

② Phil Huxley, Michael O'Connell, *Blackstones' Statutes on Evidence*, 4th ed., Blackstone Press Limited, 1997, p.3.

犯的有资格但无作证强制性的证人。① 实际上,在一些案件中,只要征得被告人同意,将能够使其为同案犯的行为作证。在英美法律中,被害人包括被告人的配偶,同样可以作为证人为控方或辩方作证。英美诉讼中的专家(类似于我国的鉴定人)属于一类特定的证人,即专家证人。专家需要具备专门的知识和经验,且解决案件中的特殊问题,与一般证人相比确有不同之处。但专家的作证规则完全适用证人规则,如宣誓、接受询问及交叉询问等,故专家的身份始终是证人的身份,只是其作证的对象或解决的问题不同罢了。

综上可见,英美法系刑事证人的范围基本上涵盖了除审判方和控方以外的所有诉讼参与人,较之我国的证人广泛得多。证人范围的这一显著差异,实际上反映了中外对证人划分的角度和标准各不相同。在英美法系,法律坚持以内涵决定外延的精神来划定证人的范围,强调证人的固有属性和证人外延的包容性。因此,只要一个具备了解案件事实这一证人的固有属性的人,都应以证人对待,该人在诉讼中的身份特征或诉讼关系,不能改变其作为证人的性质。与此相反,我国法律对证人的划分,既要考虑证人的内涵,又必须顾及该人在诉讼中的身份特征或诉讼关系。一个人确实了解案件的情况,而又未有特殊的诉讼身份或与案件无直接利害关系,将是真正意义上的证人。反之,一个人的身份或诉讼关系具有特定意义,其角色关系不能以普通证人相待,而只能以犯罪嫌疑人(被告人)或被害人或鉴定人的特定身份提供证据或作出陈述。我国在证人划分上所体现的身份决定论的思想,除受苏联证据法的传统影响之外,主要还在于刑事司法固有功效的内在动因。我国刑事司法历来有犯罪控制与正当程序之争,两者究竟孰先孰后? 正如有学者所言,"如果分析刑事程序立法和司法运作机制,我们可以发现实际上我国奉行的犯罪控制至上的观念。大多数诉讼规则都主要考虑了追究犯罪的需要"②。而我国对证人范围的界定,尤其是将犯罪嫌疑人(被告人)和被害人排除于证人之外的做法,适应并促成了这种功效的实现。在英美学者和法官看

---

① Peter Murphy, *Murphy on Evidence*, 6th ed., Blackstone Press Limited, 1997, p.418.

② 左卫民:《价值与结构——刑事程序的双重分析》,四川大学出版社 1994 年版,第100 页。

来，证人提供证据的平等性，是刑事司法公正的保障和源泉。因无罪推定而使被告人处于平等的证人地位，按证人的规则客观、公正地收集和处理其提供的陈述或证据，特别是辩护证据，在一定程序上有利于案件的公正处理，减少错案的发生。

二、刑事证人资格和作证强制性（作证义务）的规范

"无证人资格则无作证"是一条被普遍认同的证人作证规则的逻辑定式。在我国，证人资格有着严格的限制。《刑事诉讼法》第62条规定："凡是知道案件情况的人，都有作证的义务。生理上、精神上有缺陷或者年幼，不能辨别是非、不能正确表达的人，不能作证人。"根据这一法律规定，我国证人资格的取得应具备以下三个条件：（1）证人必须是了解案件情况的人。这是证人最本质的特征。同时，证人经历或了解案件事实的时间，应在案发之时或案件进入司法程序之前。（2）证人必须是自然人，而非法人或其他社会组织。所有的证言必须以证人个人的身份提供，不能以法人或其他社会组织的名义出具，这是一条公认的证人规则。（3）证人必须是具有正常意识能力的人。正常意识能力可理解为辨别是非和正确表达的能力。这两种能力是衡量证人证言真实性和可靠性的基本尺度，缺一不可。英美法系证人的资格或称能力（Competence），与我国有某种相似性。如前所述，英美法系的证人不仅指普通证人，而且包括被告人、被害人、专家证人等。更为重要的是，证人必须出庭宣誓，并接受询问和交叉询问。可见，其证人同样是自然人。证人资格是否应建立在证人对案件事实了解的基础上，英美法律未有明确规定。实际情况是，证人是否了解案件事实，对法官和陪审团来说是一种事后感知，而非事前预断的问题。只有在法庭上经过对证人的询问和交叉询问后，法官和陪审团才能作出判断。在法律中预先确立证人对案情的了解这一事实作为证人资格的一个因素，既无必要，也不现实。英国学者在论及证人作证资格时曾有一个精炼的概括："只要一个人可以合法地提供证据，他就有作为证人的资格。"[1]何为合法地提供证据？按照英国《宣誓法》确立的基本原则，所有证

---

① Richard May, *Criminal Evidence*, Blackstone Press Limited,1990, p.284.

人必须在法庭上经过宣誓(或断言确认)方可作证,其提供的证言才可加以承认。所谓宣誓是指一个人在法庭上以上帝的名义当众宣称自己将向法庭提供的陈述是真实的,且是完全真实的一项活动。① 宣誓是对证人讲真话的一种强制,"一个已作了宣誓的证人不能紧接着声称宣誓对自己无约束力,而逃避宣誓所产生的结果"②。可见,一个人在法庭上作了如此的宣誓,其提供证言的真实性和可靠性才有保障。据此,证人在庭上所作的宣誓,实际上是证人作证合法性即证人资格取得的一个主要标志。英美法律中未提及证人的意识能力问题,但证人在法庭上的宣誓正是对证人意识能力最好的检验。因为宣誓的人必须清楚地理解宣誓的性质和讲真话的责任,并能通过口头形式清楚地表达宣誓的内容,由此完全可以作为衡量证人意识能力优劣的一种有效手段。而且,宣誓还包含对证人资格在意志能力上的更高要求。所谓证人的意志能力是指证人对讲真话的认识和控制能力。在英美法中,宣誓是一种神圣而庄严的正式诉讼活动,宣誓的人有讲真话的责任。如果证人有悖于自己通过宣誓所作的承诺,不仅将以伪证罪论处,而且也将受到道义和良知的谴责。故通过宣誓达到对证人讲真话的内心约束,实际上体现了一种对证人意志能力的要求。在确立证人资格的一般性原则的前提下,英美法律对一些诉讼参与人的证人资格又作了特别规定。

1. 未成年人。根据英国法律,未成年人被传唤作证,法律必须审查以下事项:(1)他是否理解宣誓的性质,从而提供经宣誓的证据;(2)如果他不理解宣誓的性质,是否他有足够的智力理解讲真话的职责,从而证明对其未经宣誓证言的接受是合理的。③ 从这两点看,未成年人作为证人的资格,或取决于其理解宣誓的性质并因此作了宣誓;或决定于不理解宣誓的性质,但其有足够的智力理解讲真话的责任,以证明对其经宣誓的证言的接受是合理的。

2. 精神上、生理上有缺陷的人。精神缺陷者是否具有作证的资格,同样取决于其是否具有理解宣誓的性质和庄严性的能力。如果有此能力并能提供

① Peter Murphy, *Murphy on Evidence*, 6th ed., Blackstone Press Limited,1997, p.441.

② Peter Murphy, *Murphy on Evidence*, 6th ed., Blackstone Press Limited,1997, p.442.

③ Richard May, *Criminal Evidence*, Blackstone Press Limited, 1990, p.61.

合理的证据,该精神缺陷者是一个合格的证人。聋哑人如果能理解宣誓的性质,并通过文字符号理解提问和作出回答,也属于有证人资格的人。①

3. 被告人。根据英国 1898 年《刑事证据法》第 1 条的规定,在诉讼的每个阶段,只要被告人提出请求,不管是单独或与他人共同被控诉,被告人都有资格作为一个为己辩护的证人。② 被告人作为辩护证人的资格是与其在诉讼中辩护权相适应的。被告人的辩护权贯穿于诉讼始终,只要符合其意愿,被告人自然有资格作为辩护证人为自己辩护。

4. 被告人的配偶。根据英国 1984 年《警察与刑事证据法》第 80 条的规定,被告人的配偶既具有作为辩护证人的资格,又具有作为控诉证人的资格,但该配偶与被告人一并被追诉,并被一同审判的情况除外。③

关于由谁决定证人的资格问题,按照英国《宣誓法》的规定,宣誓这一证人资格取得的重要标志是在法庭上由法官主持下进行的,其宣誓的有效性也由法官负责审查,故证人的资格实际上是由法官决定的。我国法律未明确规定证人资格认定权的归属问题,但事实上,证人的资格是由公安机关和检察机关决定的。根据《刑事诉讼法》第 162 条和第 176 条的规定,侦查人员和检察人员必须尽一切可能发现案件的真相,对于需要追诉的犯罪,必须保证事实清楚,证据确实、充分。为达此目标,公安机关和检察机关需要收集真实和可靠的证据(包括证人证言)。而证人证言真伪的关键,在于把握证人的资格问题。因此,在庭审前,公安机关和检察机关必须对证人的资格进行审查和作出决定,并将不合格的证人排除于诉讼之外。法庭审查的重点则是对证言的证据能力和证明力的审查,对于非法获取的证言根据法律规定加以排除,而对不实或缺乏证明价值的证言不作为定案的根据。但如果证人资格问题波及证言的证据能力,也需将证人资格纳入审查范围,以确定证言的证据能力。

一个具有证人资格的人,是否就应当被强制作证(承担作证义务)? 这是

---

① Peter Murphy, *Murphy on Evidence*, 6th ed., Blackstone Press Limited,1997, p.437.

② Phil Huxley, Michael O'Connell, *Blackstones' Statutes on Evidence*,4th ed., Blackstone Press Limited, 1997, p.3.

③ Phil Huxley, Michael O'Connell, *Blackstones' Statutes on Evidence*, 4th ed., Blackstone Press Limited, 1997, p.96.

与证人资格相联系的另一个问题。我国《刑事诉讼法》第62条规定:"凡是知道案件情况的人,都有作证的义务。"而"作证的义务"则指作证的强制性,因为"义务"本身就是一种实施某种行为的法律强制性。故对法律的这一规定,可作这样理解:一个人具备作证的资格,同时也就必然地产生强制作证的法律后果。证人的资格与其作证的强制性之间所具有的一致性、同时性的特征,不因证人的诉讼地位和所处的诉讼环境的不同而改变。但因特殊的客观情况如患病、出差等而被免除作证义务的除外。我国证人的资格与作证的强制性之间所固有的必然联系,源于对证人的两个基本认识:一是证人的不可替代性。证人是在特定案件中在特定环境下所产生的知晓案件情况的特定的人。这种特定人的身份一旦形成,就具有人身不可替代性,即证人既不能由他人任意指定,也不能为其他人所代替。① 二是证人之证据的不可或缺性。在绝大多数案件中,证人证言是最基本的证据之一,如果在案件事实的认定中,缺乏证人证言的支持,将很难说对案件的处理是符合事实清楚、证据确实充分的法定证明标准的。

关于英美法系证人作证的强制性(Compellability)问题,英国学者同样有一个概括性论断:"如果证人是合法地被要求作证的,该证人应当作证。"②就是说,具有证人资格的人,只有在法律要求其作证的情况下,才具有作证的强制性,而非一切具有证人资格的人都必须作证。可见,英美法系证人的资格与其作证的强制性之间是适当分离的。根据英国法律的规定,证人作证的强制性,主要依证人在诉讼中的不同身份而定,具体可分为三个层次:

第一层次为不具有特定诉讼身份的普通证人。根据普通法的原则,其作证的强制性与我国相同:具有证人资格的人,同时具有作证的强制性,但也存在因病、因事等特殊情况的例外。

第二层次为未成年人,精神上、生理上有缺陷的人。这类人的证人资格的特殊性决定了其强制作证的特殊性,即他们作证的强制性,必须以理解宣誓的性质和讲真话的责任为前提。

---

① 参见王国枢主编:《刑事诉讼法学》,北京大学出版社1989年版,第145页。
② Richard May, *Criminal Evidence*, Blackstone Press Limited, 1990, p.284.

第三层次是作为证人的被告人及其配偶,其作证的强制性有如下具体规定:

1. 被告人。根据英国 1898 年《刑事证据法》第 1 条的规定,被告人具有作为辩护证人的资格,但无相应的作证强制性。其理由是:(1)按照该法规定,被告人是否为辩护提出证据,必须以其是否向法庭提出请求为前提。[①] (2)虽然 1994 年《刑事审判与公共秩序法》对被告人的沉默权(Right of Silence)有所限制,但被告人在总体上仍享有法律赋予的这项特殊权利。[②] 正如我们所见,英国被告人无作为控诉证人的资格,当然也就没有为控诉而强制作证的义务。

2. 被告人的配偶。英美证据法所确立的一项基本原则是:被告人的配偶作为控诉证人,虽有作证的资格,但无作证的强制性;而作为辩护证人,则既有作证的资格,又有作证的强制性,除非该配偶与被告人一同被追诉并在审判中承受被定罪之责。[③] 被告人配偶作为控诉证人无作证的强制性,乃为英国证人资格与作证强制性适当分离的一个重要表现。它意味着被告人的配偶有权拒绝提供不利于被告人的控诉证据。对被告人及其家庭的这一保护性措施,“是为了使被保护人能够避免因提供事实真相与其个人利益处于相冲突的境地。在他们(指英国立法者和学者——作者注)看来,被保护人的利益,应看作比查明案情利益更有价值”[④]。但应当注意的是,按照英国 1984 年《警察与刑事证据法》第 80 条第 3 款的规定,有两类案件除外:一类是对被告人的配偶或不满 16 周岁的未成年人实施的暴力、伤害或以伤害相威胁的犯罪;另一类是对不满 16 周岁的未成年人实施的性犯罪。[⑤] 同时根据该法规

[①] 参见英国 1898 年《刑事证据法》第 1 条第 1 款。See Phil Huxley, Michael O'Connell, *Blackstones' Statutes on Evidence*, 4th ed., Blackstone Press Limited,1997, p.3.

[②] 参见陈瑞华:《在公正与效率之间——英国刑事诉讼制度的最新发展》,《中外法学》1998 年第 6 期。

[③] Phil Huxley, Michael O'Connell, *Blackstones' Statutes on Evidence*,4th ed., Blackstone Press Limited,1997, p.96.

[④] 朱云:《刑事诉讼证据制度》,法律出版社 1986 年版,第 131 页。

[⑤] Phil Huxley, Michael O'Connell, *Blackstones' Statutes on Evidence*, 4th ed., Blackstone Press Limited,1997, p.96.

定,在这两类案件中,被告人配偶作证的强制性,必须以该配偶未与被告人一同被追诉而承受被定罪之责为限。

基于以上对刑事证人制度的比较分析,英美法系刑事证人制度中的一些合理因素对我国主要有以下三点启示:第一,从英美法系刑事证人范围的界定所反映的证人内涵与外延相一致的原则中,推动我国现有证人观念的转变。新的证人观念在于淡化证人的诉讼身份或角色意识,把握证人的实质内涵。这种证人观念的转变,将可能产生的积极影响在于:使所有诉讼参与者在作证上真正处于平等、公正的地位,尤其对被告人、犯罪嫌疑人的采证和调查,淡化其诉讼身份的意识,可尽量做到客观、全面,防止片面性和主观性。同时,证人范围对鉴定人的包容性,可避免因鉴定人所固有的"权威性""官方性"而疏于对其意见的司法审查。鉴定人作为平等作证的主体,不可避免地受到证人规则的约束,对其意见的可采性和真实性,将在公正的司法程序中受到来自控辩裁三方的有效审查和监督。

第二,从英美法系刑事证人宣誓的方法所体现的证人意识和意志能力相统一的原则中,树立和强化对我国证人意志能力的认识。英美证人资格的取得以证人在法庭上的宣誓为主要标志。证人的宣誓实际上反映了证人的意识和意志能力的统一。这要求证人不仅能正确了解和表述案情,而且更重要的是,通过对证人内心的约束产生讲真话的真实意愿。我国证人资格问题正是对证人意志能力要求存在不足。借鉴英美法系证人资格的规则,并非将证人宣誓的方法移植过来为我所用。重要的是吸收英美证人宣誓方法的精神实质,采取适合我国情况的有效方法,使其真正树立讲真话的观念和意愿,而非仅仅满足于一些外在的、表面化的法律规定。

第三,从英美刑事证人的资格与证人作证的强制性适当分离的原则中,重新审视我国对证人作证强制性的认识。除因特殊的客观情况而依法被免除作证义务的证人外,是否其他一切具有证人资格的人都应毫无例外地作证? 在强制作证问题上是否应适当考虑证人的利益和身份的特殊性? 从英美法系的实践看,采取证人资格与作证强制性适当分离的做法,无论从社会意义上还是司法效果上,都是有益的。我国情况虽与之不同,但证人的资格与证人作证的强制性适当分离的精神内涵,仍有可资借鉴的价值,其至少可以产生如下积极效果:就普通证人而言,在所有具有证人资格的人中,有针对性地选择某些必要而又有作证可能的证人,强制其作证,不仅能够确保这些证人作证的有效性,而且克服目前因强制证人作证问题上的"一刀切"所产生的证人拒证现象;对被告人而言,其作证的不可强制性,更具有积极意义,其辩护权将受到法律更有效的保护,与此同时,公安机关、检察机关所承担的证明责任将得以进一步强化。对于被告人的配偶及近亲属而言,根据我国《刑事诉讼法》第193条的规定,对于应该出庭的被告人配偶、父母、子女,不能强制其到庭作证(实际上免除其出庭作证义务),但根据该法第62条和第124条的规定,其仍有到案作证的义务。对于这类特定身份的人作为控方证人的作证义务也应加以更为有效的限制。

第二节　刑事证人证言的采信

证人证言在刑事证据体系中占有非常重要的地位。英美法系证人外延本身所具有的广泛性,决定了这类证据在定案上有着更为突出的作用。随着我国庭审方式的改革,如何规范证言的运用规则,充分发挥其证据的效能,已日渐突出地摆在司法者和立法者面前,但证言的有效运用,必须首先解决证言的采信问题。所谓证言的采信是指在案件事实审理后,证言作为法院最终裁判认定的案件事实依据而被接纳。显然,不被采信的证言,也就无证据的价值可言,当然被排除在法庭之外。

一、刑事证人证言采信之标准

刑事证人证言采信的标准是指在什么情况下,达到何种程度,证言能够被法庭所采纳和接受,并据此作为定案的根据。证言采信标准的确立有赖于对刑事案件证明标准(即运用证据证明刑事案件事实所需达到的程度)的界定,因为有什么样的刑事证明标准,就有什么样的证言采信标准。

在我国,刑事司法活动的意义在于:必须使真正有罪的人受到应有的法律制裁,同时,确保无辜者不受刑事追诉。为此,"实事求是,一切从实际出发,调查研究,反对主观臆断和凭空猜测"成为刑事司法工作的基本准则。在这一刑事司法准则之下,我国刑事司法所贯彻的案件证明标准实际上是一种客观标准:所证明的每一个案件应该做到事实清楚,证据确凿、充分。或者说,在综合全案证据的基础上,确保需查明的案件事实达到确信的程度。既然刑事案件总体的证明标准在于要求案件事实清楚,司法人员必须对这一事实的真实性和可靠性达到确信程度,那么,作为用以证明案件事实的基本证据之一的证人证言,其采信的标准,也必然要求达到确信程度,做到证言的客观、真实和可靠。

在司法实践中,刑事案件的这一证明标准的确立,以及对证言采信标准的相应要求,虽在案件处理的"事实关"的把握上较为严密,有助于减少错案的发生,但在相当长的一段时期里,对刑事司法同样产生了负面影响。在这一标准下,案内的所有证据包括证言都必须查证属实,否则案件将因事实不清而不能处理。但现实情况表明,对证据的要求过于苛刻,司法人员心有余而力不足。许多案件因缺乏确实充分的证据而无法认定被告人有罪,但因被告人仍被怀疑有罪又不可将其无罪开释,在这种两难之中,滋生了我国司法中的一种特有现象——"悬而未决案件"。这种现象的存在,对被告人人身合法权益,乃至公正司法无疑是一种严重的损害。鉴于此,现行《刑事诉讼法》第175条和第200条对这一问题的解决作了明确的规定:在起诉阶段,对于经二次补充侦查仍认为证据不足的,检察院应当作出不起诉决定;在审判阶段,如果证据不足,不能认定被告人有罪的,应当作出证据不足、指控的犯罪不能成立的无罪判决。这就是说,认定被告人无罪,不再要求查清其无罪的事实和确保所依据的无罪证据确实充分,只要被告人有罪的事实所依据的证据不足即可。但在认定被告人有罪方面,证明标准仍未改变,而作为定案根据之一的证言,其采信标准同样需达到真实、可靠和确信无疑的程度。

在英美普通法原则中,"排除合理怀疑"是案件的证明标准。何为"排除合理怀疑"?英美法律未作明确界定,其学界也未曾就这一问题达成完全共识。但在英国法官看来,"排除合理怀疑",明确要求陪审团必须对当事人提出的证据感到满意,并据此相信被告人是有罪的。①"排除合理怀疑"要求陪审团在证人等提供的证据基础上,"相信"被告人是有罪的,而"相信"不等于"确信"。"相信"意味着具有很大的可能性,而"确信"实际上是一种近乎绝对的肯定。"相信"倾向于表达法官、陪审团的一种主观推断,反映其对案件事实的一种主观态度。在具体案件审判中,法官或陪审团是否相信被告人有罪,就是通过对证据进行主观上的判断和推理得出的。一个证据是否值得相信,不同的法官、陪审员也许有不同的结论。据此可以认为,英美刑事证明标准在总体上是一种主观标准。

这种具有较强主观色彩的刑事证明标准是英美普通法在长期的发展过程中,对利弊权衡的一种必然结果。在英国学者看来,如果实行一种对案件事实达到确信程度的更高证明标准,是不现实的,因为"这是一个太高的标准,陪审团做不到这一点"②。同时,这将产生案件处理上的延误。英美也不实行较低的证明标准,即未排除合理怀疑的情况下,认定被告人有罪。因为这一证明标准之下,案件事实处于一种"盖然"的不确定状态,有存在不真实的可能性。换言之,法官或陪审团对控方的指控并不感到满意,被告人是否有罪值得怀疑。如果法官或陪审团据此下判,将不可避免地造成错判。故"排除合理怀疑"的标准正是介于以上两种标准之间的一种合理的选择,克服了这两种证明标准自身无法克服的缺陷。实行这一证明标准,也许同样可能造成案件处理上的错误,但按照英国学者的观点,这种错误是可以原谅的,并且错误可以减少到最小程度。

英美刑事案件"排除合理怀疑"的证明标准,表明相应的证言采信标准,达到排除合理怀疑的程度即可,而并不要求其真实性和可靠性达到确信程度。只要法官或陪审团相信证人所提供的证言,就可据此定案,即便案中未有其他证据的支持。应该指出的是,在实践中,英美法系并非对所有案件的证明都实行"排除合理怀疑"的标准。作为这种证明标准的一种补充,法官和陪审团对于一些特定的案件也采取了类似我国客观确信的标准。例如,根据

---

① Richard May, *Criminal Evidence*, Blackstone Press Limited, 1990, p. 59.

② Richard May, *Criminal Evidence*, Blackstone Press Limited, 1990, p.61.

英国普通法的规定,叛国罪、超速驾车等案件的证明标准须达到确信程度,如果案内只有一个证据(如唯一证人所提供的证言),而未有其他证据的支持和相互印证,该证据将因其真实性和可靠性未达到确信程度而被法庭所排除;如果该案是由陪审团审理的,法官将警告陪审团采用如此证据的危险性,并指导陪审团排除这一证据。

二、刑事证人证言采信的检测方法

所谓证言采信标准的检测方法,是指用以判断和检验证言采信标准是否达成的方式和途径。因我国与英美法系刑事证人证言采信标准不同,检测这种证据采信标准的方式、途径也不尽相同。

在我国,检测证言采信标准的方式和途径虽没有明确的法律规定,但根据证据法的理论和司法实践经验,司法人员仍可通过以下的方式、途径对证言的采信标准进行检测。

第一,证人证言的来源。在我国证据法理论中,可以根据证据的来源,将证据分为两种类型:一种是原始证据;另一种是传来证据。原始证据是直接来源于案件事实的证据,属于第一手材料。而传来证据则是从案件事实中间接获得的,属于第二手或第二手以上的材料。传来证据来自于原始证据,无原始证据,就无传来证据。由此可见,原始证据较之传来证据更为真实和可靠。故检测证言的来源,在于检验该证据是否具有原始性。如果属于原始证据,如证人直接耳闻、目睹案件的发生过程,而非他人转告,该证据更接近于或达到证言采信的标准。

我国刑事司法贯彻"原始证据优先原则",但并不拒绝传来证据的使用。在一个案件中,如果有原始证据,应当采用原始证据,不能用传来证据代替原始证据;如果原始证据无法获取,如原始证人死亡或失踪、原始文件丢失等,传来证据可以采用。但传来证据的运用应符合两个条件:(1)必须与其他证据结合使用,单一的传来证据不可定案;(2)通过审查,传来证据具有真实可靠性,能够作为定案的根据。

第二,证人作证的动机。证人作证的动机对其作证的真实性产生一定影响。如果证人与案件或案件当事人无利害关系,属于依法履行作证的义务,应该认为证人作证的动机是正常的。如果证人因社会的责任感和正义感而主动作证,其动机甚至是优良的。在这种动机下,证人的可信任度以及由此决定的证言采信程度更高。如果证人与案件或案件当事人及当事人的亲属有某种利害关系,其作证动机则是值得怀疑的,在采用该证据前,必须甄别该证言的真伪。

第三,证言的收集是否合法。我国《刑事诉讼法》第 52 条规定:"审判人员、检察人员、侦查人员必须依照法定程序,收集能够证实犯罪嫌疑人、被告人有罪或者无罪、犯罪情节轻重的各种证据。严禁刑讯逼供和以威胁、引诱、欺骗以及其他非法的方法收集证据……"对于收集证人证言的法律程序,《刑事诉讼法》第 125 条规定:"询问证人,应当告知他应当如实地提供证据、证言和有意作伪证或者隐匿罪证要负的法律责任。"该法第 124 条第 2 款规定:"询问证人应当个别进行"。另根据该法第 126 条的规定,询问笔录应当交证人核对,对于没有阅读能力的,应当向他宣读。如果记载有遗漏或者差错,证人可以提出补充或者改正。证人承认笔录没有错误的,应当签名或盖章。侦查人员也应当在笔录上签名。证人请求自行书写证词的,应当准许。这些法律规定,既是对公安司法人员取得证言的合法性和规范性提出的严格要求,又是在一定程度上为获取真实、可靠证言提供的保障。如果公安司法人员按照上述法律要求和程序收集证言,将在最大限度内保证所采集的证言的真实性和可靠性,从而满足证言采信的标准;反之,证言的真实性和可靠性可能无从保障。将这类非法收集的证据排除于法庭之外则成为保障证言可靠性的一种预防性措施。

第四,证言与其他证据间的相互印证。我国证据法理论认为,证据的证明价值是由证据的质和量决定的。证据的质指证据的客观性和真实性,而证据的量则指证据的充分性。证据的量是证据质的保障。证据间的相互印证实际上是证据质与量交融的综合体现。我国法律不允许单一的证据在法庭上采用,因为这样一种证据既无量的体现,又无质的保障。如果案中有各种证据,只有当它们能相互印证,证据达到质与量的统一时,才能作为定案的根据。证人证言之所以具有可采信的价值，并成为定案的根据，在于它被其他证据证明是真实的，体现了证据质与量的统一。

第五，案发时证人所处的环境。案发时证人所处的环境，直接影响证人对案件了解的程度，从而影响其证言的真实性。例如，案件发生之际，正处于夜晚或雾气弥漫，或证人所处的位置距犯罪现场较远，均会影响证人的视、听感受，从而其提供的证言真实性将受到质疑。故在采纳证人证言之前，法官必须考察证人所处的案件环境对其证言真实性影响的程度。

第六，证人的出庭。我国《刑事诉讼法》第61条规定："证人证言必须在法庭上经过公诉人、被害人和被告人、辩护人双方质证并且查实以后，才能作为定案的根据。"只有在证人出庭的条件下，才可能对其证言进行询问、听证和质证，而且只有经过庭上调查、质证的证言，才能确保这一证言的真实性和可靠性。尽管根据《刑事诉讼法》第192条的规定，在一定条件下证人应该出庭作证，但证人出庭作证的条件较为严格，且证人不出庭的情况下，其庭前书面证言也可采用，导致实践中以证人的书面陈述或司法人员的证言笔录的形式代替证人亲自出庭的现象普遍存在，法庭对证人证言的审查往往限于庭审中宣读的书面审查。之所以出现有悖法律的做法，与长期以来我国实行的案卷笔录中心主义的审判模式直接相关。

在我国，庭审前法官通常对案件进行实质审查，阅览起诉方移送的卷宗以了解案情，同时，法官必须熟悉和掌握案内证据包括证人证言。如果法官对证据产生怀疑，他将进行庭前调查，甚至询问证人等以确信该证据。因此，当案件开庭审判时，法官已对案件的事实和证据有了完全掌握，并据以在内心对案件的实体问题形成了预断。在此情形下，庭审仅维持一种程序和形式上的意义，而证人是否出庭的问题也就无关紧要。现行刑事诉讼法虽对庭审方式进行了重大改革，要求法官在开庭前对案件进行程序审查，即审查起诉方是否在起诉书中有明确的指控犯罪事实，以决定是否开庭审判，而并未规定法官可以对案件的事实和证据进行实质审查。这种新举措旨在克服法官先入为主的倾向，保证一切事实和证据在法庭上通过控辩双方较量获得明断。但这种改革能否有效实施，还有待时日的检验。需要解决的问题很多：

一是法官的现有业务素质能否与新的庭审方式相适应。二是在"实质真实"原则下，法官对最终查明案情仍负有一定责任。法官如不进行庭前实质审查，能否达到判决所要求的事实清楚、证据确实、充分的证明标准。三是新的庭审方式要求证人出庭，但证人出庭确有诸多的实际困难，如经济问题、证人名誉问题、交通不便等。

　　在英美法系，证人提供的证言能否被承认和采用是由法官或陪审团决定的。法官或陪审团对证言采信的判断方式或途径主要包括以下方面：其一，证人的出庭。在英美普通法中，某人一旦具有作证的资格与义务，无论属于控方证人还是辩方证人，都必须出庭提供口头陈述。如果证人不出庭，其在庭外所作的书面陈述或警察所作的询问笔录，均属于传闻证据，一般不能被法官或陪审团所接受。① 在法官或陪审团看来，证人未经在庭上宣誓，也未被法庭询问和交叉询问，他的证言是不能信赖的。在英美法中，证人出庭的制度与其庭审方式密切相关，其奉行"起诉状一本主义"原则：开庭前，起诉方只能将起诉书递交法官审查，而不能移送案卷材料和证据。在此制度下，法官了解的事项仅限于起诉书中的案件性质和所控罪名，不可能也无必要接触案件的证据，甚至收集、调查证据和询问证人。所有证据只能待开庭时向法庭出示或提供，并接受审查。故开庭时证人出庭作出口头陈述和接受审查，成为判明证人证言是否具备采信标准的前提。

　　其二，证人必须在庭上宣誓。宣誓不仅是证人具备作证资格的体现，而且是检测证人证言是否真实和可靠的一种有效手段。按照英国《宣誓法》的规定，除非一个人宣誓讲真话，或者作出值得信赖的庄严声明，否则其证言是不被承认的。② 在法官或陪审团看来，一旦证人作了宣誓，意味着证人理解宣誓的性质和讲真话的责任，故他的证言具备可靠性和可承认性的基础，以此有助于法官或陪审团对该证据作出是否达到"排除合理怀疑"标准的判断。当然，未成年人未经宣誓的证言同样是可承认的。其条件是，他虽不理解宣誓的性质，但其有足够智力理解讲真话的责任，从而证明对他的未经宣誓的

---

① Peter Murphy, *Murphy on Evidence*, 6th ed., Blackstone Press Limited,1997, pp.194-195.
② See Archbolod, *Criminal Pleading, Evidence and Practice* (43rd ed.), pp.253-254.

证言的接受是合理的。①

其三,证言的来源。在英美法系,按照证据的来源,证据可以划分为原始证据和传闻证据,其成为判断证据真伪的重要方法。根据英国学者的观点,在法庭上 A 叙述 B 向其陈述的案件情况,并声称 B 所说的是真实的,这种证据称为传闻证据或传闻证言。"反对或拒绝传闻证据的采用"是英美证据法上的一项重要规则。英国普通法非常清楚地说明:"A 提供由 B 在法庭外口头或书面告诉其的事实的证据, 如果将它作为证明 B 所说或书写的是真实的话,这一证据是不可承认的。"②很显然,传闻证据既不能作为证人证言,也不能作为证据的来源而被承认。这种规则确立的理由在于:首先,属于第二手材料的证据可能是不可靠的;其次,这种证据未经原始证人的宣誓,其内容也未经交叉询问,故是不可信赖的;最后,如果违背这项规则,传闻证据在证明或否定特殊事实上的作用将被夸大,导致该证据的滥用。③

在这种规则下,传闻证据不能作为发现其他证据和犯罪线索的参考,甚至即便被其他证据证明是真实的也不能加以采用,因为这种证据根本不能在法庭上提出。笔者认为,英美法系严禁传闻证据的采用,不仅在于上述理由,还在于法官或陪审团在证据取舍上的主导作用及判断证据所采取的方式上。在英美法的传统中,法官或陪审团有权决定证据的取舍,并依靠推理和内心确认作出这种决定。在某一案件中,只要裁判者相信犯罪事实的存在,依靠单一证据也可定案。实际上他们完全无必要采用传闻证据,况且传闻证据的可靠性远不如原始证据。

其四,证人的品质。根据英国 1898 年《刑事证据法》的规定,"品质"指一个人的名誉、行为方式和在个人历史上的特殊事件(如被定罪的记录等) 的总称。④ 在一般观点看来,良好的品质通常意味着该人无过去被定罪的记录;相反,不良品质则意味着该人存在过去被定罪记录或非法行为。所以,一个人

---

① Richard May, *Criminal Evidence*, Blackstone Press Limited, 1990, p.285.

② Richard May, *Criminal Evidence*, Blackstone Press Limited, 1990, p.153.

③ Richard May, *Criminal Evidence*, Blackstone Press Limited, 1990, p.154.

④ Peter Murphy, *Murphy on Evidence*, 6th ed., Blackstone Press Limited,1997, p.122.

的品质好坏主要是由该人在过去是否有被定罪的记录决定的。而一个人的品质状况,又或多或少地影响了证人的可信赖性及其证言的可靠性。如果一方当事人指责对方证人的品质,该证人的品质将接受交叉询问以确定该证人证言是否能被采用。就被告人而言,一项总的规则是,被告人可以使用他好品质的证据,以证明自己的可信赖性,从而证明自己所提供的证言的可靠性和真实性,而起诉方不可使用被告人不良品质的证据,以证明他被控犯罪的成立。① 就一般证人而言,该证人证言是否可信赖主要取决于其他证人是否相信该人的宣誓。而对被害人来说,例如强奸案的控告人,其控告是否可信,可以通过对她过去的性行为的历史记录进行交叉询问来核实。

其五,收集证人证言的方法。英国1984年《警察与刑事证据法》第78条规定:在任何诉讼中,法庭可以拒绝承认起诉方在法庭上提出的有关证据,而这些证据涉及的所有环境包括证据采集的环境,使证据的承认将产生对诉讼公正的相反影响。② 证据采集的环境所产生的对诉讼公正相反的影响,实际上是指证据采集的方式、方法的不公正。一般而言,证据采集的不当方式、方法涉及警察不当的、非法的行动。例如,警察通过欺骗或制造陷阱的方法获取证据,或者在拒绝律师帮助的情况下,警察获取了被告人的供述。

按照上述条款的规定,法庭对警察通过不正当的行为或非法行为获取的所有证据并非一律加以排除。因为法庭的作用或职责是通过确定被告人是否有罪确保讼诉的公正,而非约束警察的行为和审查警察是否遵守了法律。③ 因此,只有当警察的不正当行为或非法行为已经导致对诉讼公正的相反结果,法庭才将排除通过上述手段获取的证据。如果诉讼公正未受影响,则无理由排除这种证据。英国上诉法院认为,违反法律的行为并不等于证据不可承认,重要的是考察来自违反法律的行为是否产生了任何不公正现象。④ 这里讲的诉讼公正问题,实际上就是指审判对被告人是否公正,以及这种诉讼

① Richard May, *Criminal Evidence*, Blackstone Press Limited, 1990, p.125.

② Phil Huxley, Michael O'Connell, *Blackstones' Statutes on Evidence*, 4th ed., Blackstone Press Limited,1997, p.96.

③ Richard May, *Criminal Evidence*, Blackstone Press Limited, 1990, p.238.

④ Richard May, *Criminal Evidence*, Blackstone Press Limited, 1990, p.238.

程序是否有利于保护被告人利益的问题。例如,警察拒绝律师介入调查,在未获得律师帮助的情况下,被告人接受警察讯问,并作了坦白。这种结果对被告人是不公正的,因为如果允许律师介入,被告人有可能不作自证其罪的回答。故根据1984年《警察与刑事证据法》第78条,法庭应排除这种自白证据。由此可见,英国强调审判实际效果公正性的原则,而这一公正性原则体现了最大限度地发现实体真实,保证无罪的人不受刑事追究。

在证人证言采信的标准及判断的方式、途径上,英美法律赋予了法官和陪审团更大的自由裁量权。他们行使这种权力更为自由和灵活,如果认为证据是可信的,将加以承认和采用。而一种证言能否被采信,不仅取决于法律所确立的证据规则,而且在于不同案件证据的具体情况。在我国,在认定被告人无罪方面,对证明标准以至证言采信标准有所放宽,但在认定被告人有罪方面,法律在总体上坚持更高的证明标准及相应的证言采信标准。这类标准是对被告人认真负责的表现,体现了保护无辜者不受刑事追究的司法原则,但在这种标准要求之下,一方面司法机关投入大量的人力、财力从事案件的调查取证工作,另一方面在一定程度上又无法满足案件证明标准(包括证言采信标准)的法律要求,从而可能影响诉讼效率的提高和有效追诉犯罪的需要。

第三节 刑事证人的权利和义务

在不同类型的司法制度中,证人权利与义务制度的性质与内涵并不相同。但从证人诉讼运作的技术层面和内在规律上看,证人的权利与义务仍具有共性或相似性的因素,可以相互交融,这是对不同性质的证人权利与义务制度进行分析比较的基本前提。从比较分析的角度,就中外刑事证人的权利与义务的基本情况作一初步探讨,有益于我国刑事证人法律制度的完善。

一、刑事证人的权利

在刑事诉讼中,证人所享有的权利,实际上是证人在刑事诉讼中地位的集中反映。证人所享受权利的状况,不仅涉及证人个人利益得失的问题,而且直接关乎证人在诉讼中作证效能的发挥。

(一) 证人安全不受侵犯的权利

证人因作证而卷入与案件当事人尤其是与被告人的利害冲突之中,其安全问题是法律所首要关心的问题。法律赋予其安全不受侵犯的权利,不仅是证人自身利益的需要,也是其承担作证义务的根本保障。应该说,证人的安全是一种较为宽泛的概念,它不仅包括证人的生命、健康的安全,也包括证人的人身自由、名誉等的安全。我国《刑事诉讼法》第63条规定:"人民法院、人民检察院和公安机关应当保障证人及其近亲属的安全。对证人及其近亲属进行威胁、侮辱、殴打或者打击报复,构成犯罪的,依法追究刑事责任;尚不够刑事处罚的,依法给予治安管理处罚。"这是我国刑事诉讼法对证人安全保护作出的明确规定。这一规定有两个特点:从保护的范围看,法律对证人的安全保护,不仅包括证人本人,而且扩大到证人的近亲属;从保护的内容看,不仅限于对证人人身安全的保护,而且延伸至对证人的名誉、人格及自由的保护。根据法律的这一规定,在刑事诉讼中,保护证人及其近亲属的安全是公检法三机关的职责。对于侵犯证人安全的行为,不构成犯罪的,三机关有责任采取有效措施加以制止和防范类似行为的再度发生,需处罚的,移送相应主管部门给予治安管理处罚。对于已构成犯罪的,则应通过立案受理追究其刑事责任。根据我国《刑法》第307条的规定,在证人作证过程中,以暴力、威胁等方法侵害证人的人身安全,阻止证人作证或者指使他人作伪证的,将处三年以下有期徒刑或者拘役;情节严重的,处三年以上七年以下有期徒刑。该法第308条也规定:"对证人进行打击报复的,处三年以下有期徒刑或者拘役;情节严重的,处三年以上七年以下有期徒刑。"另外,根据《刑事诉讼法》第64条的规定,对于危害国家安全犯罪、恐怖活动犯罪、黑社会性质的组织犯罪、毒品犯罪等案件,证人、鉴定人、被害人因在诉讼中作证,本人或者其近亲属的人身安全面临危险的,公检法三机关还可采取不公开真实姓名、住址和工作单位等个人信息,禁止特定的人员接触证人、鉴定人、被害人及其近亲属等多种措施提供保护。这些法律规定对于切实保护证人的人身安全,消除其作证的障碍和顾虑具有十分重要的意义。

英国法律对证人安全的保护,更强调从刑法的角度打击侵犯证人安全的犯罪行为。根据英国 1994 年《刑事审判与公共秩序法》第 51 条的规定,侵犯证人安全的行为包括两种:一种是行为人实施或威胁实施伤害,或将要伤害或打算伤害并未提供证据的证人的行为;另一种是当行为人知道或相信证人已经提供了证据或在诉讼中为某个犯罪提供了特别证据时,实施或威胁实施通过伤害或企图伤害的手段报复证人的行为。根据该法规定,对这两种行为,可按简易罪定罪,判处不超过 6 个月的监禁,或单处罚金,罚金数额不超过法律规定的最高数额,也可并处监禁和罚金。①相较于我国,虽然英国法律对这类犯罪的量刑幅度较低,但法律对于正在实施、已经实施,以及打算或企图实施的各种侵害证人安全的行为,均以犯罪论处,并且运用罚金刑等经济刑罚方法,以期取得更好的处罚效果,表明英国刑法对证人安全的保护仍然是非常严密的。

(二) 证人作证不受干涉的权利

保证证人作证的有效性和真实性,需排除外来压力和干扰对证人作证的不良影响,为其作证营造一个和谐、宽松的外部环境。为此,法律赋予证人有不受干涉的权利是完全必要的。各国对证人所享有的这项权利,主要是通过采取各种法律手段制止和惩罚干扰和危害证人正常作证活动的行为来加以保护的。根据我国《刑事诉讼法》第 44 条的规定,辩护人或其他任何人不得威胁、引诱证人作伪证以及进行其他干扰司法机关诉讼活动的行为。违反前款规定的,应当依法追究法律责任。另据《刑事诉讼法》第 71 条和第 77 条的规定,被取保候审或监视居住的犯罪嫌疑人、被告人不得以任何形式干扰证人作证。被取保候审的犯罪嫌疑人、被告人违反这一规定,如已交纳保证金的,没收保证金,并区别情形,责令犯罪嫌疑人、被告人具结悔过,重新交纳保

---

① 　Phil Huxley, Michael O'Connell, *Blackstones' Statutes on Evidence*, 4th ed., Blackstone Press Limited,1997,p.97.

证金、提出保证人或者监视居住、予以逮捕;被监视居住的犯罪嫌疑人、被告人违反这一规定,情节严重的,可以予以逮捕。如果使用暴力、威胁、贿买等方法干涉证人作证的,除按上述规定处理外,还应以刑法第 307 条规定的非法干涉证人作证罪定罪,与原罪数罪并罚。这些法律规定,都旨在通过规范犯罪嫌疑人、被告人及其辩护人的行为并加强其应尽的义务来保障证人在作证上的自由与安全,进而确保证言的真实和可靠。

为防止外界对证人作证的干扰,确保证人作证的安全,我国法律还采取了一些相应的保障措施。《刑事诉讼法》第 111 条第 3 款规定:"报案人、控告人、举报人如果不愿公开自己的姓名和报案、控告、举报的行为,应当为他保守秘密。"这里讲的报案人、举报人同样包括证人,对其姓名及其报案、举报行为的保密,有助于保护其作证的安全。该法第 124 条规定:"侦查人员询问证人……在必要的时候,可以通知证人到人民检察院或者公安机关提供证言。"很显然,证人在可能受到来自被告方威胁、阻扰的情况下,到司法机关提供证言应是更为安全和可靠的选择。

英国法律对证人作证不受干涉的权利保护,见于 1994 年《刑事审判与公共秩序法》第 51 条的规定。根据该法规定,属于干涉证人作证的犯罪行为有两项:一项是行为人实施了威胁或企图威胁证人作证的行为;另一项是行为人实施了妨碍、阻扰或干涉证人作证的行为。根据该法规定,这两项行为同样可按简易罪论处,所判监禁不超过 6 个月,或单处罚金,也可并处监禁和罚金。①可见,英国法律对证人作证自由的保护,主要通过对干涉证人作证的行为予以定罪处罚来实现,且行为人一旦实施法律所规定的行为,不论情节轻重,均以犯罪论处。再者,构成非法干涉证人作证罪的主体泛指任何人,不限于犯罪嫌疑人、被告人及其辩护人等利益关系人,该罪主体范围界定的广泛性,意在更为有效地保障证人作证的自由与安全。

---

① Phil Huxley, Michael O'Connell, *Blackstones' Statutes on Evidence*, 4th ed., Blackstone Press Limited, 1997, p.97.

（三）证人在作证上享有的一些基本权利

根据我国《刑事诉讼法》第 126 条的规定,侦查阶段询问笔录需交证人核对,必要时向其宣读。证人如认为记载有误或有遗漏,可以提出补充或者改正。证人请求书写证言的,应该准许,必要时也可要求证人亲笔书写证词等。这些规定均应视为证人在作证上所享有的权利即证言笔录的核对权、补充改正权及证言的书面表达权等,其目的在于最大限度地保证证言的客观、全面和充分。但证人自行书写证言的形式,并非为证人作证的主流形式。允许证人自行书写证言,主要考虑到某些证人口头表达确有某种障碍,书写证言更有利于证人的表达。由于这些书面证言是当警察或检察人员面作出的,并经证人签名,故同样可被法庭所采纳。出于对出庭证人合法经济利益的维护,我国《刑事诉讼法》第 65 条规定:"证人因履行作证义务而支出的交通、住宿、就餐等费用,应当给予补助。证人作证的补助列入司法机关业务经费,由同级政府财政予以保障。有工作单位的证人作证,所在单位不得克扣或者变相克扣其工资、奖金及其他福利待遇。"这对于切实保障符合出庭作证条件的证人顺利出庭作证以解其后顾之忧是有益的。

按照英国普通法的规则,凡是未由原始证人亲自在庭上口头陈述所形成的证言,无论这种证言是书面还是由他人转述的形式,如果据以证明所陈述的事件具有真实性,均属于传闻证据,法官或陪审团将加以排除。[①] 据此,除特殊情况外,绝大多数证人都应出庭亲自提供口头陈述,法律反对以书面的证言形式代替证人在庭上的口头陈述。故在庭外由警察制作的证言记录实际上属于一种无法律效力的材料,对这种证言记录的制作当然不为法律所关注,因而证人在证言笔录形成过程中究竟应享有何种权利,也就无从界定。不过,司法者在庭外所作的证言记录虽不能作为法庭据以定案的证据,但可以作为证人回忆案件事实的一种辅助材料,尤其在警察局里,警察讯问嫌疑人所作的陈述记录尤指录音记录,对被告人在庭上作证有很大帮助,因此,警

---

① Peter Murphy, *Murphy on Evidence*, 6th ed., Blackstone Press Limited,1997, p.184.

察讯问过程中,实际上也赋予了嫌疑人某些权利。如讯问嫌疑人应在有录音设备的讯问室进行,这种做法实际上赋予了犯罪嫌疑人有监督警察制作陈述录音记录的权利。这里需要指出的是,在确立证人所享有的与作证相关的基本权利中,英国法律同样考虑到了与证人自身利益密切相关的一项最基本的权利,即经济补偿权。按照英国法律的规定,"出庭作证的证人不论系由控诉方或辩护一方传唤的,还是由法院依照诉讼一方或双方的请求自行传唤的,在其履行完作证义务之后,都可以在专门设立的法院服务处(the Court Service)领取交通、误餐、经济损失等方面的补偿金"[1]。证人因出庭作证所受的各种经济损失完全可以通过上述有效途径获得补偿,表明英国法律对证人基本权利的高度重视,这也从一个侧面反映出证人在诉讼中的地位和所起的作用是至关重要的。

(四) 信息告诉人的身份不向外公开的权利

在英国,信息告诉人又称线人,是指为刑事侦查部门提供犯罪线索或与刑事侦查有关信息的人。这类人可以是受雇于警察机构,专门为刑事侦查提供线索的人,也可以是警察本人。按照英国普通法所确立的公共利益豁免原则,不论在起诉阶段还是审判阶段,信息告诉人享有其身份不向外公开的权利,控方也享有不将该人身份向辩方展示的权利。[2]这项制度的确立,既保护了信息告诉人及其家庭免受其身份的展示而陷入的危险,又维护了刑事侦查的利益。因为信息告诉人的身份一旦被展示,意味着未来侦查信息的来源被切断,刑事侦查活动的全局将处于被动。

然而,这项制度存在的一个例外情况是,如果信息告诉人的身份展示对于证明被告人无罪是必要的,信息告诉人的身份就应展示。[3] 但须由辩护方提出身份展示的申请,并经法庭在权衡公共利益与公正审判利益的基础上作

---

[1] 中国政法大学刑事法律研究中心:《英国刑事诉讼制度的新发展》,载《诉讼法论丛》,法律出版社 1998 年版,第 372 页。

[2] Peter Murphy, *Murphy on Evidence*, 6th ed., Blackstone Press Limited,1997, p.377.

[3] Peter Murphy, *Murphy on Evidence*, 6th ed., Blackstone Press Limited,1997, p.377.

出决定。从实际情况看,在决定是否展示信息告诉人身份的问题上,法官首先考虑的是公正审判的利益即被告人的利益。如果这种身份展示有利于对被告人的公正审判,信息告诉人的身份就应被展示。正如有英国学者所言:"一个无辜者不应被定罪的利益始终高于保护警察侦查来源的公共利益。"①

我国刑事诉讼法有关"诉讼参与人"的外延界定中,并无"信息告诉人"的明确规定。但应该承认,在诉讼实践中,公安机关的刑侦部门对诸如贩毒等特殊案件的侦查,以及国家安全机关在反间谍活动中,都有信息告诉人或线人的实际运用。按照我国证据法的理论,这类人实际上可视为一类特殊的原始证人。虽然法律对这类人身份展示的问题并无明确的法律规定,但可以肯定的是,这类人的身份在任何诉讼阶段均不能向外展示。其理由不仅在于保护信息告诉人本人及其家庭的安全,而且更重要的是维护国家刑事侦查利益的需要。出于维护国家刑事侦查的最高利益,进而达到揭露和控制犯罪的最终目的,信息告诉人的身份禁止向外展示的原则是绝对的、无条件的,即便信息告诉人的身份展示有利于被告人无罪的确立。

作为特定证人的被告人,英美法系赋予了其一定的防御性诉讼权利。

其一,不受强制自证其罪的特权。英国普通法上的一项重要原则是,在任何诉讼阶段,任何人(主要指犯罪嫌疑人、被告人)不被强制回答可能使其处于任何犯罪指控、刑罚处罚等不利境地的任何问题。②这项原则实际上赋予了被告人有不受强制自证其罪的特权,也即拒绝回答对其不利的问题的特权。这里讲的对被告人不利的问题,既包括直接导致被告人自证其罪的问题,也包括由此引起的回答明显能够被控方用作对被告人不利证据的问题。从法律上赋予被告人有不受强制自证其罪的特权,充分体现了法律坚持控方始终承担证明被告人有罪责任的原则,而且更为重要的是,被告人由此获得了维护其自身安全利益的一种有效手段。在英国,对抗式的诉讼原则是法庭审判的基础和前提,如果被告人在庭审前或庭审中自证其罪,即作有罪答辩,

---

① Peter Murphy, *Murphy on Evidence*, 6th ed., Blackstone Press Limited, 1997, p.377.
② Peter Murphy, *Murphy on Evidence*, 6th ed., Blackstone Press Limited, 1997, p.387.

法庭审判将因缺乏"对抗"而归于终结。从程序意义上讲,法庭无需听证审理(如果案件由刑事法院审判,则无需召集陪审团),而由法官直接作出判决,这将使被告人失去为自己辩护的机会;从实体意义上讲,因被告人的服罪,将最终导致法官的定罪判决。这样的后果对被告人尤其是无辜被告人显然是极其不利的。为阻止因自己的行为而可能导致的危及其自身安全利益的这一不利后果,法律赋予被告人有不受强制自证其罪的特权是完全必要的。当然,被告人所享有的这一特权也不是绝对的。基于审判公正与司法效率兼顾的实际需要,在普通法上仍然存在对这一权利的一些限制。如在法庭上交叉询问被告人有关被控的犯罪中,被告人不享有这一特权;这一特权不能及于被告人的配偶等。

根据我国《刑事诉讼法》第 120 条的规定,在侦查阶段,一旦某人被确认为犯罪嫌疑人,当受到侦查人员讯问时,如果其有罪,就应陈述有罪的事实和情节,并对侦查人员关于其有罪的提问,应当如实回答。这一规定的实质在于通过嫌疑人自身作有罪供述,而否认其不受强制自证其罪的权利。犯罪嫌疑人拒绝回答提问的事实本身,不仅可作为司法人员进行相反推断的根据,而且也是一种认罪态度问题,在以后的审判中将可作为量刑的从重情节加以考虑。我国法律对犯罪嫌疑人不受强制自证其罪权利的排斥,除受我国刑事诉讼犯罪控制观的影响之外,还与犯罪嫌疑人自证其罪所可能遭遇的风险程度有关。从理论上讲,我国诉讼标准的设计,并不会因犯罪嫌疑人的自证其罪而导致对其严重的不利后果。刑事诉讼奉行"实质真实"原则,强调案件的处理,必须做到事实清楚,证据确实、充分。对于被告人"自证其罪"的证据则更为慎重。从法律角度看,我国刑事审判对被告人有罪的认定,并不取决于被告人的自证其罪,而在于证据的确实和充分。当然,在实践中,被告人自证其罪后的"命运"究竟如何,则属于司法实务问题,应另当别论。

其二,被告人与其辩护律师或其他人的谈话内容有不向外展示的特权。按照英国普通法的规定,被告人与其辩护律师或其他人的谈话内容,被告人有权不作为证据向外展示,同时其辩护律师或其他人非经被告人本人同意,也负有不展示的义务。① 这一规定表明,英国法律强调对被告人所享有的法律建议秘密权的保护。非经被告人同意,有关法律建议或指导的交流内容,不能作为证据向法庭提出或展示给对方。这种做法的目的在于使被告人能够安全地获得法律建议和有效实施辩护权。应指出的是,这一制度在实施过程中也有例外情形,如煽动或推动犯罪以及欺骗性的交谈内容等,不属于该特权的范围。我国《刑事诉讼法》第48条规定:"辩护律师对在执业活动中知悉的委托人的有关情况和信息,有权予以保密。但是,辩护律师在执业活动中知悉委托人或者其他人,准备或者正在实施危害国家安全、公共安全以及严重危害他人人身安全的犯罪的,应当及时告知司法机关。"该法虽确认了辩护律师的保密权,但保密的对象仍不明确,委托人的有关情况和信息可以指的是其个人基本信息,但是否包括委托人涉嫌的犯罪事实及其他相关事实,则无具体规定;同时辩护律师享有的保密权并非如英国法律确认的排他性的特权,这一权利有效行使的保障措施也无具体规定,因而仍需在实践中进一步完善。

二、刑事证人的义务

刑事证人参与诉讼的目的在于履行其应尽的诉讼义务,刑事证人在诉讼中应履行的义务,由证人在诉讼中的特性和作用所决定,证人所承担的义务主要是围绕"作证"这一中心而设置的。对此,中外并无实质意义上的区别,但就这些义务产生和形成的条件、方式以及对履行义务的法律约束等,仍存在较大的差别。

(一) 证人作证义务

不言而喻,证人的作证义务是证人诉讼义务的核心之所在。我国《刑事诉讼法》第62条规定:"凡是知道案件情况的人,都有作证的义务。生理上、精神上有缺陷或者年幼,不能辨别是非、不能正确表达的人,不能作证人。"这里的"了解案件情况的人",意指人或具有证人资格的人。故该条确立了如

---

① Richard May, *Criminal Evidence*, Blackstone Press Limited, 1990, p.250.

此一项原则：凡是证人或具有证人资格的人，就应无条件地承担作证的义务。生理上、精神上有缺陷的人，或年幼的人，在不能辨别是非、不能正确表达的情况下，不属于证人或不具有证人资格的人，当然不应承担作证的义务。这里，某人的证人身份或资格实际上是该人作证义务产生的唯一充分必要条件。它要求具有证人资格的人，一旦司法机关需要其作证时，除有身患疾病或受到被告方的威胁、强制而无法作证的情况外，都应毫无例外地向司法机关作出陈述。

在英美普通法和现行成文法中，证人作证尤其是向法庭作证被视为一项重要的法律义务。但依法承担作证义务的证人的广度和范围与我国存在明显差别。在英国，某人具备证人的身份或资格只是其承担作证义务的必要条件，而非充分必要条件。换言之，并非一切证人或具有证人资格的人都须承担作证的义务。总的说来，在普通法上，不具有特定诉讼身份的普通证人，其证人资格的取得，同时意味着其作证义务的产生。只要警察要求或法庭传唤其作证，除特殊情况而无法作证外，都应履行这项义务。而作为证人的被告人，以及其他特定身份之人的证人资格与作证义务则是适当分离的，至于这类人是否应承担作证义务以及以何种身份承担作证义务，本章第一节已作系统论述，在此不再赘述。

（二）证人出庭义务

刑事审判是刑事诉讼活动的中心环节，案内的任何证据都必须在法庭上经过调查、核实才能最终加以认定并据此作出判决。故证人出席法庭接受调查是证人履行作证义务的主要形式和手段。根据我国刑事诉讼法第 55 条和最高人民法院司法解释的相关规定，证人证言必须按照法定程序查证属实才能作为定案根据。而只有在证人出庭的条件下，才可能对其证言进行询问、听证和质证，经过调查、核实证言才能作为定案的根据。正因如此，《刑事诉讼法》第 192 条规定："公诉人、当事人或者辩护人、诉讼代理人对证人证言有异议，且该证人证言对案件定罪量刑有重大影响，人民法院认为证人有必要出庭作证的，证人应当出庭作证。人民警察就其执行职务时目击的犯罪情况作为证人出庭作证,适用前款规定。公诉人、当事人或者辩护人、诉讼代理人对鉴定意见有异议,人民法院认为鉴定人有必要出庭的,鉴定人应当出庭作证。经人民法院通知,鉴定人拒不出庭作证的,鉴定意见不得作为定案的根据。"毋庸置疑,证人出庭接受法庭调查和控辩双方的讯问、质证,对查明证言的真实性和可靠性,具有非常重要的意义。但鉴于现行证人出庭作证义务的履行受到较严格条件的限制,加之我国庭审方式处于转型当中,证人出庭接受调查并非一项一般性原则,证人对出庭义务的履行仍存在相当大的灵活性。从证据运用规则来看,我国法律并未确立传闻证据排除规则,证人提供的书面证言或由侦、控机关制作的证言笔录,只要与其他证据相互印证,法官能够认可,同样可以作为定案根据,而证人并非一定出庭作证,接受讯问、质证不可。

按照英美法律的规定,凡具有作证义务的证人,经起诉方或被告方传唤,都应出庭作证。证人出庭的义务,不仅是证人作证义务的一种重要延伸,同时也是证人从事作证活动的最主要的表现形式。如前所述,根据英美普通法确立的传闻证据排除规则,除原始证人死亡、失踪等特殊情况以外,这类证人均须出庭作出口头陈述;而在庭外所作的书面证言或由警察制作的证言笔录,均属于传闻证据,不能在法庭上加以采用。排除传闻证据的理由有两点:一是该种证据属于第二手或第二手以上的材料,在转述、传抄中可能因人为的错误而存在与原始证人的证据不一致的可能性;二是该种证据是转述原始证人的陈述,而原始证人未出庭,不可能进行宣誓和对其交叉询问,从而无法判断该传闻证据所转述的原始证人的陈述是否真实和可靠。①

证人出庭提供口头陈述的规则,乃为英美证人制度的核心所在。为确保这项规则的有效实施,英美重视强化对证人出庭义务的法律约束。对于经采用传唤令传唤到庭作证的证人,无正当理由而不到庭的,"法官可以发布命令,通知该证人在特定的时间出席法庭审判。如果这一通知已经送达或者有合理的理由相信证人在没有正当理由的情况下没有出席法庭审判,法官就可以对其发布拘捕令,将他强制带到法庭……如果继续在没有正当理由的情况

---

① Richard May, *Criminal Evidence*, Blackstone Press Limited, 1990, p.154.

下不提供证据,该证人就可以被判处蔑视法庭罪"①。就证人出庭的方式而言,在英美对抗式的庭审程序下,控诉证人和辩护证人分别由控方和辩方传唤,法官处于中立的第三者地位,一般情况下不主动传唤和询问证人,除非诉讼一方或双方提出请求,需要由法官传唤某一特定证人到庭。由于法庭审判是由起诉方发起的,起诉的成立有赖于控方证人的出庭,因而控方传唤证人出庭作证更为重要。如果控诉证人缺席,庭审将因控诉不能成立而告终结。然而,"起诉方因超过自身控制的情况而不能获得证人的出庭,如证人失踪,或不能查找……如果证明获得证人的出庭是不可能的,法庭以裁决形式可以允许在无控诉证人出庭的情况下进行审判"②。事实上,在缺乏控诉证人情况下的审判,对控诉方极为不利。控方通常将做最大努力获得证人的出庭,在实际案例中,证人缺席的情况是不多见的。

与英国证人出庭方式不同,我国证人的出庭主要由法官决定。根据《刑事诉讼法》第187条的规定,人民法院决定开庭审判后,应当进行的工作包括传唤当事人,通知辩护人、诉讼代理人、证人、鉴定人、翻译人员,并将传票和通知书至迟在开庭三日以前送达。同时,根据该法第197条的规定,庭审中,当事人、辩护人、诉讼代理人申请通知新的证人到庭,也必须经法官同意并由法官通知。由此可见,证人是否出庭其实是由法官通过通知的形式决定的。在一个案件中,如果法官认为合理,也可以在证人缺席的情况下,开始庭审程序。根据该法第195条的规定,对未到庭的证人,其证言笔录应当当庭宣读。

(三) 证人讲真话义务

证人一旦承担作证的义务,相应地也就产生了讲真话的义务。必须承认,证人是否讲真话较之作证本身更为重要。证人在法庭上的证词如果被法官作为定案的根据,其证词的真实与否直接关系到案件能否公正处理,从而直接影响到被告人和被害人的切身利益。正因如此,中外法律对证人讲真话义务的规定都非常明确,对违反该项义务所应承担的法律责任,尤其是刑事

---

① Richard May, *Criminal Evidence*, Blackstone Press Limited, 1990, p.372.

② Richard May, *Criminal Evidence*, Blackstone Press Limited, 1990, p.373.

责任也趋于一致。我国《刑事诉讼法》第125条规定："询问证人,应当告知他应当如实地提供证据、证言和有意作伪证或者隐匿罪证要负的法律责任。"该法第194条也规定："证人作证,审判人员应当告知他要如实地提供证言和有意作伪证或者隐匿罪证要负的法律责任。"这些法律规定,不仅明确了证人有讲真话的义务,而且司法人员也负有告知和声明的责任。与刑事诉讼法的规定相适应,《刑法》第305条规定："在刑事诉讼中,证人、鉴定人、记录人、翻译人对与案件有重要关系的情节,故意作虚假证明、鉴定、记录、翻译,意图陷害他人或者隐匿罪证的,处三年以下有期徒刑或者拘役;情节严重的,处三年以上七年以下有期徒刑。"证人违反讲真话的义务,以刑法规定的伪证罪予以刑罚处罚,这是证人的义务中唯——项有刑法约束的规定,可见我国法律对证人讲真话义务的重视。

根据英国1978年《宣誓法》的规定,任何证人在法庭上作证前,都必须当众宣誓(或断言确认),声称自己将向法庭提供的陈述是真实的,完全真实的。[1]宣誓是一项神圣而庄严的、具有法律意义的活动。它既是证人对自己讲真话的一种承诺,也是证人承担讲真话义务的一种法律形式,"一个已作了宣誓的证人不能紧接着声称宣誓对自己无约束力,而逃避宣誓所产生的结果"[2]。已作宣誓的证人又违反讲真话的义务,其行为无论情节如何均被视为一种犯罪行为,将受到刑罚处罚。这里需指出的是,尽管中外对证人所承担的讲真话义务的原则性规定趋向一致,但证人该项义务产生的条件则有所不同。英国证人讲真话义务的产生以其在法庭上所作的宣誓(或断言确认)为条件。如上所述,证人在法庭上作证前,必须以宣誓的形式表明其讲真话的意愿,一旦作了宣誓,不仅作证有效,而且产生了讲真话的义务。相反,一个人在作证前未作宣誓,其讲真话的义务就无从产生。在此情形下,即便故意作了伪证或提供了虚假的证据,也不能以伪证罪论处,英国1911年《伪证法》第1条的规定清楚地说明了这一点。当然,未作宣誓的人,一般将被排除在法庭之外。

---

① Peter Murphy, *Murphy on Evidence*, 6th ed., Blackstone Press Limited, 1997, p.441.

② Peter Murphy, *Murphy on Evidence*, 6th ed., Blackstone Press Limited, 1997, p.442.

在我国,证人讲真话的义务,则以证人的资格为条件。就是说,某人一旦成为本案的证人或具有证人资格的人,在司法人员取证时,该人就负有讲真话的义务。这里应明确的是《刑事诉讼法》第 125 条、第 194 条有关在证人作证前,侦查人员、审判人员应当告知证人要如实地提供证言和证据,如果有意作伪证或者隐匿罪证要负法律责任之规定,应视为对证人讲真话义务的一种强调和说明,而不能将司法人员告知证人这一义务的事实,当作证人承担讲真话义务的先决条件。因为我国《刑法》第 305 条规定的伪证罪,并非以司法人员告知证人有讲真话的义务并为证人知晓为构成要件。

三、我国刑事证人权利与义务制度的完善

我国刑事证人制度中在对证人的权利配置与义务设置上尚有不合理之处,须从制度上加以修正和完善。

(一) 我国刑事证人权利配置的"质"有待提高

现行刑事诉讼法对刑事证人权利的关注和保护,相对于旧法已有质的提升,起到了填补空白的作用,例如对证人作证的人身安全保障措施、增设证人作证应享有的经济补偿权利、证人作证的条件完善等。虽然刑事诉讼法注重对证人安全、经济利益和作证的权利及条件的保护,但纵观法律对证人权利的配置及对其合法权益的保障,其出发点或立足点都在于使证人能够顺利、合法、有效地作证或提供证据,以满足司法机关揭露犯罪、迅速查明案情的现实性需求。法律考虑控制犯罪的社会利益需要更多,而对证人自身利益需求的关注仍显不足,尤其对如何实施和兑现证人的上述合法权益缺乏相应的配套措施。

(二) 我国刑事证人义务设置的宽严不均现象有待改善

我国刑事诉讼法对证人义务的设置,有两个相互矛盾的突出特点:一方面,刑事证人所负担的义务明显较重。主要表现为两点:一是证人的义务与其权利失衡,缺乏一致性。如前所述,根据《刑事诉讼法》第 62 条和第 192 条

的规定,证人负有作证义务和一定条件下的出庭义务,虽然《刑事诉讼法》第63条和第64条对特定刑事案件的证人及近亲属的人身安全保障和证人作证享有的一定经济补偿权作出了相应规定,但证人上述权益具体落实应采取的方式、手段和程序,以及对证人权利的救济等,在相关司法解释及其他司法规范性文件中尚无明确规定,使得证人这些权益的有效保障难以真正落到实处。法律一方面反对不尽义务享有的特权,而另一方面对履行义务享有的权利又缺乏相应的具体保障措施,不能不说是证人权利与义务失衡的一种体现。二是证人作证的无条件性和无差别性。根据《刑事诉讼法》第62条规定的精神,某人一旦成为证人或具有证人资格的人,都应毫无例外地、无条件地承担起作证的义务。该项规定以满足国家揭露和控制犯罪的诉讼需要为原则,未考虑证人的实际情况和案情证明的实际需要,这种不加区别地强制证人作证的做法有失妥当。

另一方面,法律对证人义务履行的约束又显不力。证人承担的义务,属于强制性的法律义务,违反或不履行这些义务,本应受到相应的法律制裁,但纵览我国刑事诉讼法、刑法等法律规范的规定,除对证人违反讲真话的义务具有相应的法律制裁,即以伪证罪处以刑罚外,对证人无故不履行到案作证等义务的行为均无明确的法律惩罚性措施。法律规定的这种欠缺,实际上并非是立法上的疏漏,而在于立法者看来有关对证人法律制裁的构想仍显不够成熟。如上所述,证人是一种特殊的诉讼参与人,如不作证就对其处罚,显然过于严厉。按照一般公允的观点,证人应在道德、良知、社会正义感而非法律责任的前提之下,自愿地提供证言。当然,这种观点在一定程度上有其合理性,但也不可否认,法律对证人违反作证义务所产生的法律后果所留下的空白,不仅使证人的作证义务形同虚设,而且也误导了证人对作证义务的理解。在当今刑事审判方式朝着公正、合理和科学的方向发展的过程中,如何使证人制度特别是证人约束机制与之相适应,已是亟待解决的问题。

纵观英美法系对证人义务的规定,总的说来,宽严较为适当,不仅表现为证人的义务始终与其权利的一致性,而且反映在证人强制作证问题上的"个别化"精神。对被告人及其配偶的作证强制性问题,更多从照顾被告人及其配偶的个人利益和家庭的稳定出发,采取尊重被告人个人意愿和不利于被告人利益不受强制作证的原则,从而大大缓解了被告人与家庭、与社会的矛盾,促进了社会的稳定与发展。与此同时,一旦证人被要求履行作证义务,则应严格依法履行这一义务,否则将以各种强制手段,直至以蔑视法庭罪论处的刑罚手段,迫使其就范。这些做法对于切实保障证人的合法权益,鼓励证人作证的主动性和积极性,增强其履行作证义务的自律性,起到了重要作用,值得我们认真对待,并结合我国的具体情况加以吸收和借鉴。

第四节　刑事证人拒证制度

证人在侦查人员或法庭传唤下到场或出庭提供证言,是其应尽的法律义务,证人未尽这一义务本应承担相应的法律责任包括刑事责任,但纵观我国法律尤其是刑法之内容,并无对拒证行为定罪处刑的规定。刑法对拒证行为所采取的"宽容"态度,不能不说是证人作证保障制度的一个缺陷。必须承认,证人拒证问题不是一个简单违反法律义务的问题,而是攸关刑事诉讼活动的全局性问题,对证人拒证行为加以刑法规制,是刑事证人制度完善的重要环节。

一、证人拒证行为刑事立法的依据

(一) 证人拒证行为的危害性是现实依据

证人是在特定案件中,在特定环境下产生的知晓案件情况的特定人员。这一特定身份一旦形成,就具有人身不可替代性,既不能由他人任意指定,也不可为其他人所代替,其了解案件情况就应亲自提供证言。与此同时,证人证言又具有不可或缺性。根据《刑事诉讼法》第 55 条的规定,刑事案件的最终处理,必须做到事实清楚,证据确实、充分,达到所谓的"实质真实"的标准。应该说,这是一个非常高的案件证明标准。在绝大多数案件中,证人证言属于最基本的证据之一,如果案件中有这类证据的存在,而公安司法机关最终没有获得这类证据,那么,对案件事实的认定将不能说是符合上述法定证明标准的。所以,证人一旦拒证,对案件事实的认定环节无疑将会产生严重影响,甚至导致案件最终处理结果背离实质真实原则。尽管《刑事诉讼法》第64条和第65条对证人、鉴定人、被害人因在诉讼中作证,本人或者其近亲属人身安全面临的危险采取多种保护措施,对证人因履行作证义务而支出的交通、住宿、就餐等费用给予相应补助,并且根据《刑事诉讼法》第193条第2款的规定,对于证人没有正当理由拒绝出庭或者出庭后拒绝作证的,人民法院可以强制其到庭,同时予以训诫,情节严重的,处以十日以下的拘留,但从司法实践情况看,在刑事诉讼中证人自觉履行作证义务的比率仍不高,尤其在法院庭审活动中证人的出庭率更低,相当一部分基层人民法院开庭审理的刑事案件证人出庭率几近为零。这里,除因案件性质已有确实充分证据无需证人出庭的案件以外,其他案件中证人应出庭而拒绝出庭或不配合的情况也较为普遍。故基于证人拒证行为的现状及对司法工作所产生的实际危害,采取强有力的刑罚手段遏制这一行为的滋生和漫延,不失为一种现实的需要和选择。

(二) 对拒证行为采取的刑罚手段是一种合理手段

对拒证行为予以定罪处刑,其合理性不仅表现在它的有效性,而且也反映在对拒证行为的法律制裁中,刑罚手段是唯一可行的法律制裁方法。证人拒证行为必须有与之相适应的合理的法律制裁方法。显然,民事、经济、行政的法律制裁是不适当和缺乏根据的。民事法律制裁必须以行为人违反民事法律规范为前提,经济法律制裁则以违反经济法律规范为条件,而行政法律制裁包括治安管理处罚必须以违反相应的行政法规为基础。拒不作证的行为人并未违反上述法律规范,施以这些法律制裁于法无据。如上所述,拒证行为是一种违反《刑事诉讼法》第62条规定的证人应尽的作证义务的行为,本应受到刑事诉讼法规定的法律制裁,但现行刑事诉讼法中唯一的处罚或处理方法仅限于强制其到庭或予以拘留处罚,这两种处罚措施由法院适用,在实践中存在难以实施的问题。同时,在侦查和起诉阶段对拒不到案作证的证人没有规定相应的制裁措施。鉴于此,将一定危害程度的拒证行为纳入刑法调整范围,不仅可弥补在对拒证行为的法律制裁上所出现的真空,而且刑法在调整社会关系上所具有的对其他法律关系的包容性特点,使其成为较为合理的对付拒证行为的有效手段。

在英国,法律重视强化对证人出庭义务的规范。对于经采用传唤令要求到庭作证的证人,无正当理由不到庭的,"法官可以发布命令,通知该证人在特定的时间出席法庭审判,如果这种通知已经送达或者有合理的理由相信该证人在没有正当理由的情况下不出席法庭,法官就可以对其发布拘捕令,将他强制带到法庭……如果继续在没有正当理由的情况下拒绝作出陈述,该证人就可被判处蔑视法庭罪"。根据英国1981年《蔑视法庭法》第14条第1款的规定,对任何蔑视法庭的案件,法庭有权将蔑视法庭的人投入监狱。属于高等法院判处的案件,关押时间不超过2年,下级法院判处的案件,关押时间则为一个月。同时该法第14条第2款规定,对任何蔑视法庭的案件,下级法院有权对蔑视法庭者判处不超过1000英镑的罚金。《法国刑事诉讼法》第110条也规定:"如果证人没有到庭,预审法官可以对拒绝出庭的证人采取传讯措施,通过警察强制其到庭,以传讯通知书进行并处第五级违警罪的罚款……如果证人出庭但拒绝宣誓作证,预审法官也可对其处以同样的刑罚。"苏联刑法不仅确认拒证行为的刑事违法性,而且应受到刑罚处罚的拒证行为的范围更广。按照该法规定,证人受调查机关、侦查机关或审判机关的传唤,拒绝提供证据或避不出庭作证的,均应受到徒刑或罚金的处罚。可见,世界一部分国家重视运用刑罚手段制裁拒证行为,以增强证人作证的自觉性和主动性,同时在对拒证行为的定罪处刑上又适用较为严格的条件和强调适度处罚的原则,值得我国立法借鉴和参考。

二、拒证行为定罪所需解决的犯罪构成问题

将拒证行为纳入刑法调整范围,以拒证罪论处,必须解决该罪的犯罪构成问题,以严格区分罪与非罪的界限。根据司法实践和国外刑事立法的有益经验,笔者认为,拒证罪的成立,应具备以下基本犯罪构成要件。

（一）该罪侵犯的客体为国家司法机关的正常司法活动

尽管刑事、民事、经济和行政司法活动的性质不同，但内容不外乎两方面：认定案件事实和运用法律制裁违法犯罪。认定的案件事实是否清楚，直接关系到能否正确运用法律制裁违法犯罪。案件事实的正确认定有赖于充分的证据，而证人提供的证言往往是该案证据充分的一个重要标志。证人如果拒不作证，案内缺乏必要的证言，司法机关就无法定案或定案不准，导致案件处理上的延误或错误，这就严重影响和破坏了司法机关的司法活动。

必须指出的是，行为人拒证行为所侵犯的这一司法活动，必须属于司法机关严格依照法律进行的司法活动。司法机关的非法活动不受法律保护。如司法人员违反《刑事诉讼法》第 56 条的规定，采用暴力、威胁等非法方法收集证人证言，违反《刑事诉讼法》第 124 条至第 126 条规定的询问证人应向证人出示人民检察院或者公安机关的证明文件，或者对多个证人采用集体询问方式等收集证人证言的，以及司法实践中采用诱、逼、指供等手段进行询问，证人有权拒不回答，并不因此而构成拒证罪。

（二）该罪的客观方面表现为行为人实施了拒证行为

拒证行为，在刑法上属于一种不作为行为。根据刑法理论，拒证行为的成立，必须具备两个条件：一是行为人负有作证的特定义务，这是拒证行为成立的前提。根据《刑事诉讼法》第 62 条的规定，凡是知道案件情况的人，都有作证的义务。生理上、精神上有缺陷或者年幼，不能辨别是非、不能正确表达的人，不能作证人。知道案件情况的人，除上述法律特别规定的以外，都是证人，均有作证的法定义务，其不履行作证义务的事实，将成为拒证行为成立的一个重要条件。二是行为人必须具有履行作证义务的能力。只有在行为人负有作证义务，并有能力履行这一义务而又不履行的情况下，才成立拒证行为。行为人是否具有作证能力，应从具体案件中不同行为人的主客观方面来考察。一般认为，行为人主观上具有作证的意志自由，客观上又有行动自由和行动能力的，应视为有作证能力；反之，则不具有作证能力，如行为人被他人捆绑、麻醉而丧失意志或行动的自由,或因重病、受伤而丧失意志自由和行动能力的,等等。

在司法实践中,行为人拒证行为的表现大体有两种:一种是在案件侦查、起诉过程中,行为人拒绝向司法人员提供证言。有的行为人以明确的态度,直接拒绝作证,有的证人则采用"不知""说不清"等谎言搪塞,或只提供司法机关已掌握的案件事实,掩盖、回避其他重要情节。另一种是行为人经法庭合法传唤,无正当理由而拒绝出庭作证。根据《刑事诉讼法》第 61 条的规定,证人证言必须在法庭上经过公诉人、被害人和被告人、辩护人双方询问、质证,听取各方证人的证言并且经过查实以后,才能作为定案的根据。尽管证人在开庭前已向司法人员提供了证言,但如果其拒绝出庭作证,必然影响到被告方在证据调查中对质询问权的行使,也影响法庭对证言的采用,从而干扰审判工作的顺利进行。

至于证人向司法机关提供证言的方式,法律没有作硬性规定。根据《刑事诉讼法》第 126 条的规定,证人请求自行书写证词的,应当准许。必要时,侦查人员也可以要求证人亲笔书写证词。可见,证人提供证言,不论采取当面陈述还是书面的形式,都应视为对作证义务的履行,不能将证人不愿当面陈述证言而愿书写证词的行为视为拒证行为。

(三) 该罪的主观方面只能由故意构成

即行为人明知自己不履行作证义务会影响司法机关对案件的正确处理,而又故意为之。行为人主观上的故意由两个不可缺少的方面构成。首先,行为人明知拒证行为是一种不履行作证义务的行为,并且已意识到这种行为会直接影响司法机关对案件的正确处理。行为人是否明知自己负有作证的法定义务,是行为人主观上存在故意与否的前提。如果行为人并不知晓自己有作证义务或确有作证义务,对拒证行为性质的认识尚处于不确定状态,甚至将其视为正当行动,就无故意可言。衡量证人是否明知自己负有作证义务,不以行为人的本身情况来判断,而应以司法人员在取证时是否告知证人作证义务为标准。《刑事诉讼法》第 125 条规定:"询问证人,应当告知他应当如实地提供证据、证言和有意作伪证或者隐匿罪证要负的法律责任。"也就是说，取证前，告知证人应当作证并如实作证，是司法人员取证应遵循的法定程序，也是司法人员的职责，不履行这项程序而导致证人拒证的，是司法人员的失职行为，证人不负责任。其次，在明知行为性质和后果的情况下，行为人有意放任或希望拒证行为及其后果的发生。所谓放任，就是对拒证采取无所谓、听之任之的态度，对该行为可能给司法机关活动带来的不利影响漠不关心。所谓希望，是指行为人的一种主观愿望，在这种心理状态下，行为人不仅根本不愿作证，而且希望通过自己的拒证行为影响或干扰司法机关的正常活动，使司法机关对案件的处理发生错误。对拒证采取放任或希望的态度，是行为人主观故意的两种形式，而这两种故意形式，根据行为人拒证的具体状况、拒证的原因以及行为人与被告人、被害人的关系等客观情况是不难判断的。如果行为人不是有意放任或希望这一行为及其后果的发生，而是由于重病、受伤、出国、远航等客观原因无法作证，或行为人因一时疏忽，延误或错过作证时间，或未到指定地点接受询问等，属于过失行为或非过错行为，不应以犯罪论。

（四）该罪的主体是证人

所谓证人，是指直接或间接了解案件情况，向公安司法机关陈述案情的人。根据证人的这一概念和《刑事诉讼法》第 62 条的规定，证人的成立，必须同时具备以下三个条件：第一，证人只能是自然人，法人或其他社会组织不能作为证人。证人是以自己的感官直接或间接了解案情并向司法机关陈述的人，只有自然人才具备这种能力，法人或社会组织无此能力。法人组织中有关人员了解案情的，应以个人的身份作证。第二，证人是有意识能力的人。所谓意识能力，是指具有辨别是非和正确表达的能力。辨别是非和正确表达是证人资格的重要条件，《刑事诉讼法》第 62 条规定："生理上、精神上有缺陷或者年幼，不能辨别是非、不能正确表达的人，不能作证人。"辨别是非和正确表达，是指具有客观反映和认识案情，并将自己反映和认识的案情正确无误地向司法机关陈述的能力。如果某人直接或间接经历了案情，但因生理上、精神上有缺陷或年幼而不能客观反映和认识案情,或者虽有客观认识案情的能力,但不能将其认识的案情正确无误地向司法机关陈述,都不可能向司法机关提供案件的真实情况,因此,禁止这类人作证是完全必要的。第三,证人必须是知道案件情况的人。证人因案件的发生而产生,具有排它性,不能选择、指定和替换。司法人员或律师在非执行职务时了解案情,也应以证人身份参加诉讼,提供证言,同时不能再从事本案的司法工作或辩护工作。如果以担任本案司法人员或辩护人为由而不作证的,应以拒证论。

具备以上三个条件的人,即为证人。显然,证人并无年龄上的限制,不仅成年人可作为证人,未成年人只要具有辨别是非和正确表达的能力,也可作为证人。但这些证人并非都可作为该罪主体。依照刑法有关刑事责任年龄的规定,除故意杀人、故意伤害致人重伤或死亡、强奸、抢劫、贩卖毒品、放火、爆炸、投毒罪以外的其他犯罪,行为人应满16周岁才负刑事责任。所以,拒证罪的主体应该限制为16周岁以上的证人。

在刑事案件中直接了解案情,能够提供和证明案情的人,除证人外,还包括犯罪嫌疑人(或被告)和被害人。他们能否作为拒证罪的主体?根据《刑事诉讼法》第120条的规定,犯罪嫌疑人负有陈述案情,并如实回答侦查人员提出的与案件有关问题的义务,其拒绝陈述或保持沉默,也应视为不履行作证义务,将其纳入该罪主体范围,似乎在情理之中。但笔者认为,犯罪嫌疑人属于被追诉的对象,刑事诉讼的结果与其切身利益密切相关,在诉讼过程中有不愿交代罪行或掩盖罪行的现象是正常的,特别是在诉讼的开始阶段,"拒证"现象普遍存在。如果据此以拒证论罪,有失妥当,也无此必要。对犯罪嫌疑人的拒证表现,完全可以视为认罪态度,在量刑时作为从重处罚的情节加以考虑,无需再以拒证罪论处。

刑事案件的被害人陈述,也是刑事诉讼的重要证据。《刑事诉讼法》第62条所指的知道案件情况的人,在广义上也包括被害人。因而,被害人在刑事案件中负有某种意义上的作证义务。如果被害人拒不陈述案情,同样是不履行作证义务的表现,符合该罪的主体特征。但必须看到,刑事案件中的被害人既是犯罪行为直接侵害的对象,也是司法机关要保护的对象,将其作为犯罪主体显然与诉讼宗旨相悖。被害人因各种原因对作证存有抵触或反感情绪,属于思想认识问题,应做耐心细致的思想工作,争取让其自愿陈述案情,绝不可简单、粗暴地以拒证问罪。

以上是拒证罪成立所必须具备的四个基本要件,某一危害司法活动的行为缺乏上述任一要件,均不构成该罪。当然,上述要件齐备的行为,也并非一定会构成该罪,该罪的成立还存在一个程度和危害大小的问题,有关这一问题下文将有论述。

三、建立促进证人履行作证义务的有效机制

刑罚手段的运用实际上是以一种被动的方式解决证人拒证行为的途径,属于对证人拒证行为事后的法律评价。鉴于这一手段的被动性和证人作为拒证罪主体的特殊性,笔者在赞成对证人拒证行为进行刑事立法的同时,又主张最大限度地减少这一刑罚手段的运用,以减轻刑罚处罚对证人所产生的消极影响。为此,在保证刑罚手段对证人的一定压力的条件下,应确立一种更为积极、有效的机制促进证人作证义务的履行。

(一) 严格执行定罪的底线制度

出于对证人特殊的诉讼地位和证人现实待遇的考虑,对待证人拒证行为仍应更多地以说服教育的方法或其他可行的方式、渠道加以解决。证人属于党员干部的,还可采用党纪、政纪的方法处分,而不可随意以犯罪论。为此,对符合上述犯罪构成要件的拒证行为,其定罪的底线应有更高的要求,只有越过定罪底线的拒证行为方可论罪。这种定罪的底线以拒证行为情节严重,足以或已经对司法工作产生严重阻碍或影响为标准。拒证情节是否严重,可从行为人主观恶意大小和行为对社会的危害程度两方面来考虑。一般而言,行为人出于包庇罪犯或陷害无辜的恶劣动机而拒证的,行为人以威胁、暴力的方法阻挠司法人员取证的,严重刑事犯罪的主要犯罪事实和犯罪人员的知情者拒不作证等,均属情节严重,应按拒证

罪论处。实行严格的定罪底线制度,将为促进证人作证义务的履行创造良好的氛围和条件。

(二) 建立证人的传唤制度

我国刑事诉讼法虽规定有对证人的通知制度,但通知本身缺乏对证人应有的约束力,该项制度的实施并不尽如人意。建立证人传唤制度,应注意规范以下事项:一是以书面传票的形式传唤证人,以示该项活动的法律严肃性和法律效力;二是允许司法人员多次传唤证人,通过多次传唤客观上有助于督促证人对作证义务的履行;三是对于经过多次传唤拒不到案或到庭作证的,可用拘传的形式,强制其到案或到庭作证。采取这一诉讼强制措施,旨在有效地减少证人拒证的现象,同时也是保护证人免予定罪的一种有效途径。总之,采取对证人的传唤制度,体现了阻却证人拒证行为在手段上的多样性,与对拒证行为定罪处刑的手段比较,更具有事前预防的积极效果。

(三) 实行证人作证差别制度

实行证人作证差别制度,是提高证人作证积极性、减少拒证现象的又一有效措施。以英国为例,证人作证的差别制度体现为,法律实行证人的资格与其作证的强制性适当分离的原则,这意味着作为证人或具有证人资格的人,并非必然地承担作证的义务。例如,根据英国 1984 年《警察与刑事证据法》第 80 条的规定,被告的配偶虽有证人的资格,但不负提供对被告人不利证言的义务。这一规定,既有利于保护被告人及家庭的稳定和安全,又提高了作证的效率和质量,避免了不必要的拒证或作证不实现象的产生。按照我国《刑事诉讼法》第 62 条规定的精神,证人作证则实行一种无差别原则,即凡是证人,除特殊的客观原因而不能履行义务外,都应毫无例外地承担作证义务。这一做法,无疑加大了证人作证的强度,同时也降低了证人作证的效能。笔者认为,在我国实行证人作证的差别制度,主要是强调在一案的诸多证人中,有针对性地选择那些必要的又有作证能力的证人承担这一义务,以提高证人作证效率,避免在证人作证问题上的"无差别性"所产生的证人拒证现象。

第七章　刑事证明标准的理论与规范研究

第一节　刑事证明标准与民事证明标准的比较分析

一、刑事证明标准和民事证明标准确立的基本依据

对于何为证明标准的问题,中外学者多有涉足,所提供的"版本"样态各异,无一而足。英国证据法学家摩菲(Murphy)认为:"证明标准是指证明责任被卸出所要达到的范围和程度,它实际上是在事实裁判者的大脑中证据所产生的确定性或可能性程度的衡量标尺;也是负有证明责任的当事人最终获得胜诉或所证明的争议事实获得有利的事实裁判结果之前,必须通过证据使事实裁判者形成信赖的标准。"[1]这一概念的精义在于,通过举证活动,事实裁判者对于争议事实(待证事实)的存在所应达到的信赖程度或认知上的可能性程度,这一标准的达成,预示证明责任承担者对其责任的卸除并获胜诉。故确定一个什么样的证明标准,直接关系诉讼的基本趋向以及诉讼相关人对诉讼的把握和预期。

如果将证明标准即待证事实的可信赖性或可能性程度的最大值设定为1,从0到1显示证明标准由低到高的逐渐递增状态,那么,如何在0到1之间为不同的诉讼形态设定相应的证明标准? 这里,首先必须指出的是,证明标准既已是待证事实存在的可能性程度之标尺,0作为证明标准的最小值,表示待证事实发生的可能性不存在,当然被排于证明标准之外。与之对应的最大

---

① Peter Murphy, *Murphy on Evidence*, 6th ed., Blackstone Press Limited,1997, p.109.

值 1 所反映的证明标准最高,对待证事实的存在达到了一种绝对的确信,即绝对的客观真实程度,由于其所反映的待证事实不再是一种可能性程度或可信赖性程度的问题,以 1 为标志的绝对真实也不可归入证明标准的范围之内。①故而,诉讼中证明标准的设定在 0 以上 1 以下之内加以选择应属当然。按照英美学者的观点,证明标准的划分是以 0.5 为界分即所谓的 0.5 规则为切入点的。0.5 指数所反映的可能性程度为一种模糊性和不确定性程度,在此基础上,以定性而论,证明标准大致可分为三档:一是 0.5(含 0.5)以下的中下及微弱的证明标准;二是 0.5(不含 0.5)至 0.6 或 0.7 的中上证明标准,或盖然性占优势的证明标准;三是 0.8—0.9 之间为次高证明标准或高度盖然性的证明标准。这里,不同证明标准的可能性指数的分配,只是一种大致划分,而非在数学上的精确量化,不同学者对这种指数分配有所不同②,但从定性来看都大致可归为这三种不同的标准形态。应该说,三种标准的不同,不仅是证明标准在量上的区别,而且也反映在它们性质上的差别。就第一种证明标准而言,待证事实存在的可能性程度较小或很小,难以达到对案件事实的基本认识,当今文明国家均不可能将其作为诉讼中的证明标准;而第二和第三种证明标准,均属于具有相当的可能性程度,为现代诉讼在证明标准的设定上所采纳,但前一种证明标准的可能性程度相对于后一种仍是较低的,这种可能性程度在量上的较大差异,也决定了两种证明标准性质的不同。

---

① 关于绝对真实的证明标准,学界多有论及,主流的观点均对这一证明标准持批判态度,其主要理由在于,因证明主体认识能力、诉讼成本、诉讼时空等主客观条件的有限性,该标准的推行不具有可行性和现实性。参见龙宗智:《我国刑事诉讼的证明标准》,《法学研究》1996 年第 6 期;卞建林、郭志媛:《论诉讼证明的相对性》,《中国法学》2001 年第 2 期;张卫平:《事实探知:绝对论倾向及其消解》,《法学研究》2001 年第 4 期;等等。对此评论,笔者表示赞同,但同时又认为对这一证明标准的否定,更重要还在于诉讼活动本身所具有的符合正当程序的理念对这一证明标准的排斥性。正当程序的理念致力于诉讼过程的程序制度、证据规则的推动和建设,而非对客观真实的追求。现行客观真实的证明标准对诉讼活动的正当化、法治化进程是一种阻碍,故这种标准的存在,本身具有不合理性。参见牟军:《中国刑诉制度重构的"瓶颈"及破解——基于刑事证明标准的分析》,《金陵法律评论》2002 年第 2 期。

② 如德国有学者以 100% 为盖然性最大值,将证明标准分为四级:第一级为 1%—20%;第二级为 26%—49%;第三级为 51%—74%;第四级为 75%—99%。日本学者中岛弘道也有类似分法。参见李浩:《民事诉讼证明标准的再思考》,《法商研究》1999 年第 5 期。

（一）证明标准确立的依据

诉讼主要有民事诉讼和刑事诉讼之分,两种不同诉讼形态的证明标准,一般限于在上述第二种证明标准(盖然性占优势)和第三种证明标准(高度盖然性,英美法系称为排除合理怀疑)中加以选择。对证明标准的选择,实际上在于选择相对较低还是相对较高的证明标准问题。证明标准是由承担证明责任的一方首先是原告方(或控方)完成的,一般来说,在诉讼中,确立一个较低的证明标准对原告有利,对被告则不利;相反,标准较高则对原告不利,而对被告有利。必须承认,在任何诉讼中,原告与被告的正当利益都是受到法律同等保护的。禁止为保护诉讼一方的利益而损害另一方的利益乃为司法公正所优先考虑的目标。在刑事案件中,一个无辜被告人享有不被定罪的权利,而控方(包括被害人)也有通过追究犯罪的司法途径维护社会公益或自身利益的权利;在民事案件中,原被告双方利益的均衡与对等则更为明显。如果原告被错判,其合法权益将受损;但如果原告从一项错误裁决中获利,则损害的是被告的合法权益。所以,在刑事和民事诉讼中,均强调原被告利益均衡的原则,而证明标准高低的设定却又打破了这一利益均衡的格局。在此情形下,意图对一个证明标准作出选择,就必须为该标准的成立寻求一个正当的依据或支撑点,以使确立的证明标准具有正当性和合理性。

一般而言,证明标准确立的基本正当依据,在于诉讼中指控或争议对象的性质和轻重。在1951年Bater v. Bater的案件中,英国大法官丹宁勋爵关于证明标准与指控或争议对象的关系问题曾指出:"正如麦斯特法官和其他许多大法官所认为的那样,就程度来看,犯罪的危害是巨大的,因此对犯罪事实的证明应是清楚的。同样,在民事案件中,案件可以用可能性的优势加以证明,但在这一标准中,也许存在可能性的程度问题。这取决于争议对象的不同。"①美国法官波斯纳也认为:"案件的争议标的越大,当事人努力的程度也

---

① Peter Murphy, *Murphy on Evidence*, 6th ed., Blackstone Press Limited, 1997, p.116.

就相应越高,案件因而更有可能接近客观真实……"①据此,可以认为,证明标准的高低与诉讼中指控或争议对象的性质和结果的轻重是成正比的。指控或争议对象的性质和结果越严重,所要求达到的证明标准也越高,反之,证明标准则相应较低。指控或争议对象的性质和结果轻重之所以能够成为决定证明标准高低的根本因素,主要在于诉讼中原被告双方利益均衡原则所起的作用。因指控或争议对象的性质和结果的变化,这一利益均衡逐步被打破:指控或争议对象的性质和结果愈重,实际上被告未来所受的损害更重,其与原告的利益已不再处于均衡状态,保护被告的利益为诉讼机制更为关切。对被告正当利益的保护所可能利用的资源,除诉讼中赋予其基本诉讼权利、设定合理对抗制机制以及加大原告(控方)的证明责任力度外,最重要的救济手段就在于设定一个相对较高的证明标准(对原告而言),不仅以此可有效维护被告方的利益,而且通过对原告设置一个较高的证明标准,原告利益的保护得以建立在正当根据之上,从而原被告双方的诉讼利益重新取得一种均衡状态。因此,依据指控或争议对象的性质和结果轻重的不同,设定不同的证明标准,表面上动摇了原被告双方利益均衡的格局,但实际上却成为原被告双方利益均衡调节的有效手段,达到了原被告双方更高的利益均衡结果。由此,我们可以认为,指控或争议对象的性质和结果的轻重,是一种证明标准选择的基本依据。民事诉讼与刑事诉讼是两种不同性质的诉讼形态,两者在指控或争议对象的性质和后果的严重程度上有质的差异性,当然在证明标准的选择上有质的不同。

(二) 刑事证明标准确立的基本依据

在西方法治国家,刑事诉讼中的证明标准总体上更高,英美法系国家要求达到排除合理怀疑的标准,大陆法系国家则要求法官做到内心确信,两种不同形式的证明标准,在证明程度上是一致的,即高度的盖然性(high probability),属于上述第三种标准。这种证明标准产生的基本依据就在于指控的

①　[美]理查德·A.波斯纳:《证据法的经济分析》,徐昕、徐昀译,中国法制出版社2001年版,第64、85、88页。

性质及可能产生结果的严重性。在刑事诉讼中,由于控方所指控的对象是犯罪行为,对犯罪的指控如果成立(假定有罪认定是错误的),对被告人将意味着严厉的国家和社会的否定性评价,对其声誉产生严重的损害后果。更为重要的是,因定罪的成立而导致刑罚的实施,其财产、政治权利、自由乃至生命将受到严重损害。因此,在如此严重指控及可能产生的严重后果的诉讼中,控辩双方的利益处于严重失衡状态,保护被告人的正当利益大于保护控方(包括被害人)的正当利益,因为"一个无罪的人被判有罪所造成的损害,较之一个明知有罪的人而无罪释放严重得多"。① 因此,基于严重指控及其产生的严重后果而引发的控辩双方利益的不均衡,就需为控方设定一个相对较高的证明标准,以保护被告人的正当利益,从而使双方的利益重新回复均衡状态。

应该说,以犯罪指控为依据而设定的较高刑事证明标准,是一种利益均衡的正当价值目标的体现,除这一基本的价值取向外,这一刑事证明标准的定位也受到其他一些因素的影响,笔者将这些影响刑事证明标准的因素称为边际价值目标,例如成本价值选择。刑事案件的证明标准更高,相对于较低的证明标准,对证据的质与量要求也更高。为满足证明标准对证据质与量的要求,在人力和物力等司法资源上投入更多,诉讼成本也更高。但实际上这仅是对刑事证明标准成本的一种简单计算,英美等国则认为这种较高的证明标准对节省成本是有利的。美国法官波斯纳将刑事判决的错误分为两类:一类是积极性错误(false positives),即无辜者有罪;另一类是消极性错误(false negatives),即有罪者无罪。他认为第一类判决错误所产生的成本,平均比第二类判决错误所产生的成本更高。同时也指出,对一名无辜者施以刑事处罚的成本,要远超过对一名有罪者实施稍多一项定罪的社会收益。② 这一论断是不无道理的。在第一类错误判决中,实际上存在两种错误:一是无辜者被追究了刑事责任;二是真正犯罪者则逃避了处罚。对于前者,司法机关为追

---

①　John W. Strong, etc., *McCormick on Evidence*, 5th ed., Horn Book Series West Group, 1999, p. 516.

②　[美]理查德·A.波斯纳:《证据法的经济分析》,徐昕、徐昀译,中国法制出版社2001年版,第85页。

究犯罪投入的司法资源不仅未有斩获,因错误地追究无辜者还将承担较重的司法赔偿责任,同时为继续追究真正犯罪者将另行投入司法资源,故两项错误所耗费的司法成本之和是巨大的。而第二类错误判决只存在将有罪者无罪开释的一种错误,其错误的成本在于已花费的成本,而未增加新的成本,故第一类错误判决显然较第二类错误判决所耗费的司法成本更大。

应该指出,在刑事证明标准较低的情况下,产生刑事判决第一类错误的危险性愈高,"较低的数字(证明标准指数——笔者注)看起来可能会令人心惊胆颤,因为这意味着1/4被判决有罪的人实际上是无辜的"①。因此,通过确立一个较高的刑事证明标准,虽表面上加大了查明案情的投入,但却降低第一类错误判决的概率,从而达到了节省诉讼成本的效果。

另外,促成刑事证明标准较高的边际价值选择也表现在这种证明标准推行的可能性。刑事诉讼中控辩双方的对抗与较量,实际上是被告人与国家(公诉人)的较量。在任何国家,作为承担证明责任的侦控机关,拥有一切可供调配的手段和条件,如调查取证中人、财、物力等司法资源调动和集中的绝对优势,侦控阶段依法拥有的搜查、扣押、勘验、查封、逮捕、拘留等收集证据的权力,侦查机关具有的调查取证、查获嫌疑人的种种高效率的设备和技术手段等。基于这些优势手段和条件,客观上足以使其达至较高证明标准的目标,因而设置较高的刑事证明标准也是现实和可行的。

一个较高的刑事证明标准,有助于减少无辜者被定罪的比率,但由于有罪认定的证明标准较高,却加剧了有罪被告人被开释的风险。两相比较,这一刑事证明标准实际上增加了刑事案件的差错率,但却"达到了减少对无辜者错判数量的价值目标"②。这里,保障无辜者不受追究的利益符合刑事诉讼的最高价值,以较高的刑事案件差错(有罪者被无罪释放)率为代价,确保无辜者不被追究,也是一种控辩双方利益均衡的体现。

①　[美]理查德·A.波斯纳:《证据法的经济分析》,徐昕、徐昀译,中国法制出版社2001年版,第88页。
②　Speiser v. Randall, 357U.S.513, 525-526(1958).

（三）民事证明标准确立的基本依据

与刑事证明标准相对应,在西方主要法治国家尤其是英美等国,民事诉讼的证明标准基本上是一种盖然性占优势或盖然性权衡的标准,属于上述第二种证明标准。很显然,这一民事证明标准低于刑事证明标准,其设置的主要依据在于民事诉讼争议对象的性质及其产生后果的状况。民事诉讼中原被告双方争议的对象为民事违法行为,民事违法行为的财产损害及部分精神损害的性质、诉讼影响及产生的法律后果(主要是财产性后果)远不及犯罪行为严重。同时,相较于定罪及刑事处罚对被告人人格的负面影响而言,民事裁决结果的负面影响,一般不会延至诉讼终结后相当长的时期。① 因此,相对于刑事诉讼中的控辩双方而言,民事诉讼中原被告双方的利益实际处于均衡状态。在民事诉讼中,保护被告方和原告方的正当利益同等重要,对被告错判所产生的损害与对原告错判的损害是相同的,正如有学者所言:"通常在估价双方权利方面没有理由偏重于被告方的权利而轻视原告方的权利,因此,也就没有理由对裁决错误的权衡中,宁愿于一方的错误而不愿于另一方的错误。"②在一个典型的民事案件中,证明标准的设定应坚持一种均衡的原则,0.5 规则符合这一均衡原则,但又不应采取 0.5 指数的证明标准。在民事诉讼中,诉讼一方的主张要获得法庭的支持,其主张的可能性显然应比 0.5 指数稍大一点,即达到盖然性占优或盖然性权衡的标准。当然,考虑原告方承担证明责任在先,当诉讼双方主张存在的可能性难分高下之时,原告方则承担败诉的结果。

以指控或争议对象的性质和后果轻重为依据而对民事证明标准的上述定位,其依据在于对原被告双方诉讼利益权衡考量的结果,体现了当代民事证明标准的合理性和必然性。但在常人看来,把民事证明标准提高到刑事证明标准即高度盖然性的水平是否更为理想,毕竟民事诉讼对争议事实的处理

---

① Mike Redmayne, "Standards of Proof in Civil litigation", *The Modern Law Review*, Vol. 62, No.2(1999),p.188.

② Mike Redmayne, "Standards of Proof in Civil litigation", *The Modern Law Review*, Vol. 62, No.2(1999),p.171.

更接近于客观真实,也更具有实体处理的正当性。对于这一问题的追问,显然上述利益权衡理论难以回应上述民事证明标准存在的正当性。因此,对现今民事证明标准在理论上的支撑,还必须从该标准存在的现实性加以解释,以此才可能得出这一证明标准的运作所具有的最优化的价值目标。

其一,现今大多数国家民事诉讼中证明责任的分配均采原被告双方分摊制,即谁主张谁举证的原则。在此原则下,不仅原告对其主张负证明责任,且被告对其抗辩的主张同样负相应责任,对同一争议事项或对象,原被告双方以不同的角度加以证明,既可使争议事项更易澄清,实际上也分流了原告的一部分证明负担,其应达到的证明标准自然被降低。因此,人为地拔高原告的证明标准是不必要的。而刑事诉讼却不同,在大多数国家,控方始终负有证明被告人有罪的完全责任,一般情形下被告方并不负证明自己无罪的责任,因刑事证明责任主体的单向性,控方证明负担更重,其相应须达到的证明标准当然就更高。

其二,诉讼成本的考虑。在刑事诉讼中,较高的证明标准可以通过防范对无辜被告人的错判而达到节省诉讼成本的效果,但民事诉讼并不存在这种诉讼特质。相反,民事诉讼是一种与财产、经济利益关联最密切的诉讼形式,投入产出的关系为原被告双方乃至处断案件的法院所关切。以最少的人、财、物力的投入获得最大化的诉讼利益结果是诉争双方及法官所希望看到的。在民事诉讼中,举证是当事人成本投入的一部分,当事人投入的多少与证明标准的高低是成正比的。实际上,在大多数民事案件中,实行较低的证明标准就能使民事纠纷得以顺利或较为满意的解决。若采用诸如高度盖然性的刑事证明标准,纠纷处理的效果与前一情形相同,但却增大了诉讼成本的投入,违背了诉讼经济原则。同时还可能导致诉讼效率低下、当事人权益处于不确定性状态等司法不公的现象。

其三,民事错判率的最低化。英国有学者认为,"0.5规则的一个优势在于可以将事实裁判者所作的预期错误裁判的数量减至最小"①。也就是说,较

---

① Mike Redmayne, "Standards of Proof in Civil litigation", *The Modern Law Review*, Vol. 62, No.2(1999), p.169.

低的证明标准可能增加对被告错判的数量,但同时对于原告的错判则相应减少,故对原被告的正误裁判量实际上相互消解,所产生的结果是案件错判的最低化。而刑事诉讼中所实行的较高证明标准,如前所述,减少了对被告人的错判,但相应地对控方的错判(即有罪者无罪释放)却大为增加,在总体上,刑事案件的错判率提高了。这里,须指出的是,虽然在此证明标准下,刑事案件的错判率较高,但却减少了对无辜者的错判,这种价值转换是可取的,符合证明标准选择的利益均衡原则。而在民事诉讼中,因原被告利益的均衡,并不存在诉讼利益权衡的基础,故实行较低的证明标准以尽量减少民事案件的错判率是一种最大化的价值选择。

其四,原被告证明手段和条件的有限性。民事诉讼是典型的私诉活动,与刑事诉讼的根本差异在于,民诉原被告不具有刑诉控方(主要是公诉人)所享有的在调查取证上的优势条件和手段,其所能支配的司法资源及配置的调查取证权和技术手段等不仅是平等的,而且也是十分有限的。出于原被告证明手段有限性的现实性考虑,在民事诉讼中不可能为其设定一个如刑事诉讼那样高的证明标准。

以指控或争议对象的性质和结果轻重为主线而"锁定"的刑事和民事证明标准,本身是对证明标准总体上定性的把握。在同一诉讼领域内,指控或争议对象的轻重程度并不相同,相应的证明标准又具有相对性。丹宁勋爵指出:"无论民事证明标准抑或刑事证明标准,都不是一种绝对的标准。"①在民事诉讼中,证明标准就性质而言是一种优势盖然性的标准,但随着争议事项或后果的严重程度的提升,原被告利益失衡状态递增,相应的证明标准也就更高,但无论如何,这种提高了的证明标准也不可能达到刑事证明标准的程度,可能性指数显示的最高值应为 0.8 以下。同理,在刑事诉讼中,随着个案中指控对象或后果严重程度的不同,原有的高度盖然性证明标准可能被进一步提高,要求事实裁判者对被告人的定罪更为有把握,其认定的事实更加接近于客观真实。在英美等国,对特定案件或特殊的证据要求控方以独立证据确证的惯例则是这一明证。必须指出,这一刑事证明标准无论如何变化,都

---

① Bater v. Bater[1950]2All ER458.

不可能达到绝对真实的最高标准。因此,我们说,证明标准的变化本身也是相对的,这种变化仅为量的增加,而质仍未改变。

二、英美法系民事证明标准的内涵及结构——基于与刑事证明标准的比较

民事证明标准相对于刑事证明标准而言,更为复杂多样,其所固有的可变性和灵活性适应了诉讼不同的价值判断和选择。而在法律制度一体化的英美法系各国,民事证明标准既有总体的趋同,也有着细微的差别。通过对其中主要国家有关民事证明标准内涵及结构的梳理,对进一步认识和把握其民事证明标准的基本特征和合理性不无裨益。

(一) 英国民事证明标准的内涵及特征

英国民事证明标准的普通法原则与精神一直作为英美法系国家的一种典范,其影响力是深远的。在英国,民事证明标准基本上为盖然性权衡(the balance of probabilities),即上述第二种标准。对于盖然性权衡的理解,相关英国判例有如此表述:"基于对证据总体考量,事实裁判者必须能够声称,诉请一方的主张已显示其存在较之其不存在更可能。如果双方主张的盖然性均等,即事实裁判者总体上不能就此作出权衡,负有证明责任的一方将败诉"①。诉请一方主张存在的可能性较之不存在的可能性更大,视为盖然性权衡之标准,如何裁量诉请一方主张之可能性的强弱? 在 Rhsa Shipping Co. SA v. Edmunds (1985)一案中,一船只在晴朗的天气下行驶在地中海,因船身一侧出现洞孔导致海水涌入发动机舱而沉没。船主声称该船受到潜艇撞击,保险公司则称该船体因年久磨损而出现裂缝所致。在裁决中,法官认为船主关于潜艇撞击的解释是不可能成立的,但这一解释又较保险公司关于该船年久失修的解释更为可信,因而判决船主胜诉。该案在参议院的上诉审中被撤销,参议院在裁决中指出:综合各种情况,船只沉没的真实原因是令人怀疑的,这一

---

① Miller v. Minister of Pensions〔1947〕2All ER372; Rhsa Shipping Co. SA v. Edmunds〔1985〕1 WLR 948.

案件属于那些较为少见的案件之一,即对这类案件的裁决应考虑船主所负有的证明责任。① 因此,英国司法实践中,对于诉请一方主张成立可能性之把握,并不在于对原被告诉讼之主张成立的可能性之对比,即以一方主张的弱势而推导另一方主张之成立,这种对比对诉讼主张成立可能性的判断只是一种参照作用,而更主要建基于对诉请一方证据的总体把握,关注主张本身是否具有一定的可信度。通过证据权衡,该主张真实与否的可能性各半,负有证明责任一方则败诉。

　　民事案件涉及社会生活领域甚广,其性质和严重程度易变不居,证明标准的高下与待证事项的轻重成正比效应是不变的定律。丹宁勋爵在 Bater v. Beter 一案中指出:"当指控属于欺诈性质,民事法庭自然要求该指控本身所应达到盖然性程度比一个对过失行为指控所要求达到的程度更高。这样的案件无需采用像刑庭要求如此高的盖然性程度,即便该指控具有犯罪性质,但在民事案件中确实要求所采用的盖然性程度与案件的具体情况(场合)相适应。"②该段话明示这样一种规则:民事证明标准在坚持盖然性权衡的原则下,指控的性质和程度不同,相应的证明标准也有所变化。英国有学者将这样一种随指控程度提高而相应提高的证明标准,称为灵活性的证明标准(the flexible standard)。③ 这种证明标准产生的依据除原被告利益均衡原则的实际作用外,还在于一种逻辑定理:指控越严重,指控事件存在的可能性则越低,法庭在盖然性权衡基础上裁决指控成立所依据的证据就应更强。在英国,一般认为,欺诈较疏忽、恶意伤害较不经意伤害、一个继父对其继女反复施暴较偶尔情绪失控而殴打等的可能性较小。对于此等指控程度相对较高的民事案件,相应的证明标准更高。关于这一证明标准的具体要求,有的法官认为,指控越重,所需指控证据应越多;也有的认为,对指控严重的案件,应有更具

---

① M.N.Howard, Q.C., Specialist Editors, *Phipson on Evidence*, 15th ed., Sweet & Marwell, 2000, p.57.

② Peter Murphy, *Murphy on Evidence*, 6th ed., Blackstone Press Limited, 1997, p.116.

③ Mike Redmayne, "Standards of Proof in Civil litigation", *The Modern Law Review*, Vol.62, No.2 (1999), p.176.

说服力的证据以消除其主张的不可能性。① 总之,灵活性的民事证明标准主要是对证据质与量上的一种更高要求。

在英国,灵活性的民事证明标准所适用的案件范围非常广泛,其中有涉及非犯罪或准犯罪性质的民事案件,如婚姻家庭案件中涉及的非犯罪或准犯罪性质的事由(通奸、虐待和遗弃等),民事诉讼中的蔑视法庭行为等,但更多地是涉及犯罪指控的民事案件,如对子女性犯罪而引发的监护权诉讼,因谋杀或其他犯罪而产生的继承权纠纷之诉,因欺诈而引起的合同纠纷之诉等。对于这些具有准犯罪或犯罪性质因素的民事诉讼,这些因素本身的性质或由此决定的民事裁决结果的重要性(如因通奸的成立而导致离婚的成立,对子女的性侵犯而导致监护权的丧失等)均要求对这一决定民诉活动走向因素的证明,采取更高的标准。在 Re Dellow's Will Trusts 一案中,根据丈夫的事前遗嘱,妻子为正常的继承人。该夫妇同时死于一起事件,按照 1925 年《财产规则法》第 184 条的规定,妻子被认定是幸免者,但在确定继承人的问题上,纠纷的焦点在于妻子是否犯有谋杀其夫这样的重罪而不享有继承权。对此,托马斯法官沿引摩瑞斯大法官在 Horual 一案中的判决称:"在民事案件中,是否需要根据所解决问题严重性的不同而决定一个不同的证明标准,对于我而言不是太重要,但正如摩瑞斯大法官所言,争议问题的严重性成为法庭在决定证明责任是否已卸除时不得不考虑的诸多情况的一部分。指控越严重,相应要求排除该指控主张不成立的证据应更有说服力,以证明自己主张的成立。②

对于准犯罪或可能导致严重民事后果指控的证明适用灵活性的证明标准并无不当之处,但对于民事诉讼中的犯罪指控在适用证明标准问题上却存在争论。这一问题的争论不是对这类具有犯罪性质的行为可否适用灵活性证明标准的问题,而是应否适用刑事证明标准的问题。在英国较早的判例

---

① Mike Redmayne, "Standards of Proof in Civil litigation", *The Modern Law Review*, Vol. 62, No.2 (1999), p.176.

② Re Dellow's Will Trusts [1964] 1 WLR 451 at 454-455.

中,采纳刑事证明标准的判例不在少数,英国枢密院也予以认可。① 不过,在后来的判例中,上诉法院和参议院强调适用民事证明标准是适当的。正如丹宁勋爵在 Bater v. Beter 一案中所言:民事法庭不采纳像刑事法庭那样高的证明标准,即使这类案件被认为具有犯罪性质。在当前英国学术界,对这类案件的证明,主张不突破现有民事证明标准的理由主要在于,刑事诉讼中的犯罪指控与民事诉讼中的犯罪指控的后果并不相同。在刑事案件中,控方的指控通常将产生潜在的严重后果即监禁、名誉损害等;而民事案件中的犯罪指控一般只产生民事损害后果如监护权、继承权、财产权等的丧失,并不会导致上述刑事处罚后果。即使因犯罪性质的认定如谋杀、性侵犯等可能导致被告人名誉受损,但这种名誉损害与刑事法庭有罪裁决所具有的谴责效应是不同的。这里,人们有可能在内心夸大了民事审判中犯罪认定所产生的负面效应,而实际上的影响与真正犯罪的影响有明显的差距。同时,坚持现有的民事证明标准不变还在于,民事法庭欠缺刑事司法中的许多安全防范措施如陪审团机制、严格的传闻规则等,实际上在民事诉讼中不可能轻易地达到刑事证明标准的目标。②

(二) 美国民事证明标准的内涵及结构

在美国,民事证明标准为优势证据(prederance evidence)标准,这一标准的表述与英国稍有不同,但仍是同一类型的证明标准。关于何为证据的优势性问题,美国司法判例与法理均未有清晰明了的解释,对于这一问题也存有不同的意见。不过,有一点是较明确的:优势证据不能简单地等同于证据的

---

① 例如在 The People of State of New York v. Heirs of the Late John M: Phillips and Others 的案件中,枢密院在听审涉及共谋指控的上诉案后,裁决原告必须证明其主张如刑事诉讼那样清楚。艾特肯大法官评论说,他们认为这不是不当裁决。在这个国家的法院,法官的观点就这样一次次地被确认下来,它是公正的和符合法律的。See Mike Redmayne, "Standards of Proof in Civil Litigation", *The Modern Law Review*, Vol. 62, No.2(1999), note 125, p.192.

② Mike Redmayne, "Standards of Proof in Civil Litigation", *The Modern Law Review*, Vol. 62, No.2 (1999), pp.193-194.

数量或证人的人数。① 这一原则均为陪审团所理解,但可能产生误解的是,这一标准是否意味着一方所提交的证据较另一方更可信即可。对此,美国司法界与学界的看法与英国的观点相同:不可就此认定一方的证明达至优势证据的标准,尤其在陪审团对争议事实的真实性仍感疑虑的情形之下,除非陪审团自身缺乏个人的审判经历和对证据的认识一片空白。② 鉴于此,为有助于陪审团在事实裁决中较为精当地把握这一证明标准,美国实务界和学界都积极鼓励和倡导陪审员运用自身的经验对证据尤其对证人的可信赖性问题进行评估,并以此对事实问题作出裁决。为避免事实裁判者通过对原被告所提证据对比的误导方法估价证据,有的学者借用类似于英国民事证明标准的表述,为优势证据进行诠释。在他们看来,优势证据最可能被接受的表述是,指导陪审团发现争议事实的存在较之其不存在更为可能。③ 这种优势证据的标准实际上转变为裁判者在盖然性占优势的基础上的一种信赖。这种观点已为有的法庭所采纳。④

　　与英国的情况相同,在美国,对某些特定范围的指控和诉请的证明也需达到较高的程度,即以"更为准确的说服方法"加以证明。尽管各州对这一证明标准的表述各异,但均可概括为这样一些表述形式:"清楚和可信的证明(clear convincing),清楚的、可信赖和令人满意的证明(clear, convincing and satisfactory),清楚的、有说服力的和可信赖的证明(clear, cogent and convincing)以及清楚的、毫不含糊的、令人满意和可信赖的证明(clear, unequivocal, satisfactory and convincing)"⑤。这些标准就其实质均强调待证事实

①　John W. Strong, etc., *McCormick on Evidence*, 5ᵗʰ ed., Horn Book Series West Group, 1999, p. 514.

②　John W. Strong, etc., *McCormick on Evidence*, 5ᵗʰ ed., Horn Book Series West Group, 1999, p. 514.

③　John W. Strong, etc., *McCormick on Evidence*, 5ᵗʰ ed., Horn Book Series West Group, 1999, p. 515.

④　John W. Strong, etc., *McCormick on Evidence*, 5ᵗʰ ed., Horn Book Series West Group, 1999, p. 515.

⑤　John W. Strong, etc., *McCormick on Evidence*, 5ᵗʰ ed., Horn Book Series West Group, 1999, p. 514.

的较高可能性,属同一类型的证明标准。关于该标准设定的意义,美国联邦最高法院前任大法官伯格,在一项判词中指出:"我们大致只能假定对优势证据与排除合理怀疑证明之间差异的理解,可能较之它们中与清楚而可信证据的中等证明标准相关联的任一标准的理解更好。然而,尽管这一特殊证明标准的用语不会总在一个特殊案件中造成较大的差异,适用一个证明标准比一个空洞语词的运用意味更多。在关涉个人权利的案件中,无论是刑事案件还是民事案件,这一证明标准(在最大程度上)反映了社会关注个人自由的价值。"①也就是说,尽管这一证明标准无论形式还是内容,与一般民事证明标准和刑事证明标准相差并不太大,但这一证明标准的设置对保护公民(被告人)的权益却是有益的。此后,美国联邦最高法院依据联邦宪法或可适用的联邦法律裁定,在涉及非刑事指控而剥夺他人权利(移交精神病院、终止监护权、解除中立和驱逐出境)的各类案件中,证明需达到证据清楚和可信赖的标准或相似标准。② 目前,有关这一特殊证明标准的适用范围已不再局限于涉及个人自由的案件范围,而有了相应的扩展。总的来说,可适用该标准的案件有以下几类:(1)欺诈和不正当影响之诉;(2)确定遗嘱的口头合同之诉和确定已遗失遗嘱的条款之诉;(3)口头合同的特殊履行之诉;(4)撤销、变更、修改书面交易合同的程序或基于欺诈、错误或不完整之正式行为的诉讼;(5)可能涉及欺诈危险的各类索赔和辩护之诉,以及其他基于政策考虑不应被支持的特殊索赔之诉。③

(三) 澳大利亚民事证明标准的内涵及结构

英美法系中另一个重要国家澳大利亚,曾一度在民事案件中普遍推行一种较高的证明标准,即事实裁判者对负担证明责任一方的证明应达到满意、信赖(satisfactory or believing)的程度。欧文·狄克森法官在一例判决中作了

---

① Addington v. Texas, 441 U.S.418, 425 (1979).

② John W. Strong, etc., *McCormick on Evidence*, 5th ed., Horn Book Series West Group, 1999, p. 516.

③ John W. Strong, etc., *McCormick on Evidence*, 5th ed., Horn Book Series West Group, 1999, p. 516.

最具代表性的表述:"案件的真实是当法律规定任何事实的证明时,法庭在作出裁决前,必须感受到事实发生或存在的实际说服力,如果对事实真实独立信赖的可能性只是一种机械的比较,那么就不能对该项事实作出裁决。"①另外一些民事判例中也体现了这一证明标准的精神。这一证明标准的表述显然与英美两国的一般民事证明标准不同,由于其适用于普通民事案件,对原告的正当权益保护不利,且实施成本过高,诉讼效率也较低,在以后的司法中逐渐受到限制。目前,澳大利亚的一般民事证明标准也采英国"盖然性权衡"的表述。1995 年《证据法》第 140 条第 1 款明确规定:"在民事诉讼中,法院必须查明当事人一方所主张的事实是否满足于盖然权衡的基础上已经得到证明。"②但澳大利亚学者对这一标准表达了一定的忧虑,他们认为,盖然性权衡抑或优势证据的标准,都不是一种令人满意的表述。盖然性权衡显然并不意味着只要对证据或盖然性作了恰如其分的权衡就可作出对提供证据一方有利的裁决,并认为优势证据标准需要的条件较"可能性比不可能性更大"的这一表述更多。③ 他们的评价实际上表达了一种对曾有过与众不同的较高证明标准的怀旧情绪。尽管如此,澳洲的司法判例均支持盖然性权衡的观点,其共有的原则在于,除非有特殊的情况需要采用更高标准,在一般的民事案件中,只要原告能够显示其主张存在的可能性大于不存在之可能性就足已。④

至于民事诉讼中严重指控采用的证明标准问题,澳大利亚与英美两国的做法并无二致,也采较高的证明标准。欧文·狄克森法官在 Briginshan v. Briginshan 一案中指出:指控的严重性,对事实发生描述的固有不可能性或者特殊裁决所产生后果的严重性均是影响对争议事项证明是否达到使法庭有合

---

① Briginshaw v. Briginshaw (1938) 60 CLR 336, 361.

② Mike Kedmayne, "Standards of Proof in Civil Litigation", *The Modern Law Review*, Vol. 62, No. 2 (1999) note 74, p.180.

③ Sir Richard Eggleston, *Evidence, Proof and Probability*, 2nd ed., Weidenfeld and Hicolson, 1983, p.129.

④ Sir Richard Eggleston, *Evidence, Proof and Probability*, 2nd ed., Weidenfeld and Hicolson, 1983, p.129.

理满足程度的如此问题之答案的考虑因素。① 与此同时,澳大利亚 1995 年《证据法》第 140 条第 2 款也作了类似规定:"除非对法庭判断证明是否达至满意程度的问题有所限制,法庭将考虑下列因素:(a)诉讼或答辩理由的属性;(b)诉讼争议事项的性质;(c)诉请事项的重要性。"②在澳大利亚,对于这一较高证明标准的表述与英美有所不同,该标准被称为"令人满意或信赖的证明"(Satisfactory or believing)。③ 这一证明标准不仅普遍适用于非犯罪性质事由的民事案件,而且也可适用于涉及犯罪指控的民事案件。例如,在 Heltonr v. Allen 一案中,赫尔滕被指控谋杀其妻罗希,在被害人的遗嘱中,被告是遗产的主要受益人。在刑事第一审中,被告被裁决有罪,上诉法院则撤销该裁决;重审中,被告人被判无罪。随后,被害人亲属提起剥夺被告人遗产利益之诉,在诉讼中寻求证明被告人谋害被害人的事实,以剥夺其遗产继权。陪审团裁决被告人犯非法杀人罪,被告不服上诉,高等法院否决了有关赫尔滕刑事审判所获无罪裁决对其民事审判仍有效的论点,但裁定重审,理由是虽然在一个民事案件中,法官指导陪审团对犯罪的指控适用排除合理怀疑标准的做法不正确,但该案中,法官指导陪审团可以在盖然性权衡的基础上作出裁决,而未告知陪审团应考虑对被告指控的性质和程度也是错误的。④ 从中可见,在澳大利亚,对于民事诉讼中涉及犯罪指控的案件,既无需达到排除合理怀疑的标准,但也不可限于盖然性的权衡,所应适用的证明标准,与其他严重民事指控的标准类同。

(四) 英美法系民事证明标准的基本特征

上述英美法系三个主要国家有关民事证明标准的实际状况,是从三国具

---

① Sir Richard Eggleston, *Evidence*, *Proof and Probability*, 2nd ed., Weidenfeld and Hicolson, 1983, p.132.

② Mike Redmayne, "Standards of Proof in Civil Litigation", *The Modern Law Review*, Vol. 62, No.2 (1999), note 74, p.180.

③ Mike Redmayne, "Standards of Proof in Civil Litigation", *The Modern Law Review*, Vol. 62, No.2 (1999), p.177.

④ Sir Richard Eggleston, *Evidence*, *Proof and Probability*, 2nd ed., Weidenfeld and Hicolson, 1983, pp.131-132.

有代表性的判例中所进行的实证分析,虽然这些判例仅是英美法系国家浩瀚的司法判例海洋中之沧海一粟,但仍足以反映这些国家民事证明标准的概况和主要特征。尽管三国有关民事证明标准的表述及变化有所不同,但它们所共有的原则和特征则是显见的。

第一,英美法系各国的民事证明标准总体上实行较低的证明标准即盖然性大于0.5的标准。英国和澳大利亚称之为"盖然性权衡或盖然性占优"的标准,美国称为"优势证据"标准。各国表述虽稍有不同,但都属于同一层次的证明标准,其基本精神在于要求指控主张存在的可能性大于其不存在的可能性。由于这一证明标准所具有的典型性和普遍性的特征,甚至被英美法官称为民事案件的唯一证明标准。① 即使对民事诉讼中严重指控(非犯罪与犯罪指控)的证明,有的英美学者认为这一证明标准仍然适用,而不存在任何更高的标准。英国证据法学家摩菲指出:盖然性权衡与那些用于支持权衡的指控证据的数量和说服力存在明显差别;后者可以合法地被认为随争议事项的不同而有所不同,而前者仍保持不变。在大多数案件中,不管涉及何种心理推导过程,结果是相同的。正如丹宁大法官在 Bater 一案所说,关于证明标准观点的区别,也许仅仅在于用语问题。② 在他看来,在民事案件中,指控愈重,指控事实发生的可能性就愈小,就需有更有说服力和可信赖的证据,才可能在盖然性基础上进行权衡。因此,在此情形下,证明标准并未改变,而仅在于对证据的要求提高了。这种观念在英美等国均有一定的认同感,也从一个侧面反映出盖然性权衡标准的普适性。

第二,在坚持民事证明标准总体不变的原则下,又强调因指控或争议的性质和结果不同,证明标准在一定范围的可变性。在英美法系各国,虽对民事案件中指控或争议事项较严重的情况所应适用的证明标准有某种不同的

---

① 例如上诉法院大法官米莱特声称:"在民事案件中,唯一的证明标准是:盖然性权衡的证明,证明事实从不需要达到超过盖然性权衡的程度"。沃德大法官也称:"在 Re H 一案中,参议院关于所有民事案件证明标准的观点是一致的:基于盖然性权衡的普通民事证明标准。Mike Redmayne, *Standards of Proof in Civil Litigation*, The Modern Law Review, Vol. 62, No.2 (1999), pp.176-177.

② Peter Murphy, *Murphy on Evidence*, 6ᵗʰ ed., Blackstone Press Limited, 1997, p.116.

声音,但从上述三国司法判例来看,对于这类案件适用的证明标准实际上是一种较高的标准,而非仅为用语上的区别。对于该类证明标准的表述,英美法系各国有所不同,英国称为"灵活性的证明标准",美国称为"清楚和可信赖的证明"等,澳大利亚则称为"使法官满足和信赖的证明"。这类证明标准的核心在于法官或陪审团对于负有证明责任一方主张的证明,非盖然性权衡所能满足,而需对这一主张的存在产生更高的可信度。由于这一证明标准本身处于变动之中,同为指控严重的案件,也有程度上的差别,对这一标准是否达成的判断,全凭事实裁判者根据个案的情况加以考量。但英美等国强调对这一较高证明标准的衡量,不在于证据或人证的数量,而在于裁判者对证据质(证据的清楚和可信赖性)的把握,裁判者的职业素养、社会经历、司法知识和证据认知能力等将决定其裁断质量的高低。

第三,对民事诉讼涉及犯罪性质指控的证明标准,英美法系各国均不采刑事证明标准。英国大法官丹宁明确指出,在民事法庭,不适用像刑事法庭如此高的证明标准,即便案件被认为具有犯罪指控的性质。英美法系各国的司法判例大多反映了这一证明标准的精神。[①] 不采刑事证明标准的原则是英美民事证明标准的一大特点,我们可以将其理解为民事诉讼与刑事诉讼的一种重要界分。但对这类案件的证明标准是否较其他较重民事指控(非犯罪指控)更高则不然。从英美司法实践的总体上看,两者的证明标准是趋同的,并不因民事诉讼的犯罪指控较其他非犯罪性质的民事指控重,而在证明标准上要求更高。事实上,在英美法系国家,民事证明标准的高低主要在于指控所产生的最终后果的轻重。有的涉及非犯罪性质争议事项(如通奸而产生的离婚诉讼)的民事案件,较涉及犯罪指控的民事案件(如杀人产生继承权的有无)而言,因所涉民事权益的性质不同,前者产生的后果可能重于后者,事实裁判者在证明标准的掌握上,对前者可能要求更高。

---

① 如英国 Post Office v. Estuary Radio Ltd (CA) [1968] 2QB740,Hornal v. Neuberger Products Ltd[1996]AC 563 等有关涉及谋杀、对子女性犯罪的民事案件,以及澳大利亚 Briginshaw v. Briginshaw [1938] 60 CLR 336 等继承权案件。

三、我国民事证明标准的理解和选择

(一) 现行民事证明标准及改革主张

我国民事诉讼的证明基本是探寻客观真实的过程。《民事诉讼法》第 2 条将保证人民法院查明事实作为民事诉讼法的基本任务之一。该法第 67 条又规定:人民法院应当按照法定程序,全面地、客观地审查核实证据。因此,我国目前的民事证明标准,可以表述为"证据确实充分,事实清楚",也就是所谓的客观真实的标准。很显然,这一证明标准,不仅高于前述英美法系各国的一般民事证明标准,且高于其刑事证明标准,属于近乎绝对真实的最高标准。该标准因司法者及诉讼相关人的认识能力及实际条件的限制而不具有的现实性和可能性,且与司法正当程序的理念及私权高度化的民事诉讼自治原则精神的悖离在科学性和合理性上也有所欠缺。有学者指出:"在通常情况下,民事诉讼应当实行高度盖然性的证明标准。……即法官基于盖然性认定案件事实时,应当能够从证据中获得事实极有可能如此的心证,法官虽然还不能完全排除其他可能性(其他可能性在缺乏证据支持时可以忽略不计),但已经能够得出待证事实十之八、九是如此的结论。在例外情形下,民事诉讼可以实行较高程度的盖然性证明标准。"[1]由此看来,民事证明标准改革的走向,占有优势的主张乃为高度盖然性的标准。

高度盖然性的证明标准与英美等国排除合理怀疑的刑事证明标准相似,仅次于绝对真实的最高标准。必须指出,证明标准的改革是带普遍性的诉讼制度的变革,既涉及民事诉讼领域,更关涉刑事诉讼领域。当前刑事诉讼证明标准改革的主导观点在于推动类似于英美国家排除合理怀疑标准在中国的建立。[2] 两种不同诉讼领域的证明标准改革,可能的结果是殊途同归,即实

---

① 李浩:《民事诉讼证明标准的再思考》,《法商研究》1999 年第 5 期。

② 持有此种观点的学者并非主张在中国建立与英美法系国家完全相同的刑事证明标准,而是强调现行客观真实的证明标准必须加以变革,代之以与英美刑事证明标准相当的证明标准。有关观点参见卞建林、郭志媛:《论诉讼证明的相对性》,《中国法学》2001 年第 2 期;陈卫东、刘计划:《关于完善我国刑事证明标准体系的若干思考》,《法律科学》2001 年第 3 期;等等。

行一种共有的证明标准——高度盖然性或排除合理怀疑之标准。但如前所述,民事诉讼采刑事诉讼的证明标准显然不具有合理性。

其一,悖离原被告双方的利益均衡原则。在民事诉讼中,由于诉请或争议的事项性质所决定,原被告利益居于对等与对称的状态之中,保护原被告的利益同等重要。如果实行高度盖然性标准,将导致对原告的不利,致使原被告双方利益的均衡被打破,诉讼公正难以体现。

其二,可能导致较多的错判。现行民事诉讼所实行的客观真实的证明标准,因标准过高,原告往往因举证不力导致败诉,实际上对原告错判有扩大之势,诉讼机制对原告保护的不公已十分显见。对现行证明标准改革的重要思路之一在于,改变对原告不利的局面,减少对原告的错判,实现原被告利益的均衡。而目前所主张的高度盖然性标准,虽较原有客观真实标准低,但诉讼基本导向仍在于真实和可靠,对证据的要求也很高,在推行这一标准过程中,仍可能因对原告证明要求的苛刻而导致对原告错判的增加,证明标准改革也将难以收到实效。

其三,诉讼成本仍很高。高度盖然性标准较客观真实标准减少了一定诉讼成本,但由于该标准仍是一个很高的证明标准,整个诉讼成本的高投入现状不会有实质性的改变,加之对原告错判的增加而产生新成本投入的增加,实际上远未实现民事诉讼成本最优化的目标。而中国目前诉讼资源有限性的现实又进一步制约了这一证明标准推行的可行性。

其四,高度盖然性标准与原被告具备的诉讼条件不相适应。这里指的诉讼条件主要是调查取证的手段和条件。如前述,刑事案件多数属于公诉领域,侦控机关拥有优势的诉讼资源可调配,调查取证手段和条件也更为优越,足以支持其对案件证明达到较高程度。而民事诉讼因其私诉性质,原被告根本不具备刑事诉讼控方的条件和手段,在取证上,均有很大的不便和困难,虽然高度盖然性标准较客观真实标准低,但仍要求证明达到相当的可信度,实际上诉讼双方尤其原告的举证仍很艰难。因两种诉讼的取证条件各异,强求两种证明标准的一致性,显然有失合理性。

（二）我国民事证明标准的选择

我国民事诉讼基本证明标准究竟应作何选择？通过对民事证明标准基本原理的阐释和分析，英美法系各国实行的盖然性权衡或优势证据标准作为一项基本民事证明标准具有其合理性和科学性，从应然和理性的角度看，将我国基本民事证明标准定位于盖然性权衡并无不当，也是顺应民事证明标准一体化国际潮流的一种选择。但我国民事证明标准的变革，又不可不关注中国的司法现实，可以说，从实然的角度看，推行这一基本民事证明标准尚欠应有的根基而显操之过急：第一，一改过去客观真实的标准而直达盖然性权衡，这一标准转变的跨度实在过大，大多数法官及诉讼相关人可能因缺乏应有的心理准备，而产生对这一标准适用的不适应；而且这一标准放宽了定案证据的使用，加大了司法推导的成分，也可能对法官产生一种误导或错觉，忽视对案件基本证据的把握，办案的责任感和主动性锐减，相应处理案件的随意性和情绪化上升，甚至可能为司法腐败提供土壤，导致更多的司法不公。第二，一般而言，证明标准愈低，法官判断案情的难度也愈大，对法官的要求也就更高，法官必须根据仅有的证据和材料，作出适当的判断。法官在盖然性权衡基础上的判断，主要在于法官的经验和阅历以及对裁判规程、司法推理等的熟练运用。我国法官职业素质和专业技能有待提高是不争的事实，如果硬性推行这一明显"过低"的盖然性权衡标准，实际上将法官过去依赖于事实、证据和当事人判案的做法，委诸于法官自身的经验、能力和技巧，实难为法官所承受。所以，盖然性权衡的证明标准固然合理，但鉴于当今中国的司法现状，这一基本民事证明标准的推行缺乏应有的现实性。

笔者认为，我国确立一个恰当的基本民事证明标准实际上在于标准选择上的应然与实然、理性与现实性的统一和兼容。一方面适应民事证明标准合理化的发展方向，吸纳民事证明标准定位低于刑事证明标准的基本原则，以实现原被告利益的均衡和司法公正，提高诉讼效率，降低诉讼成本，保证民事司法的方便和快捷；另一方面鉴于中国法官职业素质的现实和驾驭审判的实际能力，又不可推行"过低"的民事证明标准，以防止法官处断案件的随意性而导致新的司法不公现象以及当事人的过度诉讼而导致的讼累。因此,当今我国基本民事证明标准的合理选择既非高度盖然性,也非盖然性权衡的伯仲之间,而需寻求一种兼有两者之优的中等证明标准,该证明标准与英国的"灵活性证明标准"、美国的"清楚、可信赖证据的标准"相类同。它既不要求法官通过证据间的相互印证、环环相扣形成证据锁链,排除一切可能性,而得出案情的唯一结论;也不要求法官通过证据排除一切合理的怀疑,得出高度盖然性的结论。对这一证明标准的把握在于证据的较高可信度,即要求证据或人证是清楚的和可信赖的,通过证据运用和合理的司法推理,所得出的结论是可靠的或有较高的盖然性。当然,对这样一种中等证明标准的把握,如同其他证明标准,也难以量化,仍需法官根据个案的情况加以掌握。一般情况下,只要所判断的案情较盖然性权衡程度稍高一些即可。但对于民事案件中争议事项的性质或后果较重的情形如虐待产生的子女抚养诉讼或严重因素导致的离婚诉讼等,以及民诉中涉及的犯罪指控,笔者认为,鉴于这类民事案件所关涉的当事人利益或名誉重大,以及裁判者对这类案件判断的固有心态,实行更高的证明标准即高度盖然性标准较为稳妥。虽然这一标准与刑事证明标准相同,也许被认为有混淆民诉与刑诉界分之嫌,但这一做法与指控或争议事项性质和后果愈重,相应证明标准愈高的基本原理是一致的,也较符合民众对这类案件的心理感受。

（三）推行新民事证明标准的保障

当代中国民事证明标准变革所选择的路径在于借鉴英美等国的经验,但这种经验能真正为我所用并产生实效,必须有与之对应的基础和条件作为支撑。

第一,培育现代的中国职业法官。如前述,证明标准愈低,事实判断难度愈大,法官灵活性和主动性发挥的空间愈大,对法官的职业要求也就愈高。在我国实行相对较低的民事证明标准,必然涉及对法官职业化的要求问题。这种职业法官应具备两项条件:一是法官的专业化和技术化水平。主要指法官对专业技能、经验、阅历的把握和对现代司法规程、证据规则、司法推理、判例法等理论知识和实践的掌握。二是法官良好的人格和品行。这实际上要求法官排除私心杂念和个人感情好恶，居于客观中立的立场处断案件。唯有事实裁判者的中立性，才有事实结论和案件处断结果的公正性。在英美法系国家，"法官不应对自己的盖然性观点施以任何影响。他的职责不是陈述其是否认为在已提供证据的基础上原告所主张事实存在的可能性大于不存在的可能性，而是一个陪审团作为理性的人是否能认为盖然性权衡的结论倾向原告一方"①。这里所强调的事实裁判者的理性，也就在于其中立性，也是裁判者品行修养的主要表现。

第二，建立和完善初步可行的民事证据规则和制度。为抑制较低民事证明标准之下法官自由裁量的任意性和武断性，保证法官裁断案情更大的准确性和合理性，需建立和完善相应的民事证据规则和制度：一是涉及证据资格或能力的规则，如排除非法证据规则、排除传闻证据规则、品格证据规则、意见证据规则、证人作证规则等。这些证据规则确立的主要目的在于通过对证据的过滤，将与案情无涉或不实的证据排除于法庭之外，确保法官所依据的证据具有更大的可信度。二是有关证据证明力的一些规则和制度。一般而言，证据的证明力大小由法官自由判断，但根据经验法则，有的证据可通过立法或司法解释形式为法官的判断提供指导。如1998年最高人民法院颁布的《关于民事经济审判方式改革问题的若干规定》第27条有关法官判断数个证据的效力问题规定，"物证、历史档案、鉴定结论、勘验笔录或者经公证、登记的书证，其证明力一般高于其他书证、视听资料和证人证言；证人提供的对与其有亲属关系或者其他密切关系的一方当事人有利的证言，其证明力低于其他证人证言"。另外，有关直接证据与间接证据、电子证据与非电子证据的证明力大小等问题均可以根据司法实践的经验逐步加以补充和完善。但需指出的是，有关证据证明力大小的预设易粗不易细，且对法官判断案情仅起参照作用，而非定案的依据，法官仍需坚持以可信赖和清楚的证据为原则。

---

① Richard Eggleston, *Evidence*, *Proof and Probability*, 2ⁿᵈ ed., Weidenfeld and Hicolson, 1983, pp.137-138.

第三,适当采用司法推理的原理。适用相对较低的民事证明标准,司法推理运用的频率会有所增大。这种推理建基于经验法则之上,具有较高的可信度,由于减少了举证和质证,又可提高诉讼效率,节约诉讼成本,在英美等国刑民案件中普遍被采用。例如,一封有正确地址、贴有邮票并被寄出的信函被视为已完全地送达给了收件人;又如,在婚姻持续期间妇女所生婴儿,被视为其丈夫的合法子女;等等。这些推理原理均是司法经验的总结,有较高的实用价值。必须指出,推理的结论必须在未有相反证明或相反证明不足之情形下才能成立。我国司法推理方法的建立,需要法院在借鉴英美较为成熟的推理原理的同时,在实践中逐步积累经验,并将成熟的推理原理转化为司法解释或判例的形式,供下级法院参照,既发挥司法推理的应有效用,又防止对推理的滥用,保证证明标准的一致性。

第二节 英美法系刑事审判的思想基础与刑事证明标准

一、审判程序正义理念及其对诉讼真实的影响

(一) 程序正义理念

在英美法系各国,刑事诉讼的正当性和诉讼制度及证据规则的完整性和合理性倍受推崇,其刑事审判所涵括的理念也最为丰富和具有理性化色彩。根据英国《布莱克威尔政治学百科全书》的解释,审判是指"(法院)在案件中,对有关各方之间的权利分配问题作出有拘束力的裁决,而这些权利被认为原则上已为现行法律所确定"①。美国《法律词典》将审判定义为:"对有关双方的争议事项,通过既定的法律或事实程序,由一个有权法官主持进行涉及证词提供等调查,其目的在于解决这一争端。"②后一定义进一步延伸了审判的含义,但前后两种有关审判的解释基本上是相同的,审判被视为法院解决特

---

① 参见陈瑞华:《刑事审判原理论》,北京大学出版社1997年版,第1页。
② See Steven H.Gifis, *Law Dictionary*, Barron's Education Series, Inc., 1975, p.212.

定争议各方之间利益争端的法律活动。为了确切地说明审判的基本内涵,美国法哲学家戈尔丁进一步提出审判所必备的六项要素:(1)存在着一种特定的争端;(2)特定的争议各方卷入争端之中;(3)一个独立于争议双方的第三方(the third party)参与并主持对争端的解决;(4)举行听证,届时双方将有关证据和主张向第三方提出;(5)第三方通过宣布一项裁决解决争端;(6)裁决须建立在实体法所确定的原则和规则基础之上,并顾及双方在听证时所提出的证据和主张。① 戈尔丁对审判诠释的要义也在于,一个中立的裁判者(法官)在法律规则之基础上,以裁决的形式对双方争端所作的解决。有关审判的解释,既是对审判性质的揭示,又是对审判价值目标的界定。换言之,审判(包括刑事审判)的终极意义仅在于对双方纠纷的解决而不应有其他的追求,这是审判本身的意义所决定的,是一种符合诉讼规律的价值理念。

但是双方的纠纷如何才能得到解决或顺利解决而不至于因争执不休久拖不决或争讼再起? 对此,戈尔丁认为:“裁决纠纷和作出判决——实际上这是强加一种解决——并不是第三者的任务,相反,第三者对当事人所作的处理是双方都情愿接受的,尽管也许有点勉强。”②解决纠纷的实质在于双方当事人对纠纷解决方案能够自愿接受,而非被迫接受。双方当事人对纠纷解决方案的接受,最主要源于法院所作裁决的权威性和可信赖性。英国学者马克白曾说:“法官绝对要求的一切就是解决所有摆在他面前的纠纷的权威性”③。一项裁决的权威性不仅倚重于裁决对控辩双方乃至整个社会的法律约束力,以及该裁决的终局性和确定性,更主要体现在它的法律尊严性和不可动摇的特性,从而双方当事人不论心理上对这一裁决是否满意,都必须服从和遵守。裁决的可信赖性是与其权威性相辅相成的概念,当事人在内心对裁决虽不一定满意,但相信其合理性,并放心地加以接受。应该说,裁决的可信赖性强化了裁决的权威性,使之能够在实践中较为顺利地实施。

---

① 参见陈瑞华:《刑事审判原理论》,北京大学出版社 1997 年版,第 1 页。
② [美]戈尔丁:《法律哲学》,齐海滨译,生活·读书·新知三联书店 1987 年版,第221 页。
③ 转引自[美]戈尔丁:《法律哲学》,齐海滨译,生活·读书·新知三联书店 1987 年版,第215 页。

　　裁决的权威性和可信赖性是双方当事人对纠纷解决方案能够接受并能履行的关键,但如何保持裁决的权威性和可信赖性?戈尔丁认为:"冲突中的个人之所以把纠纷提交第三者,是由于对他的中立性有着共同信任,这一般来说是取得成功结果的必要条件。"①"作为公平的一个主要方面的第三者的中立性,在所有形式中都是至关紧要的。"②法官的中立性要求在裁判中消极居中,不偏不倚,这是法官裁判受到尊重并具有可信赖性的前提。埃尔曼曾指出:"当法院详查当事人提交的证据时,除非它展示一种客观性的氛围,它的决定将得不到尊重,而这种尊重对于有效地解决冲突来说是不可或缺的。这里的问题不是法官独立于政治权威之外,而是法官不受任何一方当事人的支配。"他也表达了对法官中立性的关注。戈尔丁在解释法官的中立性时,指出中立性"首先是一种维护对等的形式下的开放性和容纳性;其次,则是在对一方当事人解释另一方的观点时,或在表明一项要求的合理性或不合理性时,或在提出达到一致途径时的客观性和公允性"③。可见,法官的中立性实际上就是一种有关公正或公平的概念。在此,我们完全可以把法官的中立性置于法官解决诉讼纠纷的整个程序公正的大题之下。有关纠纷双方当事人(包括刑事诉讼的控辩双方)对纠纷解决方案的接受,应该认为在于以法官的中立性为表征的整个程序公正性为最高准则。④"程序公正尤其对纠纷的审理和解决的实现方式有决定性影响,也对第三者接受和使用劝导性纠纷的材

---

　　① [美]戈尔丁:《法律哲学》,齐海滨译,生活·读书·新知三联书店1987年版,第221、222、232页。

　　② [美]埃尔曼:《比较法律文化》,生活·读书·新知三联书店1990年版,第162页。

　　③ [美]戈尔丁:《法律哲学》,齐海滨译,生活·读书·新知三联书店1987年版,第243页。

　　④ 关于程序公正的理论,戈尔丁提出适用不同诉讼形式的程序公正应具备的九项指标:(1)与自身有关的人不应该是法官;(2)结果中不应含纠纷解决者个人利益;(3)纠纷解决者不应有支持或反对某一方的偏见;(4)对各方当事人的诉讼都应给予公平的注意;(5)纠纷解决者应听取双方的论据和证据;(6)纠纷解决者应只在另一方在场的情况下听取一方意见;(7)各方当事人都应得到公平的机会来对另一方提出的论据和证据作出反响;(8)解决的诸项条件应以理性推演为依据;(9)推理应论及所提出的论据和证据。参见[美]戈尔丁:《法律哲学》,齐海滨译,生活·读书·新知三联书店1987年版,第240—241页。这些程序公正的指标实际上可以归纳为三个方面:纠纷解决者的中立性、诉讼双方当事人的平等性和纠纷处理依据的合理性。而其中最为关键的指标是纠纷处理者的中立性,程序公正的其他指标均出自于并受制于此。

料有决定性影响。"①程序公正对纠纷解决的这一决定性意义,应视为符合程序公正的中立法官的活动对案件所作出的裁决结果,无论在事实认定还是法律适用上是否公正即所谓的实体公正,都是应该而且能够被接受的。因为"正义不应当只是被实行的,也应当是被看见要实行的……对这样一种程序来说,正义的行使反而会有不公正的结果……比方说当一项不公正的法律决定着法官判决的时候。"②

(二) 程序公正与诉讼结果真实

解决纠纷的程序公正性,也可称之为程序的合理性(程序理性),而一项诉讼程序是否合理或所遵循的诉讼程序是否正当,取决于是否有一套诉讼的程序法律规范、证据规则、对抗制机制、判例法依据等对法官的裁判活动加以约束,以保持客观的公正性和中立性的目标。伯尔曼曾指出:"司法正义的诸多理想凭借它们(法律的各项仪式即立法、适用法律等)在司法、立法和其他仪式中的种种象征标记而得以实现,在此过程中,它们根本不是被当作实现某种功利目标的工具,而是被奉为神圣之物,根本不是充当抽象的理念而是人所共享的情感。"③他进一步指出:"在任何一个社会,法律本身都促成对其自身神圣性的信念。它以各种方式要求人们的服从,不但诉诸他们物质的、客观的、有限的和合理的利益,而且还向他们对超越社会功利的真正、正义的信仰呼吁,也就是说,以一种不同于流行的现世主义和工具主义理论的方式确定法的神圣性。"④因为在当代法律理论中,将法律理解为道德或正义的分支,并且法律的根本要素是其与道德或正义之原则的一致性。⑤ 在特定的诉

---

① [美]戈尔丁:《法律哲学》,齐海滨译,生活·读书·新知三联书店1987年版,第231—232页。

② [美]戈尔丁:《法律哲学》,齐海滨译,生活·读书·新知三联书店1987年版,第209—210页。

③ [美]伯尔曼:《法律与宗教》,梁治平译,生活·读书·新知三联书店1991年版,第48页。

④ [美]伯尔曼:《法律与宗教》,梁治平译,生活·读书·新知三联书店1991年版,第44页。

⑤ 参见[英]哈特:《法律的概念》(第三版),法律出版社2021年版,第56页。

讼领域内,法律是各方利益的忠实捍卫者。因而程序的合理性应归属于程序的合法性。只要纠纷解决活动符合内含公正理念的法律规则,就具有程序的正当性和合理性,就能够赢得双方当事人的尊重和理解,并进而接受这一裁决结果。所以,诉讼双方当事人对纠纷解决方案的接受出于对诉讼合理性的依赖和预期,尽管程序的合理性也有赖于整个诉讼结果的真实性或真理性的因素,但相对于以达到双方接受为宗旨的纠纷解决的诉讼理念而言,不再是唯一因素。最重要的是,确立一套"神圣"的法律规则(诉讼本身就是一种法律活动),并不折不扣地加以推行,使诉讼纠纷的解决成为诉讼正当化法律活动的必然结果,当事人双方对这一结果将能够接受,尽管不一定对结果感到满意。正如美国学者托马斯·弗兰克所言:"法官在作一项判决的时候,并不是在宣明真理,而毋宁是为了解决问题在作试验,如果他的判决被上级法院推翻,或者随后就被驳回,那并不意味着判决有误,而不过是说,它不能(或者由于时间的关系变得不能)尽如人意罢了。"①

以当事人对纠纷解决方案能够接受作为诉讼最大化的价值目标,这是对诉讼活动本身符合正当程序的法律属性所得出的必然结论,其以诉讼的现实性和可行性为支撑:一是刑事司法活动是相关主体的思维活动,人本身对案件事实的认识能力阻碍了其对客观真实的认知。英国证据法学家摩菲指出:"司法审判不是寻求审查被调查的过去事件(即案件)的最终真实性,而是确立一种回复过去事件可以被接受的正确的可能性。因人类自身的经验属性所决定,不可能以科学或数学的确定性探究过去事件的真实性。"②美国学者庞德也指出:"法令承认提供的事实并根据事实来宣布指定的法律后果。但是事实并不是现成地提出给我们的。确定事实是一个充满着可能出现许许多多错误的困难过程。错误认定导致过许多错判。"③二是诉讼效率与追求客观真实的矛盾。追求诉讼效率也是诉讼所固有的价值目标。"真实诸如其他

---

① 〔美〕伯尔曼:《法律与宗教》,梁治平译,生活·读书·新知三联书店1991年版,第42页。

② Peter Murphy, *Murphy on Evidence*, 6th ed., Blackstone Press Limited, 1997, p.2.

③ 〔美〕罗斯科·庞德:《通过法律的社会控制》,沈宗灵译,商务印书馆1984年版,第29页。

一切美好的事物一样,如果不明智地被崇尚——过于热衷地去追求,也许付出的代价过于高昂"①。这里存在有限的诉讼资源对发现真实的限制问题,两者事实上存在此消彼涨的反比效应②,法院不可能无限制地投入人、财、物力去追求理论上存在的真实。关于诉讼效率的重要性,庞德曾说:"应当永远记住,正义总是存在于个别的案件中。如果司法机关不能高效率、低成本地运作,在交由它处理的具体诉讼中不能有效发挥作用,那么就谈不上任何实践和理论的完善。"③可见,当一项诉讼活动缺乏效率的时候,所谓的正义(实体正义和程序正义)也就失去了意义。三是追求真实与程序正义价值存在冲突。程序正义与被追诉人的人格尊严和个人自治密切联系。应该说,发现真实与正当程序两种价值均是诉讼的基本目标,如果两者在诉讼中得以兼顾是诉讼正当化的完美体现。但现实中两者存在着固有的冲突与矛盾,尤其在偏重客观真实的情况下两者的平衡必然被打破。除此之外,在英美等国,刑事司法繁重任务量的压力也是抑制真实追求的一个重要因素。通过司法机关授权允许执法机关按照刑事犯罪的影响大小、侦控胜诉的可能性等来分配警力,在此情形下,许多犯罪并不能完全被侦破,裁判程序中发现真实的保护机制因工作量的压力而被削弱。④

在英美法系各国,纠纷解决不以发现客观真实为目标的诉讼价值取向,不仅存在于民事审判活动之中,而且也广泛地反映在刑事司法领域。如在英美广泛实行的辩诉交易制度和有罪答辩制度。前者存在于起诉阶段检察官与被告人之间达成的被告人服罪而减轻或免除刑罚的一种交易,后者为审判

---

① Wayne R.LaFavem, etc., *Criminal Procedure*, 3rd ed., Horn Book Series West Group, 2000, p.30.

② 在英美法系国家,陪审团的听证审理是发现真实的有效途径,但又是成本最高、效率也较低的一种审理方式。如根据英国官方的调查,20 世纪 90 年代初英国刑事法院陪审团听证审理的每个案件,所需时间平均为 7 小时,所花费用平均为 12088 英镑,而在无陪审团参审的情况下,案件的处理所需时间平均为 54 分钟,所需费用仅为 1400 英镑。See *Judicial Statistics* 1992, (Cm2268) Lord Chancellor's Department CHMSO, 1993, p.65; *Costs of the Criminal Justice System* 1992, (Home Office, 1992), Vol. 1, p.16.

③ [美]罗斯科·庞德:《普通法的精神》,唐前宏等译,法律出版社 2001 年版,第 39 页。

④ Wayne R.LaFave, etc., *Criminal Procedure*, 3rd ed., Horn Book Series West Group, 2000, p.31.

阶段被告人自证其罪的一种结案制度。它们均是被告人自愿服罪的原则下,法庭不经过对案件的听证审理,而判决其有罪并从轻处罚的一种速决程序,其适用的案件基本上没有限制。在实践中,依这种制度而作有罪宣判的被告人,实际上有一部分可能是无辜的。① 这是英美法系不以追求客观真实为目标的典型表现,但同时,它又是一种符合英美所倡导的纠纷解决以当事人双方能够接受为理念的诉讼精神,其根据在于当事人的诉讼处分权和意思自治原则。又如在刑事审判中,强调法官的意思自治原则和自由裁量权。按照英美法律规定,法官定案更为强调证据的品质,而非偏重于证据的充分性及证据间的相互印证,其可凭单一证据定案,前提是裁判者相信被告人有罪。再如在程序设计上,英美等国并无发达的再审程序。出于防止双重危险的考虑,严格规定只有被告人才能提起上诉,而且提起的理由也只限于法律问题,不涉及事实问题。检察官及其他诉讼参与人则被严禁提起这一程序。而法官的审理范围受制于起诉范围,以及在庭审中的被动性等均体现了对诉讼程序合理性而非真实性追求的特征。

二、刑事诉讼的法律事实与客观真实

英美法系不以追求客观真实为价值目标,是从双方当事人对通过正当化的诉讼法律活动所作出的裁判能够接受的这一诉讼理念而得出的必然结论,但并非意味着英美法官审判不以事实为依据。必须指出,英美法系各国均无一例外地强调事实在判案中的重要性,只是裁判所依据的事实是通过诉讼法律规范(包括证据规则)的运用而得出的"法律事实"或"形式真实",而非客观事实。正如吉尔兹所言:"法律事实并不是自然生成的,而是人为造成

---

① 英国刑事法院的研究显示:服罪的被告人中有 11% 声称是无辜的,被告人的律师中也有 6% 认为他们的当事人尽管无辜但却服罪,这类案件平均每年有 1400 起左右。See Andrew Sanders Richard Young, *Criminal Justice*, Butterworths London Dublin, Edinburgh, 1994, pp. 345-346. 据英国学者分析,无辜被告人之所以服罪主要基于双重考虑:一方面,大多数被告人对不服罪存在顾虑,被告人不服罪的目的在于获得无罪判决,但不服罪存在一定的风险,因为如果被告人举证不力而最终被判有罪,将因不服罪而受到较重的刑事处罚;而另一方面,服罪虽无疑将被判有罪,但根据英国普通法的原则,被告人所受刑事处罚明显低于不服罪所受的处罚。

的……它们是根据证据法规则、法庭规则、判例汇编传统、辩护技巧、法官雄辩能力以及法律教育成规等诸如此类的事物而构设出来的,总之是社会的产物。"①至于法律事实与客观事实的关系问题,苏力教授认为:"尽管法律事实与客观事实近似,但并不总是相等,甚至总是不能重合。"②笔者认为,英美法官或陪审团所认定的法律事实能够作为解决纠纷的依据而为双方当事人所接受,除法律事实固有的程序正当性外,其所包含的客观真实性倾向也是不容忽视的一个重要因素。法律事实虽不具有客观事实的绝对真实性,但又有真实性的内在品质和要求,它在不断努力地接近客观事实(被告人自愿服罪的除外),只是在诉讼结果上与客观事实有时不能重合而已。这一命题的成立,源于英美法系诉讼(包括刑事诉讼)中的几个重要因素。

其一,法官或陪审团裁判以证据为依据并实行严密的证据规则。美国学者 L.富勒认为,法官在审判过程中必须"仔细收集证据并对各项论点进行讨论……法官作出的决定必须建立在当事者所提出的证据和辩论的基础上"③。对证据的取舍则必须符合证据规则,如排除非法证据规则、排除传闻证据规则、品格证据规则、意见证据规则、证人作证规则等。这些证据规则均是对证据能力或证据资格所作的规制,主要目的在于将与案情无关或不实的证据排除于法庭之外,确保法官依据证据所确定的事实更接近于客观真实。

其二,典型的对抗制审判方式。多数英美学者及法官均将对抗制的审判方式作为发现案件客观事实的有效途径,因为这种审判方式将诉讼的胜败完全系于控辩双方,他们在庭上的举证、质证和辩论的优劣直接决定法官裁决的向背,故这种对抗制审判方式对控辩双方举证和质证是一种激励。有英国法官曾指出:"英国人认为获得真相的最好方法是让各方寻找能够证实真相的各种事实,然后双方展示他们所获得的所有材料……两个带有偏见的寻找者从田地的两端开始寻找,他们漏掉的东西要比一个公正无私的寻找者从地

---

① 梁治平编:《法律的文化解释》,生活·读书·新知三联书店 1994 年版,第 80 页。
② 苏力:《关于对抗制的几点法理学和法律社会学思考》,《法学研究》1995 年第 4 期。
③ 陈瑞华:《刑事审判原理论》,北京大学出版社 1997 年版,第 61 页。

中间开始寻找所漏掉的东西少得多。"①虽然这句话不一定适用于任何案件,但反映出对抗制模式的一个共同规律:在控辩双方正反对抗的较量中,有利于澄清案件事实,而且控辩双方为获胜诉,必然会不惜力地在事实、证据上下功夫。

其三,英美刑事诉讼中的陪审团制。英美陪审团成员均由法律界之外的社会各界层通过抽签的方式产生,这种陪审制成为制约法官、保证司法活动民主化和公开性的一种重要形式。"通过在一切可能的地方将陪审团转化为那些不受人信任的法官的抗衡力量,排除了对有效执行法律所持有的偏见。……它将影响社会的全部利益;每个人都配合工作:它因此渗入生活的全部习惯,它把人类头脑塑造成它的特殊形式,并不断地与正义思想本身相联合……(陪审团)以对被裁决事件的尊重和权利观念来鼓舞各阶级。"②可见,陪审团所具有的公正品质是纠纷获得当事人接受和尊重的重要形式。陪审团由十二名成员组成,其裁决的可靠性也更高,"只要十二名陪审员意见不一致(英国只需 9 名成员意见一致——笔者注),对被告的罪过就存有合理的怀疑,而且则将令人信服地一致宣布被告无罪。"③这表明英美法系的陪审制度也是最大限度发现真理的机制或补救措施。

其四,法律推理。司法中的法律推理属于一种归纳法,推理的过程是从一般原理推导出个别结论。"某些司法程序与法律推理的重要特征经常贯穿于如此众多的法律文化中,从而使人可能得出结论说,存在一种'对程序功能必要性来说是先验的合情合理的通例'"④。例如,一封有正确地址、贴有邮票并被寄出的信函被视为已经完全地送达给了收件人;又如在一起刑事案件中,某人曾经被定罪的记录(即品格证据)所显示的犯罪性质、动机、手段、立法、时空、后果等与现行罪的所有特征完全吻合,该人将被符合逻辑地

---

① 　[英]迈克·麦考韦利:《对抗制的价值和审前刑事诉讼程序》,载《英国法律周专辑》,法律出版社、博慧出版社 1999 年版,转引自陈光中等:《刑事证据制度与认识论》,《中国法学》2001年第 1 期。

②　[美]埃尔曼:《比较法律文化》,生活·读书·新知三联书店 1990 年版,第 182—183 页。

③　[美]埃尔曼:《比较法律文化》,生活·读书·新知三联书店 1990 年版,第 189 页。

④　[美]埃尔曼:《比较法律文化》,生活·读书·新知三联书店 1990 年版,第 161—162 页。

推定实施了现行犯罪。这些都属于"合情合理的通例",即推导中的一般原理。英国有学者认为,这些一般原理或前提之所以能成立,在于人类长期积累的经验所证实,并作为一项普遍的事实为人类所接受。① 美国学者也认为,推理最重要的考虑在于其可能性。大多数的推理能够成立主要是因为法官相信事实 B 的证明从现存的事实 A 中加以推导是完全可能的,而假定事实 A 的真实是合理和节省时间的,除非有相反的证明否定这种假定的成立。② 因此我们有理由相信,推理在解决纠纷中的运用,增强了认定案件事实的可靠性。

其五,确证制度(或补强规则)。确证又称"支持"或"确信",是指法律或实际规则要求某类证据应以另外的独立证据加以确信或支持,以使诸如定罪的结果获得足够的支持。在英美等国,一般情况下,只要法官或陪审团信赖这项证据,就可据此对被告人定罪,而无需其他证据的印证和补强。但对于特殊案件或某类特定证据,法官为保证有罪判决的可靠性,依照法律有权要求控方确证这一证据或指控,或警告陪审团采用某类证据可能出现裁决不准的危险性。在英国,根据 1795 年《叛逆法》第 1 条之规定,除非拥有两个合法和可信赖证人的宣誓,被告人就不应被定罪。1911 年的《伪证法》第 13 条也规定,只基于一个证人声称某人陈述虚假性的证据,该人不构成该法规定的犯罪或者任何其他制定法规定的伪证罪或者教唆他人作伪证罪。另外,英国 1984 年的《道路交通管理法》规定,仅凭一个证人的证据不能认定被告人犯超速驾驶之罪。③ 对于某些可能出于自身需要作证的证人,英美等国都有警告陪审团估价这类证据可靠性的做法。应该承认,确证制度作为英美法系定案标准的一种重要补充,起到了类似安全阀的作用,无疑使运用法律事实定罪的风险降至适当限度。

综上可见,尽管英美法系在司法中定案以法律事实或法律上的真实为依

---

① See Peter Murphy, *Murphy on Evidence*, 6ᵗʰ ed., Blackstone Press Limited, 1997, p.4.

② See John W. Strong, etc., *McCormick on Evidence*, 5ᵗʰ ed., Horn Book Series West Group, 1999, p.520.

③ See Peter Murphy, *Murphy on Evidence*, 6ᵗʰ ed., Blackstone Press Limited, 1997, p.109.

据,但并非是对客观真实的一种悖离。司法活动的法律化本身具有发现客观真实的内在属性,司法者严格按照诉讼法律规则,符合程序理性和规律的要求,其最终所得出的关于事实的结论不仅是安全的,也是能够被双方接受的。

三、英美法系刑事证明标准的内涵及解释

英美法系以追求诉讼中的法律事实为定案的基本导向,一般认为,法官只要按诉讼法律规则(包括证据规则),并符合程序正义内在要求而确定的法律事实就可作为定案的依据,控辩双方当事人均能够接受。但由于英美法系各国诉讼法律规范本身有其弹性的一面,尤其刑事法律规范体系庞杂,普通法、法官规则、成文法相互交织,同时刑事司法更强调经验哲学的作用,法官自由裁量权较大,故在事实认定方面,虽不以追求客观真实为目标,但仍需确定一个实际的事实认定标准,以使诉讼中所得出的法律事实的结论具有一个相对稳定的尺度,既可对法官在定案中认定法律事实加以约束,对当事人接受这种法律事实又可起到一种宣示作用。

正如英国证据法学家摩菲(Murphy)所言,证明标准是对承担证明责任当事人的一种法定要求,不仅是证明责任可以解除的标志,同时也是其获得胜诉的基本前提,而对于事实裁判者而言,则是评判诉争双方胜败的重要标尺。在英美法系国家,由于诉讼性质的不同,刑事和民事诉讼的证明标准有着明显差别。

民事诉讼基本上是探寻事实的有限可能性过程。在民事案件中,"法律所要求的证明标准只是达到证明的一种权衡,或者一种优势的可能性,即是说,只要显示承担证明法定责任的当事人所主张事实的真实性较之其不真实更可能就足已"[1],并不要求其诉讼主张达到较高的真实程度。在这一证明标准之下,裁判的差错是不可避免的,但是"一个对原告的错误裁判不会比对被

---

[1]　Peter Murphy, *Murphy on Evidence*, 6th ed., Blackstone Press Limited, 1997, p.109.

告的错误裁判更糟糕"①。这是由民事诉讼中双方当事人所保护利益的财产性质决定的,对原告和被告的错判所产生的结果是相同的。但刑事案件的情况就与之不同。在英美国家,整个社会已明确宣示:"一个无罪的人被判有罪所造成的损害,要比一个明知有罪的人而无罪释放严重得多。"②如上所述,一个被错误定罪的被告人所遭受的生命、自由和良好声誉的损害通常比一个民事案件的错判所造成的损害更为严重。所以,对刑事案件的证明标准即控方的有罪证明标准,在普通法和相应的成文法中均要求达到一个更高的程度——排除合理怀疑。关于确立排除合理怀疑的正当理由,美国联邦最高法院曾在一项判例中指出:"一个当事人所享有的最高价值的利益——刑事被告人的自由,通过将劝说事实裁判者作出排除合理怀疑的有罪结论的证明责任加于控方,将可以减少对被告人误判的差错率。"③美国有学者认为,确立这一证明标准,也许增加了刑事案件错判(有罪者被无罪释放)的数量,但却达到了减少对无辜者错判数量的价值目标。

(一) 排除合理怀疑的理解

何为排除合理怀疑呢?④ 应该指出,在英美法系,排除合理怀疑并未存在

---

① John W. Strong, etc. , *McCormick on Evidence*, 5th ed. , Horn Book Series West Group, 1999, p. 516.

② John W. Strong, etc. , *McCormick on Evidence*, 5th ed. , Horn Book Series West Group, 1999, p. 516.

③ Speiser v. Randall, 357 U.S.513, 525~526(1958).

④ 实际上,在英美法系国家,有关刑事证明标准存在两种表述形式:一种是普遍采用的排除合理怀疑的表述形式。这种表述形式在许多场合已得到英国参议院的认同,并将其作为英语中普遍使用的一种语言表达形式。但有些学者对此提出了批评,认为法官在向陪审团解释合理怀疑的性质时,会产生一定困难,由于对合理怀疑解释上的误解,可能产生不必要的上诉。另一种是法官或陪审团对控方的指控感到满意,以至于相信被告人有罪的表述形式。英国参议员柯达德(Goddard, C.J.)赞同这一表述形式。在 R. v. Summers(1952 年)的案件中,他对这一表述所进行的解释中说:"如果一个陪审团被告知衡量证据是他们的职责时,就是看他们是否对这些证据感到满意,以至于信赖他们所作出的有罪裁决,换言之,这种表述比合理怀疑的表述要好得多。我希望将来采用这种表述。"但从目前的理论和实践来看,英美等国仍普遍采用排除合理怀疑的表述。See Peter Murphy, *Murphy on Evidence*, 6th ed. , Blackstone Press Limited, 1997, pp. 110~111.

一个明确、清晰的法律界定,法学家和法官们也未给出一个准确的解释,总体上看,这一概念具有模糊性或灰色性的色彩,因为这一标准很难用语言加以表述,需要法官根据个案的具体情况加以界定和把握。英国枢密院曾强调:"任何形式的词语和实际范例都难以成功地用作表述这一标准。"①在英国法官看来,排除合理怀疑的模糊性能够使法官在裁决中处于主动,如果对该标准给予明确的界定(实际上精确的表述非常困难)或者法官主动作出解释,可能会对陪审团的判断造成误导,同时也可能为被告人所利用,导致不必要的讼累。1976 年 R. v. Ching 的案件中,英国上诉法院称:"我们指出和强调,如果法官停止试图定义这一几乎不可能定义的标准,那么被告人上诉的案件将会更少。"②一般而言,在审判中未向法官提出解释该标准的要求,法官自然不会对这一标准作出解释,但是,如果向法官提出了这一要求,法官是否有义务对该标准加以解释或定义呢? 这是一个有争议的问题。"比较明智的看法是这一问题的解决在于法官的自由裁量,通常法官都会拒绝履行这一义务,除非陪审团本身要求一个充分的解释。"③据此,关于法官对该标准的解释,有一点是肯定的,法官不主动解释证明标准属于一种司法惯例,只有在陪审团提出要求的情况下才会打破这一惯例。所以,尽管英美法系的排除合理怀疑标准具有模糊性特征,但陪审团在裁决中可以通过法官的指导并通过对先例及证据规则的遵守,而真正落实这一证明标准。

　　排除合理怀疑虽难以用话语作出精确或量化表述,但作为一种定案的标准或尺度,其所具有的基本内涵仍是能够解读的。1947 年米勒诉社会保障部长的案件中,丹宁勋爵对排除合理怀疑的证明标准曾有过一段经典的叙述:"案件证明不必达到确信,但它必须具有高度的可能性。排除合理怀疑的证明并不意味着采取一种捕风捉影式的怀疑。如果这一标准承认一种臆想的可能性而损害了司法的进程,那么法律将不能保护社会。如果该证据是如此

---

①　Peter Murphy, *Murphy on Evidence*, 6th ed., Blackstone Press Limited, 1997, p.111.

②　Peter Murphy, *Murphy on Evidence*, 6th ed., Blackstone Press Limited, 1997, p.112.

③　John W. Strong, etc., *McCormick on Evidence*, 5th ed., Horn Book Series West Group, 1999, p. 517.

有力地指控某人,以至于对该人有利的事实仅存在遥远的可能性,从而对该人有利的事实将以这样一句话而被忽略,即当然对他有利的事实也是可能的,但这种可能性实在渺小,这起案件就被证明排除了合理怀疑,但如果缺乏这一标准,没有任何裁决被认为是有充分根据的。"①这段话明确表明排除合理怀疑所具备的两个特征:一是排除合理怀疑实质内涵在于指控的犯罪事实存在高度的可能性,或高度盖然性,有的学者说成是陪审团对控方提出的证据感到满意,据此相信被告人有罪。既然对被告人犯罪的指控持相信态度,那么法官或陪审团并不是确信或确证被告人有罪。因为相信不等于确信,确信是对事实的绝对肯定。排除合理怀疑所排除的是法官有正当根据的怀疑,得出的结论是一种高度盖然性的结论,它并未排除一切可能的怀疑,否则得出的结论将是唯一的,即确信其所认定的事实,这有违英美法系对诉讼法律真实价值的追求。二是排除合理怀疑,虽是法官或陪审团内心对事实的信赖,但不是对事实主观臆想或任意作出的,不能称为一种主观标准,而某种程度上更是事实判断的一种客观标准②,具有相当高的可信度。因为法官必须排除所有合理的疑点而非个别怀疑的阴影。对于辩护方所阐述的主张,"无论这些主张的可能性看上去有多遥远,陪审团也必须考虑这些可能性,除非这些可能性是如此遥远,以至于陪审团相信他们能够安全地忽视这些可能性"③。

---

① Richard May, *Criminal Evidence*, London Sweet & Maxwell, 1986, p. 55.
② 龙宗智教授认为,无论是"内心确信"还是"排除合理怀疑",都是着眼于认识主体的主观思维。因此,这种标准也可以称作一种主观标准,适用这类标准所产生的认识也不免带有一定的主观性。参见龙宗智:《我国刑事诉讼的证明标准》,《法学研究》1996年第6期。对此,笔者有关英美法系定案依据法律事实的论述已经说明,诸如裁判所依据的证据及证据规则、对抗制审判方式、证明确证制度、司法推理等因素的存在,这种法律事实具有发现客观真实的特性。应该看到,认定案情在一定程度上是一种认识活动,即一种主观见之于客观的思维活动,客观事实需要人的主观判断去把握。认定案情首先是法官的一种主观思维活动,中国法官对案情的认识也不例外,不能因为人的主观思维活动,就认为定案是一种主观标准。实际上,该学者也提到英美法官定案也需依据证据和推理,而非恣意判断,但仅以该标准所强调的法官主动性的表面化特征就将英美法系的证明标准归为主观标准则是欠考虑的。
③ Richard May, *Criminal Evidence*, London Sweet & Maxwell, 1986, p. 55.

（二）排除合理怀疑对案件事实证明的内在机理及适用价值

在英美法系,有关排除合理怀疑标准在发现真实中的内在机理,主要强调以下两个因素:一是排除合理怀疑所依据的证据须具有原始性(Originality)和可靠性(Authenticity)。在刑事证明中,"证据的可靠性和原始性是影响证据分量的最终因素,从而在法律上对具有这类属性证据的承认将不会有怀疑","对提出证据的当事人,仅仅应被要求基于可靠性或原始性确立表面上的证据确凿(prima facie case)"①。可见,排除合理怀疑所依据的证据并不在于证据数量上的充分性,也不要求达到证据间的相互印证,而需要法官对证据可靠性和原始性的把握。证据的原始性决定了证据的可靠性,英美等国所实行的排除传闻证据规则,就在于确保定案证据的原始性,严格执行这一证据规则是法官对证据正确把握的前提。除此之外,法官或陪审团对证据可靠性和原始性的考量源于对单个证据在理由上的掌握。"没有提供理由的证词,那么,置于法庭和陪审团面前纯粹的事实和证词仅仅是一种观点。"②尤其在证词相互冲突的情况之下,要求证人对其提出的观点(事实)说明理由显得尤为重要。"除非提供证词所包含的观点及其推导的基础,法庭和陪审团就不能衡量证词,以判断所得出的结论是否可靠。在当代,大多数法院在要求证人提出理由和提出反对时,法庭就要问,'你打算为你已提出的观点提供理由吗?'如果回答是肯定的,那么,这一证词被认为不仅是可承认的,而且是乐意被接受的。"③当然,证人所提供的理由是必须使法官或陪审团信服的,对对方提出的观点应有说服力的根据加以反驳,"如果不能对其观点提供好的论据,通常会因所掌握的证据被排除而导致败诉。"④另外,美国证据法学者华尔兹

---

① Peter Murphy, *Murphy on Evidence*, 6th ed., Blackstone Press Limited, 1997, p.113.

② Albert S. Osborn, *The Problem of Proof*, 2nd ed., Professional/Technical Series Nelson-Hall Inc.,1975, p. 51.

③ Albert S. Osborn, *The Problem of Proof*, 2nd ed., Professional / Technical Series Nelson-Hall Inc., 1975, p. 51.

④ Albert S. Osborn, *The Problem of Proof*, 2nd ed., Professional / Technical Series Nelson-Hall Inc., 1975, p. 52.

兹教授认为,参照已有判例对类似证据价值的评判标准也是法官认识证据相关性进而确定其可靠性的重要依据。①

二是使法官或陪审团相信犯罪的每个因素(或环节)没有疑点。在英国,根据普通法的规则,"证明被控犯罪的每个因素和因此认定被告人有罪证明的法定责任,自始至终归于控方"②。也就是说,要使法官或陪审团对其指控的犯罪达到排除合理怀疑的标准,控方所提证据不仅应是可靠和原始的,而且必须使犯罪的每个因素(或环节)得以这样的证据加以证明。同时对于被告方进行的辩护或解释,控方也须以有力的论据证明其不能成立,以使法官或陪审团排除对控方指控的怀疑,达到证据表面确凿的标准。在美国,1970年联邦最高法院也明确指出这一正当程序的条款:"防止被告人被定罪,除非定罪建立在构成被告人被指控犯罪的每个必要事实的证明达到了排除合理怀疑的程度。"③应该明确的是,这里的犯罪因素或环节,应该是与定罪有关的犯罪构成基本要件及重要的量刑情节,其中主要是犯罪行为是否存在以及犯罪是否由被控人所为这样的基本事实。如果通过控方举证,法官或陪审团仍对被告人有罪指控存有合理的怀疑,法官依此足以指导陪审团作出无罪裁决。

排除合理怀疑标准被英美法系视为一种认定事实合理的证明标准。一方面,因刑事案件所关涉的被告人自由、生命、尊严等权益的绝对重要性,出于保护被告人不被无辜定罪的现实考虑,不能采用民事诉讼中的盖然性权衡或优势证据的标准;另一方面,刑事案件又不可适用太高的证明标准,达到对犯罪指控确信无疑的程度,即所谓的客观真实,这种标准所缺乏的现实性、可行性以及可能引发的对正当程序的危害已为人所共知。故排除合理怀疑的标准在刑事案件中应是一种证明标准的适当选择。这一标准消解了上述两种证明标准自身无法克服的缺陷。美国有学者在评价这一证明标准时曾指出:"排除合理怀疑标准的运用对于促使社会对刑法实施的尊重和依赖是必要的。刑法的道德力量不因对证明标准的掌握而使人们怀疑的无辜者被追

---

① Jon R. Waltz, *Criminal Evidence*, Nelson-Hall Company(Chicago), 1975, p. 51.

② Peter Murphy, *Murphy on Evidence*, 6ᵗʰ ed., Blackstone Press Limited, 1997, p.100.

③ In re Winship, 397 U.S.358, 364 (1970).

究所消磨是至关重要的。在我们社会中,同样重要的是从事通常事务的每个人相信政府不能在未使适当的事实裁判者相信其具有犯罪的最大确定性的情况下判决其有罪。"①这表明排除合理怀疑具有最大限度地发现真实的基本特征,说明这一标准仍是一个很高的案件证明标准,对于保证被告人获得公正审判和刑法价值的实现都具有十分重要的意义。

第三节　我国刑事证明标准的思想基础与变革思路

一、我国现行刑事证明标准生成的思想渊源

在学术界,伴随对西方各国刑事证明标准的关注而产生的对我国现行刑事证明标准的反思,是学界研讨的一个特点。从论争的趋势上看,主张变革刑事证明标准的观点占有上风,但也有一部分学者固守原有刑事证明标准。②有学者牵头曾草拟的刑事证据法专家意见稿,其中有关刑事证明标准的设计,仍基本上维持原有的表述。该意见稿的草拟虽不是一种立法活动,但意见稿的基本内容实际上反映了立法部门的倾向性意见。正因学界出现固守我国传统刑事证明标准与借鉴西方法治国家尤其英美刑事证明标准内涵的两种主张,刑事诉讼法修改中在坚持原有刑事证明不变的前提下,适当吸收了部分学者倡导借鉴英美法系证明标准的观点。

根据《刑事诉讼法》第 55 条的规定,总体上,我国刑事案件的有罪证明标准是案件事实清楚,证据确实充分。而衡量这一刑事证明标准须具备以下三个条件:一是定罪量刑的事实都有证据证明;二是据以定案的证据均经法定

---

① Ronald L. Carlson, *Criminal Justice Procedure For Police*, The W. H. Anderson Company, 1973, p.92.

② 陈光中教授的《刑事证据制度与认识论》(载于《中国法学》2001 年第 1 期)和徐静村教授的《我的"证明标准观"》(2001 年中国诉讼法年会论文)两文在对待刑事证明标准问题上的基调是一致的:以唯物主义认识论为基础,坚持原有的刑事证明标准,即事实清楚,证据确实、充分。只是前者强调证明对象和案件轻重的不同,证明标准也应有所区别;而后者认为在坚持证明标准现有表述不变的情况下,还应注意法官判断案情的主观因素,做到认定事实反求于心,以法律良心和司法公正的理性,确信自己的证明结论。

程序查证属实;三是综合全案证据,对所认定事实已排除合理怀疑。尽管衡量这一有罪证明标准的一项重要条件中借鉴了英美法系的排除合理怀疑因素,其意图在于,证明标准的衡量中需要融入裁判者自身的主观判断,但我国刑事案件的有罪证明标准总体上仍是案件事实清楚,证据确实充分。这一证明标准在整体刑事诉讼中一以贯之。《刑事诉讼法》第 162 条、第 176 条和第 200 条对侦查终结移送起诉、提起公诉和有罪判决等主要诉讼阶段对案件事实的查明或证明均明确要求做到"犯罪事实清楚,证据确实、充分"。如《刑事诉讼法》第 200 条规定:"案件事实清楚,证据确实、充分,依据法律认定被告人有罪的,应当作出有罪判决;证据不足,不能认定被告人有罪的,应当作出证据不足、指控的犯罪不能成立的无罪判决。"在刑事司法实践中,以事实为基础是刑事司法活动最基本的原则,2020 年最高人民法院《关于适用〈中华人民共和国刑事诉讼法〉的解释》第 295 条进一步规定:"对第一审公诉案件,人民法院审理后,应当按照下列情形分别作出判决、裁定:(一)起诉指控的事实清楚,证据确实、充分,依据法律认定指控被告人的罪名成立的,应当作出有罪判决;(二)起诉指控的事实清楚,证据确实、充分,但指控的罪名不当的,应当依据法律和审理认定的事实作出有罪判决;(三)案件事实清楚,证据确实、充分,依据法律认定被告人无罪的,应当判决宣告被告人无罪;(四)证据不足,不能认定被告人有罪的,应当以证据不足、指控的犯罪不能成立,判决宣告被告人无罪;(五)案件部分事实清楚,证据确实、充分的,应当作出有罪或者无罪的判决;对事实不清、证据不足部分,不予认定……"

立法和司法长期坚持上述具有客观性的刑事证明标准,以至当今对刑事证明标准修正的呼声高涨之时,仍固守这一标准,因而有必要探寻这一刑事证明标准赖以生存的基础,以及维持现状的深刻思想动因。这是研究现行我国刑事证明标准的一个基本出发点,也是探索这一刑事证明标准优化的基本思路之一。应该说,追求客观真实的刑事证明标准具有十分牢固而强大的思想理论根基,并且成为推行这一刑事证明标准的动因。有学者在论及新中国证据制度的理论基础时,就指出:"辩证唯物主义认识论,揭示了人类认识自然、认识社会的最普遍的规律。它也当然地成为我国诉讼证据制度的理论基础。"①另有学者认为："辩证唯物主义认识论是指导人们认识客观世界的唯一科学的理论,是我国证据制度的指导思想。"②辩证唯物主义认识论中最核心的要素为反映论和可知论。按照辩证唯物主义观点,反映论认为物质是第一性的,意识是第二性的,物质决定精神,意识是物质的反映,强调从物质到精神、从客观到主观的认识路线。而可知论则认为人的认识可以提供客观世界的正确图景,即意识能够正确地反映物质。③ 由于人的认识来源于客观世界,人的认识又能正确地反映客观世界,以这种唯物主义为指导,在刑事案件的认定中,就必然要求刑事证明标准达到客观真实。应该承认,辩证唯物主义作为一种理论和思想,对刑事证明标准的确立产生了深远影响,为现行证明标准的推行提供了坚实的理论前提和依据。由于辩证唯物主义这一理论命题所固有的巨大影响力和决定力,加之在刑事诉讼立法和理论中的传统表述,使人们自然地相信我国现行刑事证明标准产生的根源在于辩证唯物主义认识论,或者说唯物主义认识论是我国现行刑事证明标准确立并得以固守的根本性的思想源泉和基础。④ 笔者认为,辩证唯物主义认识论是我们分析现行刑事证明标准的一种工具或方法,它对现行刑事证明标准只是一种表象的作用,既为这一刑事证明标准的确立提供了一种理论依据,也对这一证明标准的推行起到某种程度的补强作用。但如果将其作为现行刑事证明标准产

---

① 陈一云主编:《证据学》,中国人民大学出版社 1991 年版,第 95 页。

② 陈光中主编:《刑事诉讼法学》,中国政法大学出版社 1990 年版,第 154 页。

③ 卞建林、郭志媛:《论诉讼证明的相对性》,《中国法学》2001 年第 2 期。

④ 我国目前大多数学者在论及现行刑事证明标准之成因或对这一证明标准的改造时,均以认识论作为批评的对象或切入点加以分析。如苏力教授《关于对抗制的几点法理学和法律社会学思考》一文在论及我国司法实践中重视客观事实而轻视法律事实的现象的原因中,指出"这不仅是因为我们先前的过于简单化了唯物主义的认识论,而且因为与询问制审判方式相联系的其他制度因素"。陈瑞华教授《刑事诉讼的前沿问题》一书中也说:"对于刑事诉讼中的证据规则,辩证唯物主义认识论显然发挥着较为重要的影响。首先根据中国现行的刑事诉讼法,公安机关提请批准逮捕书、人民检察院起诉书和人民法院判决书,都必须忠实于事实真相……这些规则都体现了'实事求是',尊重案件真实情况的精神。"在他看来,定案中追求客观真实的不合理现象导源于辩证唯物主义认识论的思想基础,并以此为立论前提,提出刑事诉讼证明活动不是一种简单的认识活动,而有其独特的诉讼规律。

生的一种机理性根源,则难以成立。

必须指出,某一事物的生成和发展是一个历史过程,应将事物的发展变化作为一个整体加以考虑,而不能割断历史,这是符合辩证法思想的。现行刑事证明标准的生成也很难从现实生活中去寻找答案,这一标准的定在虽有其理论背景,但作为一项制度的产生自有非常深厚的思想文化根源,对于这种思想文化的认识,必须通过追溯历史来考察。

在中国,诉讼(包括刑事诉讼)的价值目标与英美国家存在质的差异性。诉讼源于当事者之间的纷争,诉讼的目的在于解决他们的纷争,即所谓"定分止争"。这与英美法系对诉讼的看法并无二致,但这仅是诉讼的一种表象,如果向其深层推进,中西方则存在泾渭分明的区别。在中国,诉讼的实质价值目标有更深层的内涵。"诉讼"一词本身就有其不同寻常的含义。"诉"意味着"告"也,即告诉、控告。而"讼"根据辞书解释,其意就有 7 种之多,与"诉"相连的"讼",则指"争"也,即争辨是非,如争讼、聚讼。① 如果把"诉讼"一词连起来理解,即为当事者向专门机构控告,由其辩别是非曲直,公断处之。另外,"法"字的起源也颇具意味,法在古代写作灋,《说文解字》解释为:"灋,刑也,平之如水,从水;廌,所以触不直者去之,从去。""廌,兽也,似山牛,一角。古者决讼,令触不直。"②虽然对灋的解释所体现的证据制度有不同理解,但表明远古时代,人们就将诉讼视为分辨是非、曲直、善恶的重要途径。我国古籍《周礼》记载:"凡民讼,以地比正之;地讼,以图正之"。③ "凡以财狱讼者,正之以傅别、约剂。"④这里讲的"正",即正明,正理之意,也可引伸为明是非、辨曲直。我国封建时期的《唐律疏议》规定:"诸疑罪,各依所犯,以赎论",并称:"疑,诸虚实之证等,是非之理均,或事涉疑似,傍无证见,或傍有闻证,事非疑似之类。"《唐律疏议》进一步说明:"疑罪,谓事有疑似,处断难明。"⑤据此,一人犯有疑罪,是非不清,处断难明,但仍可以犯罪论并处以赎刑。而对于无疑

---

① 《辞海》(上),上海辞书出版社 1985 年版,第 878 页。
② 陈一云主编:《证据学》,中国人民大学出版社 1991 年版,第 54—55 页。
③ 《周礼·地官·小司徒》。
④ 《周礼·秋官·士师》。
⑤ 陈一云主编:《证据学》,中国人民大学出版社 1991 年版,第 73 页。

之罪,则属于是非分明,处断无疑。故可以如此认为,中国古代的诉讼价值目标是以解决纠纷为表征,对纠纷双方作出有关是非、善恶、曲直等正反两极的伦理道德评价。但诉讼何以辨别是非、善恶、曲直,并对纠纷作出正确的伦理道德评价?除在历史上曾有过一段神明方式以辨是非、曲直之方法外,司法者查明案件的真相是实现这一价值目标唯一而合理的途径。常言道:"事实胜于雄辩","摆事实讲道理",这里"事实"就是一种客观事实,而"道理"则应指是非、善恶观。如果事实不清,则道理不明,也就难以以理服人。在这种或隐或现的朴素伦理道德观引导之下,应该说,中国整个古代社会对狱讼的处理总体上都致力于发现客观真实。

在西周时期,"听狱之两辞","两造具备,师听五辞,五辞简孚,正于五刑"。① "以五声听狱讼,求民情。""五辞"与"五听"相同,即辞听、色听、气听、耳听、目听,民情则指案情,用察听、五辞之方法,辨明其陈述真伪,据以定案。虽然这些做法对查明事实有局限性,并有唯心之特征,但在当时的历史条件下,是一种发现真实的思想体现。秦王朝时期,《睡虎地秦墓竹简》的《封诊式》中的《讯狱》一节规定:"凡讯狱,必先尽听其言而书之,各展其辞,虽知其訑,勿庸辄诘。其辞已尽书而无解,乃以诸者诘之。诘之又尽听书其解辞,又视其它无解者以复诘之。"②其中心意思是,审讯案件,必须听取受审人的陈述,作出记录。如果口供有诈,应在记录完毕后加以提问。通过审讯和提问有助于发现矛盾,进而澄清真伪。在盛唐时期,《唐律》中的《断狱律》又规定:"诸应讯囚者,必先以情,审察辞理,反复参验。"《唐律疏议》对此注解说:"依狱官令,察狱之官,先备五听,又验诸证信。"③显然,审狱不仅要依五听,而且还应有其他证据与之相互印证,表明唐时在认定事实上更为谨慎和稳妥。《明会律》及后来的清律在认定事实方面,也有与唐律相类似的规定。

在整个中国封建时期,普遍对被告人采取刑讯方法获取口供,《唐律疏议》有"断罪必取输服供词"之规定,《大元通制》则有"唯众证已明而不款服

---

① 《尚书·吕刑》。

② 《睡虎地秦墓竹简》,文物出版社 1978 年版,第 246 页。

③ 陈一云主编:《证据学》,中国人民大学出版社 1991 年版,第 72 页。

者,加刑问之",明律、清律对疑犯也有笞、杖等刑具拷问的规定。被告人不合拷讯时"据众证定罪"。刑讯的产生,虽有封建专制的一面,但不可否认,查清案情以辨是非曲直,是其初衷,即使在现代社会里,也同样重视口供的作用,并且口供也是衡量案情真伪的重要尺度。但随着刑讯广泛和无节制地使用,刑讯逼供走向了反面,成为封建司法残酷性的象征。古代以事实为基本导向的断狱思想,也体现于对处断难明的疑罪态度。夏朝有"与其杀不辜,宁失不经"的说法,商朝要求对待"疑狱,氾与众共之,众疑赦之"。唐律也规定疑罪以赎论。它们的思想都在于疑罪(疑狱)宽免的精神。这充分体现了诉讼裁断曲直、善恶的价值取向。因为,事实不清,善恶将不明,应慎刑,从宽发落在于从善。

在中国,裁断是非、曲直、善恶的诉讼价值取向并非自然生成,其有自身的产生、发展的轨迹。由于诉讼这一价值评价的对象是争议的行为,而行为是作为主体的人实施的。故对诉讼的这一价值评价首先来自于对人的评价。人性恶论在中国古代法律思想史上占有重要地位,对古代中国法制的走向产生了深远影响。荀子说:"(人的)饥而欲食,寒而欲暖,劳而欲息,好利而恶害,是人之所生而有也,是无待而然者也"[1],并认为"从人之性,顺人之情,必出于争夺,合于犯分乱理,而归于暴"[2]。好利而恶害,即趋利避害是人之本性,屈于人性必然引发纷争和乱序。墨子也说:"一人一义,十人十义","各是其义,以非人之义"。故"天下之乱,若禽兽然"[3]。这里的"义"指意见,因人的意见不合,导致人性的扭曲,天下大乱。管子又说:"夫凡人之情,见利莫能勿就,见害莫能勿避。"[4]商鞅也有"人生有好恶,故民可治也"[5]之说。人性既恶,必有其乱,为治乱,也就需要治乱之制即法律。管子曰:"法者,天下之仪也。所以决疑而明是非也,百姓之所悬命也。"[6]"法者,天下之程式也,万事之

---

① 《荀子·荣辱》。

② 《荀子·性恶》。

③ 《墨子·尚同》。

④ 《管子·禁藏》。

⑤ 《商君书·错法》。

⑥ 《管子·禁藏》。

仪表也。"①可见,法律的价值目标本身在于对人们言行的是非、曲直和善恶的评判。法律的实施则在于使这种价值目标得以实现,即辨清是非、曲直,并对非者、曲者予以惩戒。管子对法律实施的效果曾认为:"法者,所以兴功惧暴也;律者,所以定分止争也"②;并解释说:"一兔走,百人追之,积兔于市,过而不顾。非不欲兔,分定不可争也。"③其意在于,确立明分即规范,将有利于解决纠纷。"古者圣人以人之性恶,以为偏险而不正,悖乱而不治,故为之立君上之势以临之,明礼义以化之,起法正以治之,重刑罚以禁之,使天下皆出于治,合于善也。"④诉讼过程,就是法律自身价值目标的实现过程,诉讼所具有的辨明是非、曲直、善恶之功能,导源于法律的这一价值目标。在刑事司法中,犯罪所具有典型的"恶"的特征,使刑事司法过程始终不偏离于对评判曲直、善恶的诉讼目标的追求。而这一目标的实现,就需发现案件真实,甄别真正犯罪人,正本清源,以利于运用刑罚手段除恶扬善。

应该说,法律的善恶、是非、曲直的评价本应针对行为,而不应指向人,但行为源于人自身,而人性属恶,因此,在中国古代,诉讼尤其是刑事诉讼的价值评判目标也由对行为的评判,实际上演绎为对人善恶的评价,从而产生诉讼的一元化倾向,诉讼成为一种行政化的治罪程序,导致被告人诉讼地位客体化、纠问式诉讼、有罪推定、刑讯逼供的结果。

因人性恶而导致法律对行为的善恶价值评价,进而决定的对纠纷解决的价值评判目标,是一种朴素的诉讼伦理道德观或自然正义观,其经过漫长的社会发展积淀下来,具有深厚的中华思想文化底蕴。作为一种意识形态,已经深植于人们的内心深处,它像一只看不见的手,也许并不凸显于前台,但却不断地牵引现代政策制定者、立法和司法者行为的走向。⑤

早在 20 世纪 40 年代的延安整风运动中,就将"调查研究,分清是非轻

---

① 《管子·明法解》。
② 《管子·七臣七主》。
③ 《商君书·定分》。
④ 《荀子·性恶》。
⑤ 这种诉讼理念一般不会出现在正式的法律文本和法律文书当中,但往往表露于人的思想和言行之中。

重"作为指导方针。当时中共中央发布的《关于审查干部的决定》指出:"调查研究,就是调查与研究每一个人的历史,找出其矛盾,发现其问题。""对于有问题的,一个一个的,予以实事求是的调查研究,禁止主观主义的逼供方法。""分清是非轻重,就是用调查研究的方法,第一分清其是不是两条心的特务,或叛徒,……第二分清其犯罪之轻重"。"每一个被提出的人,虽被提出或被逮捕,但他究竟是不是特务及是轻是重,全靠我们用调查研究方法,收集材料,加以分析,才能清楚,这就是分清是非,分清轻重的任务。"①1955年中共中央在关于肃反工作的指示中又一次强调:"不漏掉一个反革命分子和不冤枉一个好人,分别是非轻重,根本的办法是依靠证据。证据就是人证和物证。证据也有真假之分,所以要经过鉴定。"②中央的这两个文件均将分清是非作为政治斗争和司法工作的核心,并指出分清是非的关键在于调查研究和依靠证据,也就是依靠事实说话。文件的这一精神,显然与上述中国刑事司法传统的伦理道德理念一脉相承,其作为刑事政策被贯彻到刑事诉讼立法和司法之中,对当今中国刑事立法者及司法者的思想产生重要影响。1996年全国人大常委会法制工作委员会对刑事诉讼法修改说明中曾做过这样一种耐人寻味的解释:"我们严禁刑讯逼供,但犯罪嫌疑人对侦查人员的提问,应当如实回答,有罪就有罪,无罪就无罪,罪重就罪重,罪轻就罪轻,是否坦白,是衡量有无悔过表现的一把尺子,坦白可以从宽。"③这段话虽是对否定沉默权制度的解释,但其中所暗含的诉讼价值观可见一斑:"……应当如实回答,恶就是恶,善就是善,恶重就恶重,恶轻就恶轻,是否坦白,是衡量有无认错表现的一把尺子,行善可以从宽。"所以,在立法者的潜意识里,刑事司法在于通过彻查犯罪的有无与轻重以分清是非善恶,并以恶有恶报、善有善报的司法理念来指导具体的刑事处罚。

相比之下,这种刑事司法理念对司法者更具有直接的影响力。最高人民

---

① 巫宇苏主编:《证据学》,法律出版社1986年版,第57—58页。

② 巫宇苏主编:《证据学》,法律出版社1986年版,第58页。

③ 全国人大常委会法制工作委员会:《关于刑事诉讼法制定、修改情况和主要内容的说明材料》,转引自陈瑞华:《刑事诉讼的前沿问题》,中国人民大学出版社2000年版,第207页。

法院负责人曾在纠正错案的问题上指出:"人们总把司法机关看成公平正义的化身,抑邪扶正的使者……司法机关办错案件,会混淆是非界限,对人们行为的法律性质作出错误的评价,本来应受法律保护的却受到了法律的制裁,这就会大大损害社会主义法制的严肃性,破坏法制本身应有的尊严和权威。"①这里,他明确表达了错案(包括事实认定错误)与是非之间的关系:办错案必然导致是非不分,而要辨明是非则必须澄清事实,纠正错案。通过纠错,还事实的本来面目,明辨是非,给人民一个满意的交代,以树立司法和法律应有的威信。在日常司法活动中,我们也常听司法者说,我们不能冤枉一个好人,但也不能轻易地放走一个坏人。这句话所表达的意思也在于,在刑事司法中,通过对某人行为的处理,对其行为及其本人的好坏作出评价,而一个人及其行为是好是坏,则需查明此人是否确已犯罪。

应该看到,这种传统诉讼价值理念,根植于整个社会土壤,既为立法和司法者所固有,也是普通民众的一种根本价值取向。在现实中,我们可以感受到这样一个事实:一方面,司法者揭露和证实犯罪,辨明是非,惩恶扬善,传播正义(自然正义)道德理念,以求民众的理解和支持;另一方面,司法者追求真实又来自于民众伸张正义的伦理道德的内驱力。两者交互作用,使这一传统刑事诉讼理念趋于牢固。因此,我们完全有理由得出这样的结论:上下几千年的中国传统诉讼价值理念是中国当今所坚持的客观真实的刑事证明标准最重要的思想渊源,也是这一证明标准得以固守的根本原因。

二、对中国现行刑事证明标准的评价

对中国现行刑事证明标准,笔者是持批判态度的,这也是目前多数学者所持的共同看法。但这一刑事证明标准究竟存在什么问题? 如何进行批判?有的学者指出:无论从认识活动的属性,还是从诉讼行为的属性来看,诉讼证明都只能达到相对真实,而非绝对真实,进而罗列证明主体、客体、证明时空与资源的局限性,阐明诉讼中不可能达到客观真实的理由。② 有的学者从人

① 肖扬主编:《中国刑事政策和策略问题》,法律出版社1996年版,第282页。
② 卞建林、郭志媛:《论诉讼证明的相对性》,《中国法学》2001年第2期。

的认识能力的有限性和诉讼效率的双重考虑,对追求客观真实的证明标准表示质疑,提出证明标准体系化的方案。① 另有学者通过分析我国司法实践中存在的冤错案及二审、再审改判等现象,得出我国实践中并非坚持客观真实标准,而只是诉讼真实或法律真实的结论,也表达了人自身认识能力的限制而对发现客观真实的制约之意。② 综观学者们的研究,基本上是以辩证唯物主义认识论的相对性所反映的人自身认识能力的有限性而阐释这一证明标准的不合理性,因此,目前学界的探究仍停留于这一证明标准存续的可能性和可行性的问题。但必须承认,这一刑事证明标准在中国刑事司法中得到了长期适用,并未产生太多的问题,也未造成太多的困难,实际运作"正常",很难说其存在存续的可能性和可行性问题。制度的变革来源于实践的变化,故以唯物主义认识论为先导,从证明标准自身表层问题的探寻,难以真正推动刑事证明标准合理化的进程。

笔者认为,对现行刑事证明标准缺陷的认识,不能仅限于表面,而更应触及其深层。如果将刑事证明标准置于一个并不彰显的思想文化背景下考虑,所得出的结论可能要深远得多。而这一刑事证明标准所暗含的思想文化背景,就在于有关善恶、曲直等传统伦理道德(或自然正义)的诉讼价值理念,其与英美法系解决纠纷所体现的追求正当程序的诉讼价值观有着质的差别。前述英美追求正当程序的诉讼价值理念,在于诉讼的合法性或法律性,致力于诉讼过程的程序规则、证据规则的推动和建设,以实现诉讼合理、公平的价值目标,由此纠纷在这一诉讼"法律平台"上所得到的解决也就具有合理性,并为诉讼相关人所接受。当今中国诉讼价值理念,在于解决纠纷的伦理道德性。应该承认,伦理道德无论形式还是内容都不同于法律。法律虽有伦理道德取向的某些因素,但又有其普适性、合理性、可操作性和实用性的显著特征。伦理道德是一种理念化、抽象化的意识形态,其可成为法律的思想基础,但又不同于法律自身,符合伦理道德不一定符合法律的价值和标准。当今中

---

① 参见龙宗智:《我国刑事诉讼的证明标准》,《法学研究》1996 年第 6 期。

② 参见陈卫东、刘计划:《关于完善我国刑事证明标准体系的若干思考》,《法律科学》2001年第 3 期。

国道德化的诉讼价值理念,不仅潜在地牵引着刑事证明标准的确立,同时又通过其决定的刑事证明标准的操作对整个刑事诉讼活动发生作用,产生全局性的影响。善恶价值观决定了诉讼对客观事实的追求,而事实是判断善恶、曲直的唯一依据,只要查清事实,即可满足诉讼的伦理道德准则,不必苛求行为的手段及法律的取向。因此,以这种理念展开的诉讼活动,诉讼的伦理道德性被强化了,而相应地诉讼法律属性则被弱化了,其产生的结果,不仅在于整个诉讼活动对正当程序的偏离和对客观事实所抱有的不切实际的追求,而且因这种诉讼道德价值观所引发的对人自身善恶、是非的评判,又导致了被告人诉讼地位客体化的风险。

所以,对当今中国刑事证明标准的评价不应仅局限于刑事证明标准自身的问题而脱离其生成的整个思想文化背景(暗含的诉讼价值理念)。正因中国刑事诉讼这一思想文化背景的定在,现行刑事证明标准对于整个刑事诉讼体制和实践的影响才得以凸显,而改造这一刑事证明标准才具备更为可行的现实和理论前提。在此,有必要将这一证明标准对刑事诉讼体制与实践正当化和法治化进程所产生的影响作具体分析。

第一,相应证据法律规则难以确立。由于传统善恶、曲直诉讼伦理道德的价值理念与诉讼的法律价值取向不相适应,以这种诉讼道德价值理念所决定的证明标准,表明查明案件的事实真相是符合道德价值的。因此,在认定案情和对证据进行操作处理的过程中,只要出于朴素的是非、曲直观念,遵循辩证唯物主义的一般理论,尽一切可能发现、收集一切真实、充分的证据,并尽一切可能将这些证据用于定案,即可达到这一诉讼价值的要求,而无需确立和遵循证据法律规则。诉讼法律规范的意义仅在于,根据唯物主义的一般理论,规定一些证据运用总的原则和精神,以保证证据的采集和事实认定符合发现客观真实的思想导向,故现行诸多合理的证据规则难以确立。

1.传闻证据排除规则。在英美等国,有关证人的书面证词、侦控官员的询问笔录及他人的口头转述等,如果据此证明该陈述事实的真实性,均为传闻证据,法庭将加以排除。这类传闻证据与我国理论上界定的传来证据类同,在我国被认为是印证其他证据的重要手段,有利于查明案情,故在司法实践中,这类证据在法庭上是被普遍采用的。所以引入传闻证据排除规则,受到来自于现行追求客观真实证明标准的严重阻碍。

2.证人作证的差异化制度。英美法系的证人作证制度,强调证人对作证义务尤其是出庭义务的履行,无疑有利于法庭通过询问、质证,查明案件的真实情况,但证人作证制度中又强调证人作证的差异性,对于某些特定身份的人如被告人的配偶、银行职员、律师、牧师等,又免除其作证的义务,或赋予其作证的豁免权。显然,如此了解案情的人,而又不能作为证人作证,查明案情必然会受相当的影响,故证人作证制度中的某些重要内容与我国刑事证明标准也是相冲突的,要建立现代真正意义上的证人制度存在来自这一证明标准的阻力。

3.意见证据、品格证据规则。这两种证据规则的要义均强调专家、某些职业人员对案情提出的意见以及特定人品格的证据,可以作为支持其诉讼观点或主张的证据而被法庭所采纳。应该指出,这些证据实际上是认识主体的一种经验、感受,或者基于特定人诚信的考虑而接受的,并不能完全保证其客观真实性。因此,依这种证据规则所采纳的证据,也是不能为我国追求客观真实的证明标准接受的。

第二,对抗制诉讼模式难以推行。对抗制诉讼模式是当代司法正当化程序的基本要求。当今中国刑事诉讼制度改革尤其审判方式改革的重要走向是吸收更多对抗制的因素,现行刑事诉讼法也在一定程度上体现了这一改革思路。对抗制的特点在于控辩双方在庭上地位的平等性和调查活动的主动性,以及法官庭审中的中立性和消极性。坚持客观真实的刑事证明标准,公安司法机关必须不遗余力地采用各种手段调查取证,在侦查、起诉阶段必须赋予其广泛的调查取证权如讯问、勘验、扣押、搜查等权力;相反,辩方的权利如向他人收集证据权、查阅卷宗权、律师辩护权等须加以相应的限制,控辩双方因而不具有平等地获取证据的手段和条件。这种双方取证的不均等地位使得庭审一开始双方就不是处于同一起跑线上,双方在庭审中地位的平等性自然被打破,庭审中调查取证的主动性对辩方也不复存在。这种过高的证明标准要求法官的有罪判决所依据的事实必须达到事实清楚、证据确实、充分的程度,又使法官难以真正保持消极、中立立场,以至于在实践中普遍出现所谓法官庭前和庭后阅卷、庭外调查等违背消极、中立立场的现象。由此可见,立法所倡导的带有对抗制因素的庭审方式,因追求客观真实的证明标准的存在并未能在实践中得到有效推行。虽然笔者不能就此得出这一刑事证明标准是阻碍对抗制审判方式推行的唯一原因的结论,但至少是一个重要因素。有学者说:"一旦采纳了对抗制,确实就对我国司法'以事实为根据,以法律为准绳'的原则提出了一些问题。"①采纳对抗制,将相应地改变以事实为根据的原则,即追求客观真实的刑事证明标准;相反,不改变现行客观真实证明标准,则对对抗制的方式产生相应阻碍。

第三,被指控人的基本诉讼权利难以有效确立和落实。正当程序及其相应的对抗制模式,要求赋予并保障犯罪嫌疑人、被告人的沉默权、律师辩护权、律师与被告人谈话内容的保密权等基本诉讼权利。沉默权是被指控人对其不利的提问拒绝回答的权利。律师辩护权则主要包括调查取证权、查阅侦控卷宗权、讯问嫌疑人时的在场权等。上述权利除有维护被指控人自身利益和程序正义,保持控辩地位的基本平衡之意外,关键还在于抑制侦控机关的权力,尤其是侦控机关的调查取证权。必须指出,坚持客观真实的刑事证明标准,侦控机关的调查取证权不仅不能被限制,而且应该充分有效地行使。被指控人保持沉默,侦控机关将无法获取对定案具有重要意义的口供,对证明标准的达成将产生重大影响。而被指控人对律师辩护权和谈话内容保密权的行使,则可能难以获得被指控人的口供或真实口供,也可能丧失对其他相关证据的掌握。因此,赋予被指控人上述基本诉讼权利,加大了司法机关调查取证工作的难度,也加重了控方的证明责任,与司法机关所坚持的客观真实的基本原则是对立的。追求客观真实的证明标准,非但上述被指控人的基本诉讼权利难以落实,而且为获得口供或其他实物证据,不惜采用非法方法包括刑讯逼供方法,这又进一步侵犯了被指控人所享有的人身权、隐私权等基本人权。

第四,辩护律师的职业定位及辩护作用难以划定和发挥。律师作为一种

---

① 苏力:《关于对抗制的几点法理学和法律社会学思考》,《法学研究》1995年第4期。

社会自由职业者,与委托人的关系实际上是一种契约关系,既已收取他人的费用,就应尽力为他人服务,其辩护的优劣在于运用规则和手段的能力。如果律师不尽职,不仅违背职业道德,而且也违反双方的合同。就刑事案件辩护而言,"一个律师如果愿意的话可以替一个他明知有罪的人辩护而没有什么不妥。……他可以出庭替一个他明知有罪的人辩护并接受酬劳而不感到良心的谴责"。因为"他的罪不应在一个律师事务所里私下予以决定,应遵循正当法律程序在法庭里公开加以判定,假如被告人所请教的每一位律师都因为他看上去有罪而拒绝接受办理该案件,那么被告就犹如在法庭之外被判有罪,因而得不到法律所赋予他的受到正式审判的权利"①。由此可见,辩护律师的职业不是犯罪事实发现和揭露者的角色,而是事实发现阻碍者的角色。②诉讼所倡导的法律真实而淡化客观真实的基本原则,使庭上依据程序和规则所确定的事实存在许多可变因素,这又为辩护律师职能的发挥提供了更大空间。但现实情况是,辩护人(尤指律师)则一直被理解为被告人利益的代表和司法共同体的一员,由此决定了其职责的两面性:一方面代表被告人的利益参加诉讼,尽其所能为被告人争取利益;另一方面又须站在司法共同体的立场上,以事实和法律为依据,维护其合法利益。对辩护律师的这种理解与现代辩护律师的职业特性是相悖离的,这种误导除社会政治、文化背景因素外,在法律和实践中坚持实事求是、追求客观真实的诉讼原则,不能不说是主要原因。一切以事实为根据,忠于事实真相,不仅是司法者的天职,也是辩护律师的职责,律师不可能违背事实或在阻碍事实被发现的立场上为被告人提供辩护,在此情形下,辩护律师的角色必然被弱化,其在庭上运用规则和语言上的技巧,也要受到极大限制。所以,固守追求客观真实的证明标准,辩护律师

---

① [美]朗·L.富勒:《相对制度》,陈若桓译,载于哈罗德·伯曼编:《美国法律讲话》,生活·读书·新知三联书店1988年版,第26—27页。

② 在英美等国学者看来,如果辩护律师能阻止对被告人不利的事实被揭露,他就是一位成功的律师。他们认为,律师所从事的一切,在于捍卫正义的永恒原则、文明的根基和当事人的利益。他所采用的斗争方式与墨鱼保护自己的方法没有什么两样,即让水变色或把水搅浑,使得另类看不见任何东西,以使自己免受损害。See Albert S. Osborn, *The Problem of Proof*, Professional / Technical Series Nelson-Hall Inc., 1975, p.71.

的职业定位将难以真正的改变,其在庭上的辩护也将打折扣。

第五,该刑事证明标准的不确定性,阻碍了案件处理和适用法律的统一性。这一证明标准要求司法者所认定的案情做到事实清楚,证据确实、充分,应该说这只是一种案件证明的要求,或者说是一种道德价值取向,而非是证明标准或尺度。作为标准或尺度掌握,太过抽象、庞统,缺乏可操作性和确定性,因为何为客观真实?判断标准是什么?由谁来判断?能否仅从我们的主观愿望出发来判断?① 与此同时,也未形成一套可行的证据规则和程序规则对司法者判断这一证明标准予以约束,因此,这一空洞的证明标准为司法者个人主观判断案情提供了更大的自由度。可以说,这一看似客观性的标准其实在更大程度上是司法者的一种主观标准,不同的司法者有不同的衡量标准,其结果是案件证明标准的不统一,产生案件实际处理的不统一,最终导致整个刑事诉讼活动适用法律上的不统一②,从而严重阻碍了诉讼法治化的进程。

在相当长的一段时期里,现行刑事证明标准的实施对司法活动所产生的负面效应已为司法者和学者所关切。新刑事诉讼法对这一标准做过一定"改良",即无罪裁判的证明标准不再坚持事实清楚,证据确实、充分,只需有罪指控的证据不足,就可认定被告人无罪,即所谓"疑罪从无",但有罪判决仍坚持上述客观真实的证明标准。疑罪从无,实质上是一种反向证明,以无罪推定为原则,强调控方的完全证明责任,对被告人无罪的证明标准不仅不要求达到客观真实程度,甚至也无需排除合理怀疑,实际上是一种较低的证明标准,其目的在于最大限度地保护被告人的切身利益。或许有人认为,疑罪从无已对无罪事实的认定放宽标准,出于保护无辜被告人不受刑事追究的根本利

---

① 陈卫东、刘计划:《关于完善我国刑事证明标准体系的若干思考》,《法律科学》2001 年第 3 期。

② 据 1999 年数据显示,当年全国法院受理刑事一审案件共 540008 件,而受理刑事二审案件就达 78862 件,依刑事审判监督程序受理案件则有 11668 件。其中检察机关依审判监督程序提起抗诉的案件有 7837 件,法院依法改判的有 1725 件。由此可见,刑事案件二审、再审率较高,且案件纠错率也较高。这说明在刑事审判尤其在刑事一审程序中,对于相当一部分案件的处理,不同法院在证明标准的理解和掌握上确实存在较大差异,而这种具有主观随意性的证明标准的运用,是导致案件认定上的偏差和法律适用上的不统一的内在原因。

益,有罪认定的原有标准则应固守不变,正如有学者指出:"犯罪事实清楚,证据确实充分较之排除合理怀疑更能有效地防止无罪的人受到追究和枉判,更具有人权保障价值。"①

笔者认为,首先,现行疑罪从无原则的适用不具有普遍性,难以成为证明标准的主流。疑罪从无本身有其不彻底性和难以操作的一面:一是法律规定对疑罪只是"可以"从无,而非应该从无,司法者有很大的自主性;二是对于有罪证据不足的理解,不同司法者有不同的标准。基于此,法院最终通过有罪证据不足而判决被告人无罪的比例,实际上是非常有限的。② 其次,以保护无辜被告人为由,坚持有罪判决的客观真实证明标准也是站不住脚的。应该承认,证明标准主要指有罪的证明标准,其决定了刑事证明标准的性质和价值取向,如果这一证明标准不变,也就谈不上整体证明标准的改变。不可否认,现行有罪证明标准具有保护无辜被告人不被定罪的根本利益因素,但这一相当高的有罪证明标准对被告人利益的实际危害大于对被告人利益的保护。上述这一刑事证明标准的负面影响中已显明,司法者过于追求客观真实必然导致对被告人辩护权、沉默权等权利行使,以及律师辩护的抑制作用甚至因非法取证而侵犯人权。同时强调客观真实,有关对被告人不利的二审、再审程序的启动可以畅通无阻,不仅裁判的终局性难以保障,避免对被告人不当处罚的正当程序精神也难以体现。相反,适当调整有罪证明标准并不意味着降低有罪认定标准进而导致无辜被告人被定罪,因为这样一种证明标准也具有发现真实的品格。被告人还可通过诸如二审、再审程序机制对错判进行救济。即便最终的诉讼结果有偏离客观真实的倾向,被告人也已从正当程序的回报中得到了应有的补偿。

---

① 陈光中等:《刑事证据制度与认识论》,《中国法学》2001年第1期。

② 据1999年的数据显示,当年被起诉的刑事案件为540008件,被宣告无罪的被告人为5878人,其中因证据不足指控犯罪不能成立而认定被告人无罪仅为2475人。参见《2000中国法律年鉴》,中国法律年鉴社2000年版,第29—34页。有罪的证明标准要求达到客观真实程度,由于这是一个相当高的证明标准,从逻辑上看,只要有罪指控达不到客观真实标准,就说明对被告人有罪的指控值得怀疑,应按疑罪从无原则认定其无罪。故因疑罪而判为无罪的案件应不在少数。但实际上,许多疑罪也在控方的努力之下被最终判为有罪,说明实践中掌握的证明标准并未达到严格的客观真实程度。

　　总之,中国现行刑事证明标准所体现的道德化诉讼价值理念,并由此而导致对整个刑事诉讼体制的全局性的负面影响,充分表明这一刑事证明标准的不合理性,即对于刑事诉讼符合正当程序的法律理性和诉讼规律的背离,这是当今中国刑事证明标准变革的重要理论前提,也是刑事诉讼各项制度改革必须解决的问题。

三、我国刑事证明标准变革的基本思路

　　应该指出,在诉讼过程中,法律与传统的较量,不是谁灭谁的问题,而是谁应成为主流文化的问题。① 伦理道德的力量可与法律互补,但诉讼过程主要是一种符合法律理性的过程,其中程序的正当性是双方所主要关注的。诉讼的法律理性应成为诉讼的主要特征。如果说现代司法中还存在道德化的习惯因素的话,这种习惯也是最符合法律本质特征,并已融入到符合法律理性的现代判例和司法推理之中,成为法律自身体系的一个组成部分,而非置身于法律之外。由于传统伦理道德观根基的深厚性以及在当代民众生活中传播的普遍性,因此,诉讼法律与道德融合的过程是复杂而艰难的,从而也决定了现行刑事证明标准转变的艰巨性和长期性。这有赖于整个社会背景下的法治从观念到制度上的增强,非诉讼活动本身能够推动。

　　当然,我们不能待法治成熟并进而使传统诉讼伦理道德理念融入正当程序的法律理念之后,着手刑事证明标准的转型,仍应当在这之前有所作为。以当今中国司法的发展趋向来看,实现这种刑事证明标准的转型是现实而可行的。

　　当下学界对于新的刑事证明标准走向的见解总体上是趋同的:借鉴西方

---

　　① 苏力教授指出:"习惯在当代中国社会的司法实践中实际起着重要作用,在特定情况下,甚至可能置换制定法;习惯影响司法的途径是案件当事人以及法官对相关利益的追求,在这一过程中,他们会交错利用制定法和习惯。"(苏力:《中国法律中的习惯》,《中国社会科学》2000年第3期)这里指的习惯实际上是自发的伦理道德或朴素正义的范畴,这是作者对司法现状所作的一种深刻反思,他敏锐地观察到了中国传统道德的深厚性和巨大的影响力,以及道德和常理在纠纷解决中所发挥的作用。这样一些习惯对于解决纠纷的实体问题也许会产生一定的作用。但对于诉讼的程序或纠纷解决方式的影响,也需有效运用诉讼法律规范才可发挥实质性的影响作用。

国家排除合理怀疑或内心确信的标准,但又强调结合我国的实际情况,在具体标准的样式上有所不同。有的学者提出,在我国刑事审判中,法官若作出有罪判决,必须在内心确认被告人实施了被控犯罪行为并且已达到坚信不疑的程度,即所谓的法官内心确信无疑的标准。① 有的学者认为,我国有罪判决的证明标准可以采取两套方案:一种是仍然使用"案件事实清楚,证据确实充分"的表述,但强调是通过庭审对证据的采信而认定的事实,是诉讼真实。另一种是沿用"排除合理怀疑"的表述。② 前一种表述应该说是存在问题的。既然将前者作为有罪证明标准,虽强调是诉讼真实,但在诉讼中,案件事实在什么情况下清楚,证据在什么情况下确实充分,仍然不清楚,容易让人有与原证明标准无异之感。另有学者认为,有罪判定的证明标准应由单一化转向体系化,并提出一个体系下的三个标准:一是总体标准,即证据确实、充分;二是客观标准,即完全的确定性结合高度的盖然性;三是主观标准,即内心确认与排除任何合理怀疑。③ 这一证明标准体系强调证明中的主观与客观、理想与现实的结合与兼容。如果将其作为一个整体看,属于一种折衷的证明标准,但这种标准前后矛盾,难以自圆其说,也未阐明在什么情形下应具体采用什么标准或偏重于何种考虑,在司法中难以具体把握和操作。

基于以上学者有关新刑事证明标准方案设计中所出现的问题,笔者认为,新刑事证明标准的确立,首先应掌握两个基本原则:一是应该对现行不合理的刑事证明标准进行有效而实际地改造。既是"改",就是破旧立新,真正改变原有证明标准的不合理之处,确立一个与之不同的新的证明标准,而不应设计一个似是而非、界限不明的证明标准。这一新的证明标准目标在于,与刑事诉讼正当程序所体现的程序法治化的进程产生良性互动关系,还刑事诉讼本应具有的程序理性和内在的规律性。二是必须考虑到新的刑事证明标准的可操作性。既然是一种标准,就是一种尺度或坐标,能够加以测量和

---

① 卞建林、郭志媛:《论诉讼证明的相对性》,《中国法学》2001 年第 2 期。
② 陈卫东、刘计划:《关于完善我国刑事证明标准体系的若干思考》,《法律科学》2001 年第 3 期。
③ 龙宗智:《我国刑事诉讼的证明标准》,《法学研究》1996 年第 6 期。

参照,因此,这样一种证明标准应是具体的和可操作的。以上学者所提供的刑事证明标准的方案,因界限模糊,或标准过于笼统和概念化,而普遍缺乏可操作性。笔者认为,改革后的刑事证明标准的可操作性主要体现在它的实用和方便,易于司法者把握。当然,标准的可操作性并非将其量化和精确化,英美等国确立的刑事证明标准也不是一个确定性的标准,法律或法学家并未给予其量上的诠释,操作上仍需法官或陪审团把握。出于相同原因,我国的刑事证明标准也应是一种相对具有可操作性的标准。

基于以上综合分析,笔者比较倾向于采纳英美法系所实行的排除合理怀疑的证明标准,因为我国现行刑事证明标准中已将其作为一个重要衡量因素,表明立法界在思想上较为接受通过这一因素来解释和说明我国事实清楚、证据确实充分的证明标准,只是其形式意义大于其实质意义。尽管大陆法系国家的法官内心确信标准与排除合理怀疑标准本质上具有一致性,正如有学者所言,前者为正向证明,后者为反向证明,证明程度都属于高度盖然性。但前者仍较抽象,司法者实际上仍然难以把握,而通常需要运用后者的排除方法加以确立,故后者更易于司法者所掌握。有关排除合理怀疑的基本特征和内容,大体与前述英美的情况一致。但就排除合理怀疑标准的实际操作过程而言,可以给予以下具体解释。

首先,负有举证责任的控方(即公诉人)应先向法庭举证以支持己方的指控。如果控方对该指控提不出证据,辩方(被告人)可以申请对指控无辩可答,按照举证责任规则,控方败诉,法官有权径直作无罪宣判;如果控方对其指控提出了相应证据,法官在听取后,应保有对该指控持合理怀疑的态度。

其次,控方应针对指控存在的被合理怀疑的环节和因素进一步提出证据或论据,以消除这些怀疑,支持自己的指控。如果负有证明责任的控方提不出进一步的证据,消除法官对指控的合理疑点,或在这一过程中,对辩方反驳控方指控所提出的论点和理由,控方提不出相应的证据和理由加以反击,或者这种反击不足以推翻辩方的论点和理由,这就表明控方的指控未达到排除合理怀疑的程度,控方仍将败诉。

最后,如果控方的指控不仅有相应证据支持,而且法官对指控所产生的各种合理疑点以及辩方反驳指控的论点和理由,控方均以足够的证据加以消除或表明其不成立,故该项指控应视为达到了排除合理怀疑的标准,并使法官相信被告人有罪,而获得法官的支持。

从上可见,排除合理的怀疑实际上是分三个阶段展开的,最终达到的排除合理怀疑标准的案件事实,应该说具有高度的可信度。在理论上,它与我国现行证明标准的不同之处在于,后者在事实清楚、证据确实充分的要求下,法官排除的合理怀疑,实际上是排除一切可能性,达至完全的真实,但实际操作中两者又无本质上的不同。因为后一种标准在实践中仍是一种主观标准,主要也在于司法者的主观判断和掌握,对绝对真实的认识将因司法者的能力局限而难以达成。

由于刑事案件的复杂性和多样化,以及这一证明标准的转型所必然带来的司法结构的不适应性,在确立这一证明标准的过程中,应注意解决好以下几个问题。

第一,刑事证明标准的转型应作为一个过程来看待,不可能一步到位。对新刑事证明标准的掌握,实际上在于法官自主性和主动性的发挥,法官的职业素质对这一标准运用的合理性具有决定性意义。从我国现实情况来看,尽管经过不同时期的司法改革,中国法官的职业素质和专业技术水平虽有一定程度的提高,但法官整体水平仍有待进一步提高。从横向看,由于区位条件、历史遗产的差异,法官队伍的职业素养存在区域间的不平衡;从纵向观察,不同层级法院的司法队伍职业素质,也符合规律地由高阶到低阶递减。因此,在筹划现代刑事证明标准的转型过程中,必须顾及中国法院法官的现实情况,采取先试点,待取得成功经验后,再逐步推广,并最终加以确立的做法。从地域来讲,应率先在经济、文化较为发达的东部地区推行这一证明标准。从法院位阶看,在中级以上法院实行这一证明标准较为稳妥。

第二,在坚持排除合理怀疑标准的原则之下,根据刑事案件的轻重和性质应允许在标准掌握上的一定灵活性。英国法官认为:"被指控的犯罪愈重,那么在接受那些涉及对无辜者可能造成危险的证明时我们就应有更多的准备。"①也就是说,愈是严重的犯罪,法官应更加谨慎,对控方指控的证明,要求也更高。在英美等国,在制定法和普通法上对于特定的案件或特殊的证据,要求控方确证的做法证明了这一观点。就我国情况看,对于可能判处死刑立即执行的案件,作为排除合理怀疑标准的一个例外,应达到确证程度。但这一证明标准也非原有的客观真实标准,而是要求法官更为谨慎和小心,其必须有充分的根据在内心确信被告人有罪。

第三,配合排除合理怀疑标准的推行,适当采用司法推理的原理。应该承认,司法推理是人类经验的总结,具有其科学性和合理性,能够提高诉讼效率,节约诉讼成本。但司法推理又是建立在经验法则之上,其推理的结论只是具有较大的可能性,在许多情况下,并未达到排除合理怀疑的程度。因此,出于对其适用安全性的考虑,应限于在案件的次要事实或证据事实上适用,而不能延伸至犯罪实施者是谁等案件的主要事实,但有关巨额财产来源不明罪等经济犯罪除外。同时,司法推理的适用,还应注意掌握以下环节:一是推理必须在现有证据材料的基础上进行,不是主观臆断。二是推理必须依据已存在的普遍原理,而且这些推理的前提或原理必须具有相当的可信性。三是已有充分证据材料证明的事实,不能适用推理方法。司法推理的运用除在于其合理性和效率性外,更为重要的是用其他方法无法证明这一事实。四是司法推理的结论,只有在无反驳证明或反驳证明不足的情况下才得以成立。司法推理方法的建立,需要法院在借鉴英美法系较为成熟的推理原理的同时,在实践中积累经验进行总结,并将其转化为司法解释或判例的形式,供下级法院参照,防止对推理的滥用,保证证明标准的一致性。

第四,初步建立切实可行的程序规则和证据规则。对刑事案件最终处理而言,关键不是建立一个什么样的证明标准问题,最重要的是确立一套公正、合理的程序规则和证据规则,使认定事实和处理案件的过程严格在这一法律规则内进行,案件处理所得出的结论成为诉讼正当化、法治化的必然结果,从

---

① Glan Ville Williams, *The Proof of Guilt*, 3rd ed., Stevens & Sons, 1963, p.188.

而为当事人所接受并达到息讼的目的。虽然合理的程序规则和证据规则的最终确立和完善有赖于刑事证明标准的确立,但如果初步可行的程序规则和证据规则能够在刑事证明标准转型中适时地加以确立,那么对新刑事证明标准的建立将起到提速作用,并使这一既成的刑事证明标准得以稳固。同时将尽量减少新标准出台对刑事诉讼案件处理带来的负面影响和尺度的不统一。对英美法系历史悠久又具有合理性的证据规则和庭审规范,如传闻证据规则、非法证据排除规则、证人作证规则、最佳证据规则、证据确证(或补强)规则、庭审中的交叉询问规则等,可以结合我国的具体情况,有区别地加以吸收。

第五,培育现代的中国职业法官。排除合理怀疑标准的最终确立,需要真正意义上的职业法官的出现。这种职业法官除必备的文化素养、职业道德和良好的声誉等基本素质外,法官的专业化和技术化是其根本标志,其中应具备两项基本指标:一是对于法官所独有的专业技能、经验、阅历的把握;二是对现代诉讼规程、证据规则、司法推理、判例法等理论知识和实践的掌握。职业法官在中国的生成,虽然决定和影响因素具有多样性,但从法官自身建设来看,提高法官的规格是基本途径,如选拔模式的科学化(严格的入门制)、结构的合理化(主要是法官的精英化)、岗位的筛选淘汰制(法官的流动性)等等。总之,中国职业法官的培育是一个较为长期而艰巨的过程,也只有在这一过程中,中国刑事证明标准的转型才得以最终实现。

参 考 文 献

一、译著

[1]《美国联邦刑事诉讼规则和证据规则》,卞建林译,中国政法大学出版社1998年版。

[2]《德国刑事诉讼法典》,李昌珂译,中国政法大学出版社1995年版。

[3]《日本刑事诉讼法》,宋英辉译,中国政法大学出版社2000年版。

[4]〔德〕马克斯·韦伯:《论经济与社会中的法律》,张乃根译,中国大百科全书出版社1998年版。

[5]〔法〕米歇尔·福柯:《规训与惩罚》,刘北成、杨远婴译,生活·读书·新知三联书店2003年版。

[6]〔美〕约翰·罗尔斯:《正义论》,何怀宏等译,中国社会科学出版社1988年版。

[7]〔美〕罗纳德·德沃金:《认真对待权利》,信春鹰、吴玉章译,中国大百科全书出版社1998年版。

[8]〔美〕罗纳德·德沃金:《法律帝国》,李常青译,中国大百科全书出版社1996年版。

[9]〔美〕理查德·A.波斯纳:《法律的经济分析》,蒋兆康译,中国大百科全书出版社1997年版。

[10]〔美〕本杰明·卡多佐:《司法过程的性质》,苏力译,商务印书馆2000年版。

[11]〔美〕理查德·A.波斯纳:《法理学问题》,苏力译,中国政法大学出版社2002年版。

[12]〔美〕理查德·A.波斯纳:《证据法的经济分析》,徐昕、徐昀译,中国法制出版社2001年版。

[13]［美］博登海默:《法理学——法律哲学与法律方法》,邓正来译,中国政法大学出版社 2001 年版。

[14]［美］阿希尔·里德·阿马:《宪法与刑事诉讼——基本原理》,房保国译,中国政法大学出版社 2006 年版。

[15]［美］戈尔丁:《法律哲学》,齐海滨译,生活·读书·新知三联书店 1987 年版。

[16]［美］埃尔曼:《比较法律文化》,生活·读书·新知三联书店 1990 年版。

[17]［美］伯尔曼:《法律与宗教》,梁治平译,生活·读书·新知三联书店 1991 年版。

[18]［美］罗斯科·庞德:《通过法律的社会控制》,沈宗灵译,商务印书馆 1984 年版。

[19]［美］罗斯科·庞德:《普通法的精神》,唐前宏等译,法律出版社 2001 年版。

[20]［美］哈罗德·伯曼:《美国法律讲话》,陈若桓译,生活·读书·新知三联书店 1988 年版。

[21]［日］石井一正:《日本实用刑事证据法》,陈浩然译,五南图书出版公司 1989 年版。

[22]［日］穗积陈重:《法典论》,李求轶译,商务印书馆 2014 年版。

[23]［英］罗杰·科特威尔:《法律社会学导论》,潘大松等译,华夏出版社 1989 年版。

[24]［英］哈特:《法律的概念》,张文显等译,中国大百科全书出版社 1996 年版。

[25]［意］贝卡利亚:《论犯罪与刑罚》,黄风译,中国法制出版社 2002 年版。

二、中文著作

[1]陈瑞华:《刑事审判原理论》,北京大学出版社 1997 年版。

[2]陈瑞华:《刑事诉讼的前沿问题》,中国人民大学出版社 2000 年版。

[3]陈光中主编:《我国刑事诉讼的理论与实践问题探讨》,法律出版社 1987 年版。

[4]陈光中主编:《刑事诉讼法学》,中国政法大学出版社 1996 年版。

[5]陈光中主编:《诉讼法理论与实践》(上),中国政法大学出版社 2003 年版。

[6]陈一云主编:《证据学》,群众出版社 1983 年版。

[7]蔡墩铭著:《刑事诉讼法》,五南图书出版公司 1984 年版。

［8］崔敏主编:《刑事证据理论研究综述》,中国人民公安大学出版社1990年版。

［9］樊崇义主编:《刑事诉讼法学》,中国政法大学出版社2002年版。

［10］刁荣华主编:《比较刑事证据法各论》,汉林出版社1973年版。

［11］高铭暄主编:《刑法学》,北京大学出版社、高等教育出版社2001年版。

［12］李学灯:《证据法比较研究》,五南图书出版公司1981年版。

［13］李心鉴:《刑事诉讼构造论》,中国政法大学出版社1992年版。

［14］龙宗智:《相对合理主义》,中国政法大学出版社1999年版。

［15］梁治平编:《法律的文化解释》,生活·读书·新知三联书店1994年版。

［16］牟军:《自白制度研究——以西方学说为线索的理论展开》,中国人民公安大学出版社2006年版。

［17］宋英辉:《刑事诉讼目的论》,中国人民公安大学出版社1995年版。

［18］孙长永:《日本刑事诉讼法导论》,重庆大学出版社1993年版。

［19］王国枢主编:《刑事诉讼法学》,北京大学出版社1989年版。

［20］巫宇苏主编:《证据学》,法律出版社1986年版。

［21］杨宇冠:《非法证据排除规则》,中国人民公安大学出版社2002年版。

［22］肖扬主编:《中国刑事政策和策略问题》,法律出版社1996年版。

［23］周叔厚:《证据法论》,国际文化事业有限公司1978年版。

［24］赵秉志主编:《新刑法教程》,中国人民大学出版社1997年版。

［25］左卫民:《价值与结构——刑事程序的双重分析》,四川大学出版社1994年版。

［26］朱云:《刑事诉讼证据制度》,法律出版社1986年版。

［27］高等学校法学试用教材:《证据学》,群众出版社1983年版。

［28］《辞海》(上),上海辞书出版社1985年版。

［29］《睡虎地秦墓竹简》,文物出版社1978年版。

［30］全国人大常委会法制工作委员会刑法室:《关于修改〈中华人民共和国刑事诉讼法〉的决定条文说明、立法理由及相关规定》,北京大学出版社2012年版。

［31］中国社会科学院语言研究所词典编辑室编:《现代汉语词典》,商务印书馆2002年版。

［32］中国政法大学刑事法律研究中心:《英国刑事诉讼制度的新发展》,《诉讼法论丛》,法律出版社1998年版。

295

三、论文

［1］卞建林、郭志媛:《论诉讼证明的相对性》,《中国法学》2001年第2期。

［2］陈瑞华:《非法证据排除规则的适用对象——以非自愿供述为范例的分析》,《当代法学》2015年第1期。

［3］陈瑞华:《非法证据排除程序的理论展开》,《比较法研究》2018年第1期。

［4］陈瑞华:《刑诉中非法证据排除问题研究》,《法学》2003年第6期。

［5］陈瑞华:《在公正与效率之间——英国刑事诉讼制度的最新发展》,《中外法学》1998年第6期。

［6］陈卫东、刘计划:《关于完善我国刑事证明标准体系的若干思考》,《法律科学》2001年第3期。

［7］陈光中等:《刑事证据制度与认识论》,《中国法学》2001年第1期。

［8］陈虎:《程序性制裁之局限性——以非法证据排除规则为例的分析》,《当代法学》2010年第2期。

［9］戴福康:《对刑事诉讼证据质和量的探讨》,《法学研究》1988年第4期。

［10］孔令勇:《非法证据排除的"例外模式"——重复供述排除规则的教义学展开》,《法学家》2019年第6期。

［11］龙宗智:《论坦白从宽》,《法学研究》1998年第1期。

［12］龙宗智:《我国非法口供排除的"痛苦规则"及相关问题》,《政法论坛》2013年第5期。

［13］龙宗智:《我国刑事诉讼的证明标准》,《法学研究》1996年第6期。

［14］李浩:《民事诉讼证明标准的再思考》,《法商研究》1999年第5期。

［15］马明亮:《非法证据排除规则的结构性困境——基于内部视角的反思》,《现代法学》2015年第4期。

［16］牟军:《英国非法证据的处理规则与我国非法证据取舍的理性思考》,《法律科学》2000年第3期。

［17］牟军:《中国刑诉制度重构的"瓶颈"及破解——基于刑事证明标准的分析》,《金陵法律评论》2002年第2期。

［18］苏力:《关于对抗制的几点法理学和法律社会学思考》,《法学研究》1995年第4期。

［19］苏力:《中国法律中的习惯》,《中国社会科学》2000年第3期。

〔20〕谭劲松：《我国口供补强规则研究》，《法律适用》2003 年第 5 期。

〔21〕田书彩等：《违法取得的证据材料的证据能力初探》，《法学研究》1990 年第 4 期。

〔22〕吴明磊：《口供补强规则在贿赂案件中的适用》，《人民检察》2001 年第 12 期。

〔23〕吴洪淇：《非法言词证据的解释：利益格局与语词之争》，《法学家》2016 年第 3 期。

〔24〕吴宏耀：《非法证据排除的规则与实效——兼论我国非法证据排除规则的完善进路》，《现代法学》2014 年第 4 期。

〔25〕万永海：《关于口供的证据价值的理性思考》，《法学论坛》2003 年第 6 期。

〔26〕王余标：《论有供述案件的同一认定》，《人民检察》2002 年第 1 期。

〔27〕王进喜：《澳大利亚〈1995 年证据法〉的立法技术及对普通法的变革》，《比较法研究》2013 年第 3 期。

〔28〕王咏寰：《论犯罪主观要件之自白与补强证据》，《刑事法杂志》1999 年第 4 期。

〔30〕徐益初：《对口供的审查和判断》，《北京政法学院学报》1982 年第 3 期。

〔31〕徐美君：《口供补强法则的基础与构成》，《中国法学》2003 年第 6 期。

〔32〕闫召华：《"名禁实允"与"虽令不行"：非法证据排除难研究》，《法制与社会发展》2014 年第 2 期。

〔33〕易延友：《非法证据排除规则的立法表述与意义空间——〈刑事诉讼法〉第 54 条第 1 款的法教义学分析》，《当代法学》2017 年第 1 期。

〔34〕左卫民、刘涛：《非法证据排除规则的确立与完善》，《法商研究》1999 年第 5 期。

〔35〕张卫平：《事实探知：绝对论倾向及其消解》，《法学研究》2001 年第 4 期。

四、英文文献

（一）著作

〔1〕Lawrence S. Wrightsman, Saul M. Kassin, *Confession in the Courtroom*, Sage Publication, Inc., 1993.

〔2〕Jon R. Waltz, *Criminal Evidence*, Nelson-Hall Company(Chicago), 1975.

〔3〕John W. Strong, etc., *McCormick on Evidence*, 3rd ed., Horn Book Series West

Group, 1994.

[4] Peter Murphy, *Murphy on Evidence*, 6th ed., Blackstone Press Limited, 1997.

[5] M. N. Howard, etc., *Phipson on Evidence*, 15th ed., Sweet & Marwell, 2000.

[6] David Byrne and J. D. Heydon, *Cross on Evidonce*, Butterworths, 1986.

[7] David Nelken, *Contrasting Criminal Justice*, Ashgate Publishing Company,2000.

[8] Andrew Sanders, Richard Young, *Criminal Justice*, Butterworths, 1994.

[9] Peter Mirfield, *Silence, Confession and Improperly Obtained Evidence*, Clarendon Press, Oxford, 1997.

[10] John W.Strong, etc., *Mccormick on Evidence*, 5th ed., Horn Book Series West Group,1999.

[11] Stephen A. Saltzburg, *American Criminal Procedure, Cases and Commentary*, 3rd ed.,West Publishing Co., 1998.

[12] Wayne R. LaFave, etc., *Criminal Procedure*, 3rd ed., Horn Book Series West Group, 2000.

[13] Edward J.Imwinkelried, etc., *Courtroom Criminal Evidence*, West Publishing Co., 1985.

[14] Phillip E. Jophnson, *Cases and Materials on Criminal Procedure*, West Publishing Co., 1988.

[15] A.Ashworth, *Sentencing and Criminal Justice*, 2nd ed., Butterworths, 1995.

[16] Joseph D.Grano, *Confession, Truth, and the Law*, The University of Michigan Press, 1993.

[17] Richard May, *Criminal Evidence*, Blackstone Press Limited, 1990.

[18] Archbold, *Criminal Pleading, Evidence and Practice*, London: Sweet & Maxuell,1973.

[19] Richard Eggleston, *Evidence, Proof and Probability*, 2nd ed., Weidenfeld and Hi-colson, 1983.

[20] Steven H.Gifis, *Law Dictionary*, Barron's Education Series, Inc., 1975.

[21] Glan Ville Williams, *The Proof of Guilt*, 3rd ed., Stevens & Sons, 1963.

[22] Richard May, *Criminal Evidence*, London Sweet & Maxwell, 1986.

[23] Albert S. Osborn, *The Problem of Proof*, 2nd ed., Professional / Technical Series Nelson-Hall Inc.,1975.

[24] Ronald L. Carlson, *Criminal Justice Procedure for Police*, The W. H. Anderson

Company, 1973.

(二) 论文

[26] Ralph Henham, "Bargain Justice or Justice Denied? Sentence Discounts and the Criminal Process", *The Modern Law Review*, Vol. 62, No. 4(1999).

[27] Eric Rasmusen, "Mezzanatto and the Economics of Self-crimination", *Cardozo Law Review*, Vol. 19.No. 5, May 1998.

[28] Stephanos Bibas, "Judicial Fact-Finding and Sentence Enhancements in a World of Guilty Pleas", *Yale Law Journal*, Vol. 110, May 2001.

[29] Hogan and Snee, "The Mc-Mallory Rule: Its Rise, Rationale and Rescue", 47 Geo.L.J.1 (1958).

[30] Mike Redmayne, "Standards of Proof in Civil litigation", *The Modern Law Review*, Vol. 62, No.2(1999).

(三) 判例及法规

[31] State v. Schomaker, 303N. W. 2d 129, 130(Iowa 1981).

[32] United States v. Dortch, 5F. 3d 1056, 1067 n.9 (7th Civ. 1993).

[33] United States v. Mezzanatto, 513 U.S.196, 208(1995).

[34] Dunaway v. New Yory, 442 U.S.200(1979).

[35] People v. Rogers, 52 N.Y.2d 527, 421 N.E.2d 491(1981).

[36] McNabb v. United States, 318 U.S.332 (1943).

[37] Mallory v. United States, 354 U.S.449(1957).

[38] State v. Folkes, 174 Dre. 568, 150P. 2d 17 (1944),

[39] State v. Zukanskas, 132 Conn.450, 45A.2d 289 (1945).

[40] Miranda v. United States, 384, U.S.436.(1966).

[41] People v. Riddle, 83 Cal.App.3d.563, 148 Cal.Rptr,170 (1978).

[42] Ashcraft v. Tennessee, 322 U.S.143 (1944).

[43] Lynum v. Illinois, 372 U.S.528 (1963).

[44] Rogers v. Richmond, 365 U.S. 534 (1961).

[45] State v. Nunn, 212 Ore. 546, 321 P.2d 356 (1958).

[46] Frazier v. Cupp, 394 U.S.731 (1969).

[47] State v. Cobb, 115 Ariz.484, 566 P.2d 85（1977），

[48] State v. Cooper, 217 N.W. 2d 589（Iowa 1974）.

[49] Culombe v. Connecticut, 365 U.S. 568（1961）.

[50] McNabb v. United States, 318 U.S.322（1943）.

[51] Gallego v. Nebraska, 342 U.S. 55（1951）.

[52] Speiser v. Randall, 357U.S.513, 525-526(1958)

[53] Bater v. Bater［1950］2All ER458.

[54] Miller v. Minister of Pensions ［1947］2All ER372.

[55] Rhesa Shipping Co.SA v. Edmunds ［1985］1 WLR 948.

[56] Addington v.Texas, 441 U.S.418, 425（1979）.

[57] Briginshaw v. Briginshaw（1938）60 CLR 336, 361.

[58] Speiser v. Randall, 357 U.S.513, 525-526(1958).

[59] Omnibus Crime Act 1968.

[60] Magistrates'Courts Act 1980.

（四）司法报告

[61] Report of the Royal Commission on Criminal Justice, 1993.

[62] Judicial Statistics, 1992(Cm2268) Lord Chancellor's Department CHMSO, 1993.

[63] Costs of the Criminal Justice System, 1992,（Home office, 1992）.

[64] New Zealand Law Commission, *Evidence Law*, Codification（A）Discussion Paper,1991.

[65] Lord Chancellor's Department CHMSO, *Judicial Statistics*, 1992.

五、规范性文件

[1] 全国人民代表大会:《中华人民共和国刑事诉讼法（1996）》,1996 年 3 月 17 日。

[2] 全国人民代表大会常务委员会:《中华人民共和国刑事诉讼法（2012）》,中华人民共和国主席令第五十五号,2012 年 3 月 14 日。

[3] 全国人民代表大会常务委员会:《中华人民共和国刑事诉讼法（2018）》,中华人民共和国主席令第十号,2018 年 10 月 26 日。

[4] 最高人民法院、最高人民检察院、公安部、国家安全部、司法部、全国人民代表

大会常务委员会法制工作委员会:《关于实施刑事诉讼法若干问题的规定》,2012 年 12 月 26 日。

[5] 最高人民法院:《关于全面推进以审判为中心的刑事诉讼制度改革的实施意见》,法发〔2017〕5 号,2017 年 2 月 17 日。

[6] 最高人民法院:《最高人民法院关于执行〈中华人民共和国刑事诉讼法〉若干问题的解释》,法释〔1998〕23 号,1998 年 9 月 2 日。

[7] 最高人民法院:《最高人民法院关于适用〈中华人民共和国刑事诉讼法〉的解释》,法释〔2012〕21 号,2012 年 12 月 20 日。

[8] 最高人民法院:《最高人民法院关于适用〈中华人民共和国刑事诉讼法〉的解释》,法释〔2021〕1 号,2021 年 1 月 26 日。

[9] 最高人民法院:《人民法院办理刑事案件第一审普通程序法庭调查规程(试行)》,法发〔2017〕31 号,2017 年 11 月 27 日。

[10] 最高人民法院:《关于建立健全防范刑事冤假错案工作机制的意见》,法发〔2013〕11 号,2013 年 10 月 9 日。

[11] 最高人民法院:《人民法院办理刑事案件排除非法证据规程(试行)》,法发〔2017〕31 号,2017 年 11 月 27 日。

[12] 最高人民检察院:《人民检察院实施〈中华人民共和国刑事诉讼法〉规则(试行)》,高检发释字〔1997〕1 号,1997 年 1 月 30 日。

[13] 最高人民检察院:《人民检察院刑事诉讼规则》,高检发释字〔1999〕1 号,1999 年 1 月 18 日。

[14] 最高人民检察院:《人民检察院刑事诉讼规则(试行)》,高检发释字〔2012〕2 号,2012 年 11 月 22 日。

[15] 最高人民检察院:《人民检察院刑事诉讼规则》,高检发释字〔2019〕4 号,2019 年 12 月 30 日。

[16] 最高人民检察院:《关于人民检察院立案侦查司法工作人员相关职务犯罪案件若干问题的规定》,高检发研字〔2018〕28 号,2018 年 11 月 24 日。

[17] 公安部:《公安机关办理刑事案件程序规定》,公安部令第 127 号,2012 年 12 月 13 日。

[18] 公安部:《公安机关办理刑事案件程序规定》,公安部令第 159 号,2020 年 7 月 20 日。

[19] 最高人民法院、最高人民检察院、司法部:《关于适用普通程序审理"被告人认罪案件"的若干意见(试行)》,2003 年 3 月 14 日。

［20］最高人民法院、最高人民检察院、公安部、国家安全部、司法部:《关于办理刑事案件排除非法证据若干问题的规定》,法发〔2010〕20 号,2010 年 7 月 1 日。

［21］最高人民法院、最高人民检察院、公安部、国家安全部、司法部:《关于办理死刑案件审查判断证据若干问题的规定》,法发〔2010〕20 号,2010 年 7 月 1 日。

［22］最高人民法院、最高人民检察院、公安部、国家安全部、司法部:《关于全面推进以审判为中心的刑事诉讼制度改革的意见》,2016 年 10 月 11 日。

［23］最高人民法院、最高人民检察院、公安部、国家安全部、司法部:《关于办理刑事案件严格排除非法证据若干问题的规定》,法发〔2017〕15 号,2017 年 6 月 20 日。

责任编辑：陆丽云

封面设计：汪　莹

图书在版编目（CIP）数据

当代刑事证据理论与制度的个别化研究 ／ 牟军著.

北京 ： 人民出版社，2025. 3. -- ISBN 978 - 7 - 01 - 026901 - 6

Ⅰ. D915.313.04

中国国家版本馆 CIP 数据核字第 2024RU5476 号

当代刑事证据理论与制度的个别化研究

DANGDAI XINGSHI ZHENGJU LILUN YU ZHIDU DE GEBIEHUA YANJIU

牟 军 著

人民出版社 出版发行

（100706 北京市东城区隆福寺街 99 号）

北京汇林印务有限公司印刷 新华书店经销

2025 年 3 月第 1 版 2025 年 3 月北京第 1 次印刷

开本:710 毫米×1000 毫米 1/16 印张:19. 25

字数:289 千字

ISBN 978 - 7 - 01 - 026901 - 6 定价:98. 00 元

邮购地址 100706 北京市东城区隆福寺街 99 号

人民东方图书销售中心 电话 (010)65250042 65289539